# ASESINATO EN AMÉRICA

## LOS GRANDES DELITOS DE SANGRE DE LA HISTORIA NORTEAMERICANA RELATADOS POR LOS PREMIOS PULITZER

Simone Barillari (ed.)

PRIMERA EDICIÓN: mayo de 2011

TÍTULO ORIGINAL: *Omicidi americani*

© Editado por Simone Barillari y publicado por primera vez por minimum fax, Rome, 2006. All rights reserved

© de la traducción de «Leopold y Loeb, "el crimen del siglo"», Antonio García Maldonado, 2011

© de «¡Linchamiento!», *The Chicago Daily News*, 1924

© de la traducción de este texto, Fernando Pérez Fernández, 2011

© de «El día de locura de Howard Unruh», *The New York Times*, 1949

All rights reserved. Used by permission and protected by the Copyright Laws of the United States. The printing, copying, redistribution, or retransmission of the Material without express written permission is prohibited

© de la traducción de este texto, Antonio García Maldonado, 2011

© de «Tres disparos y un atisbo de rosa. El asesinato de John Fitzgerald Kennedy», United Press International, 1963

© de la traducción de este texto, Sara Álvarez Pérez, 2011

© de «Caza del hombre», *Public Opinion*, 1966

© de la traducción de este texto, Sara Álvarez Pérez, 2011

© de «Universidad de Estado de Kent: cuatro muertos y once heridos», *The Akron Beacon Journal* – Ohio.com, 1970

© de la traducción de este texto, Fernando Pérez Fernández, 2011

© de «Los Ángeles de la Muerte», *The Miami Herald*, 1990

© de la traducción de este texto, Carmen Torres García, 2011

© de «Columbine, los estragos de la inocencia americana», *The Denver Post*, 1999

© de la traducción de este texto, Antonio García Maldonado, 2011

© Errata naturae editores, 2011
C/ Río Uruguay 7, bajo C
28018 Madrid
info@erratanaturae.com
www.erratanaturae.com

ISBN: 978-84-15217-02-2

DEPÓSITO LEGAL: S. 587-2011

DISEÑO DE PORTADA E ILUSTRACIONES: David Sánchez

MAQUETACIÓN: María O'Shea

IMPRESIÓN: Kadmos

IMPRESO EN ESPAÑA – PRINTED IN SPAIN

# Índice

# Leopold y Loeb, «el crimen del siglo»

## Premio Pulitzer de Reportaje en 1925

AUTORES
James W. Mulroy y Alvin H. Goldstein

CABECERA
*The Chicago Daily News*

Traducción de Antonio García Maldonado

# KIDNAPERS KILL BOY AS WEALTHY FATHER SEEKS TO PAY $10,000

## Nude Body of Lad Found Jammed Into Culvert with Stab Wounds in Head; Seized on Way Home from School.

## President of Rockford Watch Company, Warned Not to Inform Police, Could Not Believe Body Was That of Missing Son.

Robert Franks, the 14-year-old son of a wealthy south side watch manufacturer, was found to-day, murdered by kidnapers who had demanded $10,000 ransom.

The boy's naked body was found early in the morning, stuffed into a culvert under the Pennsylvania railroad tracks at 118th street, but it was late in the afternoon before the Franks family suspected the truth.

### Seized After Leaving School.

Jacob Franks, president of the Rockford Watch company, and his frantic family had been waiting all day at the family home at 5052 Ellis avenue, for further word from the kidnapers, who picked up the boy yesterday afternoon soon after he left the Harvard school, a private institution for boys, at 4731 Ellis avenue.

The father had decided to pay the ransom, rather than risk the life of his boy by calling in the police. He had not even notified the city authorities, but had prepared himself to meet all the conditions set down by the kidnapers.

For that reason he could not believe his boy had come to harm, though notified early of the discovery of the naked body in the railroad culvert. Only when friends became insistent did he consent to let Edwin M. Gresham, 5120 Greenwood avenue, his brother-in-law, go out to look at the body.

"It's Robert," the uncle cried as he entered the little morgue at 13300 Houston avenue.

### Stabbed Twice in Head.

Robert had been stabbed twice in the head. The two wounds in his skull were the only marks on his body. His clothes had been removed and either hidden or destroyed. No telltale marks were found near the culvert.

Indeed it was not until nearly noon that any one suspected foul play in the railroad-culvert mystery. The police first diagnosed the case as accidental drowning, for the head wounds were not easily seen.

It was late yesterday afternoon when Robert disappeared. So far as is known no one saw his kidnapers. He had left the school about 5 o'clock to walk in the direction of his home, half a mile away.

Four hours later a man called Mr. Franks on the phone and said:

"Your boy has been kidnaped. He is in safe custody. You will hear more from us in the morning."

Just that, and no more.

### Demand $10,000 of Father.

Through Samuel A. Ettelson, his lawyer, the father arranged to have the telephone line leading into his home tapped, in hope of connecting with the kidnapers in that way. But at 8 o'clock this morning he received, by special delivery, a typewritten letter that caused

*El espíritu diabólico surgido al proyectar el secuestro y el asesinato; la riqueza y el privilegio de las familias cuyos hijos estaban implicados; los altos resultados intelectuales conseguidos por los dos jóvenes; las sugestiones de la perversión; los extraños móviles aducidos en su confesión, según los cuales el chico fue asesinado tanto por el rescate como para vivir la experiencia y para satisfacer el deseo de un «elaborado complot»: todos estos elementos combinados entre sí hacen del caso un género en sí mismo.*

*Así lo describía uno de los periódicos de Chicago para justificar el énfasis masivo, «las columnas y columnas de noticias, comentarios y fotografías» dedicadas en aquellos días a un homicidio que, sin duda, era único en los anales de la ciudad y que, probablemente, como añadía, no tenía precedentes en toda la historia criminal de América. Por su parte, el Chicago Daily News proponía a sus lectores tests de inteligencia y análisis psicométricos para que cada cual pudiese confrontarse con los increíbles resultados marcados por el joven asesino, y en todos los* diarios se abrieron secciones que acogían el correo de los lectores sobre el caso y los sondeos basados en las cartas y llamadas de teléfono.

Tal vez sea cierto que ningún otro crimen americano pueda merecer con la suficiente autoridad el título de «crimen del siglo» como este primero al que se le otorgó semejante epíteto: el asesinato de un niño a manos de dos jóvenes vástagos de Chicago, excepcionalmente ricos e inteligentes. Durante cuatro meses, en 1924, en plena década «loca» americana, el caso magnetizó la prensa y la radio —el día mismo de la confesión, las palabras de los asesinos eran ya de dominio público gracias a las ediciones especiales—, y las mismas razones a las que se alude para explicar las columnas y columnas dedicadas a la noticia han prolongado su fama en el tiempo. Poco a poco el teatro, la literatura y el cine han hecho de Leopold y Loeb una constelación menor de la mitología americana, un nicho luciferino del imaginario, que ha sido narrado de modos distintos según los usos del momento y según una de las antiguas razones de la fascinación: La soga de Hitchcock, por ejemplo, exalta sobre todo el desafío de Loeb al mundo y sus reglas, basado en la filosofía nietzscheana del superhombre —la inteligencia afilada con la navaja del riesgo—, mientras que, en 1959, la película Compulsión, con Orson Welles dando vida al protagonista, propone una relectura del caso y una violenta denuncia de la pena de muerte. «Este delito se ha convertido en materia artística en tres obras de teatro, una decena de libros y un musical. El público está horrorizado por este crimen —continuaba aquel día el Herald and Examiner de Chicago— y no debería permitírsele a nadie entretener, distraer de aquí nuestros pensamientos y nuestros sentimientos: por el bien de todos, el caso debe ser llevado hasta el final».

# Secuestradores matan a un joven mientras el acaudalado padre intenta pagar 10.000 dólares

Por James W. Mulroy y Alvin H. Goldstein
23 de mayo de 1924

Robert Franks, de catorce años e hijo de un rico relojero del South Side, ha sido hallado hoy asesinado por los secuestradores que habían pedido un rescate de 10.000 dólares.

El cuerpo desnudo del joven se ha encontrado esta mañana temprano, encastrado en un canal de desagüe bajo las vías del tren de Pensilvania, a la altura de la calle 118, pero la familia Franks no ha empezado a sospechar la verdad hasta la tarde.

Jacob Franks, presidente de la compañía Rockford Watch, junto a su afectada familia, esperó todo el día, en su casa del 5052 de la avenida Ellis, recibir otras instrucciones de los secuestradores que ayer por la tarde habían raptado al joven, recién salido de la Harvard School, una escuela privada situada en el 4731 de la misma avenida Ellis.

El padre había decidido pagar el rescate antes que arriesgar la vida de su hijo llamando a la policía. Ni siquiera había denunciado el hecho a la autoridad civil, preparándose así a satisfacer todas las condiciones impuestas por los secuestradores.

Por este motivo, aun cuando estaba informado del descubrimiento del cadáver desnudo en el canal bajo las vías, no podía creer que nadie hubiese hecho daño a su hijo. Sólo debido a la insistencia de algunos amigos consintió que su cuñado, Edwin M. Gresham, residente en el 5120 de la avenida Greenwood, fuese a ver el cuerpo. «¡Es Robert!», gritó el tío al entrar en la pequeña morgue del 13300 de la avenida Houston.

Robert había sido golpeado dos veces en la cabeza. Las dos heridas encontradas en el cráneo eran las únicas marcas presentes en el cuerpo. Le habían quitado la ropa y después la habrían escondido o destruido. Junto al canal se encontraron algunos indicios reveladores.

Sólo hacia el mediodía comenzó a sospecharse que el misterio del canal escondiese en realidad un delito. Al principio, la policía había etiquetado el caso como «ahogamiento accidental» porque las heridas en la cabeza no eran muy visibles.

Robert había desaparecido en la tarde de ayer. Por lo que se ha podido saber hasta ahora, nadie vio a los secuestradores. Salió de la escuela en torno a las cinco de la tarde y se dirigió a pie a su casa, a menos de un kilómetro de distancia.

Cuatro horas más tarde, un hombre llamó al señor Franks por teléfono y dijo: «Su hijo ha sido secuestrado. Ahora está seguro. Le daremos noticias mañana». Sólo eso. Nada más.

Por medio de su abogado, Samuel A. Ettelson, el padre consiguió que se pinchase la línea telefónica de su casa, con la esperanza de seguir el rastro de los secuestradores. Pero esta mañana le ha llegado, urgente, una carta escrita a máquina que lo ha llevado a modificar sus planes y a proceder en secreto.

La carta, enviada a las tres de la madrugada, lo informaba de que su hijo le sería devuelto contra el pago de un rescate de 10.000 dólares y a condición de que no informase a la policía ni demás autoridades. La carta estaba formulada con elegancia, como si fuese obra de una persona con una educación superior a la media.

«Su hijo está seguro», empezaba. «Usted ha de seguir con la máxima precisión todas las condiciones contenidas en esta carta».

La condición principal era el pago de 10.000 dólares, seguida de esta advertencia: «Si ha informado a la policía o a otras autoridades, mataremos a su hijo». La última frase decía que Franks debía esperar «instrucciones ulteriores a las 13 horas».

Por consejo del abogado Ettelson, el padre ha satisfecho las peticiones contenidas en la carta. Se ha mantenido alejado de la policía y se ha preparado para entregar los 10.000 dólares una vez recibidas las instrucciones para hacerlo.

Pero las 13 h pasaron sin noticia alguna. A las 14:30 h Franks consintió que el cuñado se acercase a la morgue de la avenida Houston. Una hora más tarde se ha identificado el cuerpo.

La identificación ha puesto el caso en manos de la policía. Ya en posesión de tres elementos con los que trabajar —la carta, el cadáver y el canal— los agentes investigadores se han puesto manos a la obra para capturar a los secuestradores.

Franks es considerado uno de los hombres más ricos de Chicago. Vive en una residencia extraordinariamente grande e imponente, incluso en un barrio en el que este tipo de edificios son la norma. Es menos conocido que muchos otros hombres ricos, pero, probablemente, los secuestradores estuviesen al corriente de sus posibilidades económicas reales. Los Franks tienen otros dos hijos, Florence y Jack.

# Cuerpo encontrado por puro azar. Ninguna conexión inicial entre el secuestro y el descubrimiento del cadáver

Por James W. Mulroy y Alvin H. Goldstein
31 de mayo de 1924

El cuerpo de Robert Franks, de catorce años, fue encontrado en la mañana del viernes pasado, poco después de las cinco, algunas horas antes de que se difundiese la noticia de su desaparición.

Cuando la familia Franks, firmemente convencida de la hipótesis del secuestro, supo por el *Daily News* que se había descubierto el cadáver de un joven, no quiso tomar en consideración el hecho de que los dos acontecimientos pudiesen estar relacionados. El señor Franks había recibido algunos mensajes de parte de los sedicentes secuestradores y sólo en la tarde del miércoles un miembro de la familia se dejó convencer para acompañar a un periodista del *Daily News* a la morgue, donde se identificó el cadáver.

La identificación se completó prácticamente en el mismo momento en el que el señor Franks se preparaba para abandonar su casa y entregar los 10.000 dólares del rescate a los presuntos secuestradores.

El descubrimiento del cuerpo aconteció por puro azar y, si el destino no hubiese frustrado los planes de los asesinos, el cadáver habría podido permanecer en esa tumba de agua durante meses, hasta que, finalmente, se hubiesen borrado las marcas que permiten la identificación.

Sin embargo, el destino intervino menos de doce horas después del homicidio. Probablemente menos de seis horas después de que el cadáver fuese empujado por la embocadura del canal, bajo medio metro de agua, un obrero que pasaba vio sobresalir las piernas. Alertó a los hombres de una fábrica vecina y avisó a la policía.

Tras el descubrimiento del cadáver los acontecimientos se sucedieron lentamente, porque la familia Franks, obedeciendo las peticiones telefónicas de los presuntos secuestradores, había mantenido el caso alejado del Departamento de Policía, de modo que, cuando los agentes del East Side extrajeron el cuerpo, no habían recibido aún ninguna denuncia de secuestro.

La teoría de la policía era que el cuerpo desnudo pertenecía a un chico que había ido a nadar al cercano lago Wolf y que se había ahogado, acabando después en el canal. La policía creía que la muerte había sido accidental y en el informe no había nada que pudiese relacionar, en la cabeza de quienes sabían del secuestro, el cuerpo encontrado con la desaparición de Robert.

La identificación se complicó más tarde, a consecuencia precisamente del objeto que luego ha desvelado el homicidio: ese par de gafas que, como se ha sabido después, pertenecían al asesino. Las gafas yacían a poca distancia del lugar donde el cuerpo había sido depositado en la tierra, tras ser extraído del canal. Cuando el dueño de las pompas fúnebres llegó al lugar para recoger el cadáver y llevarlo a la morgue, dio por supuesto que las gafas pertenecían al muerto y se las puso en la cara.

Cuando la familia Franks supo del descubrimiento del cuerpo de un joven con gafas, respondió que Robert no las había llevado nunca, de manera que no podía tratarse de él.

El indicio que retrasó el inicio de la caza de los asesinos fue el mismo que más tarde ha permitido llevarla a término. Desde el principio la policía creyó que las gafas conducirían a la resolución del caso. Los ópticos que las examinaron dijeron que eran de lentes muy comunes, prescritas casi cada día por muchos de sus colegas para aliviar los dolores de cabeza.

Parecía que revisar en profundidad los registros de todos los ópticos de la ciudad en busca de esas gafas y analizar miles de prescripciones fuese una empresa desesperada.

Sin embargo, la búsqueda se restringió de repente cuando la Coe & Co. reconoció la montura, un modelo de marca registrada vendido sólo en sus tiendas, y más tarde identificó su propio sello en las lentes. Después de una investigación en los registros se llegó a la tarjeta de visita del joven Leopold. Las gafas correspondían exactamente y el jueves por la tarde, poco después de una hora del descubrimiento de la tarjeta, la policía fue a casa de Leopold para arrestarlo.

Estaba igualmente presente el joven Loeb con algunos amigos y por esta razón la policía le pidió que los acompañara, pues querían verificar con él las declaraciones de Leopold. El destino colaboró de nuevo en la resolución del caso porque Loeb, al que la policía no relacionaba con el crimen, fue el primero en desmoronarse.

# La confesión de Leopold y Loeb

Por James W. Mulroy y Alvin H. Goldstein
31 de mayo de 1924

Dos brillantes estudiantes universitarios, hijos de ricas familias de Hyde Park, confesaron hoy haber secuestrado y asesinado a Robert Franks, de catorce años, y dieron todos los detalles del suceso y de la muerte.

Se trata de Nathan Leopold Jr., hijo del millonario presidente de la Fibre Can Company, y de Richard Loeb, cuyo padre es vicepresidente de la Sears, Roebuck & Co.

Secuestraron al hijo de los Franks en la avenida Ellis, cerca de su casa, como un primer paso de lo que pretendía ser una serie de crímenes similares por dinero y «espíritu de aventura».

Con Robert ya subido al coche, sentado en el asiento delantero, los secuestradores se dirigieron hacia el este, desde la calle 49 y la avenida Ellis, y unos segundos después, quien se sentaba en el asiento trasero, supuestamente Leopold, agarró al secuestrado tapándole la boca con la mano y le golpeó en la cabeza con una barra de acero.

**Estrangulado hasta la muerte**

El chico gimió. Para ahogar el grito y no alertar a nadie, según relatos oficiales provenientes de la confesión, la mano permaneció tapándole la boca hasta que pudieron introducirle un trapo y golpearlo en la cabeza hasta matarlo.

El reloj marcaba las 17:30 h. Robert habría fallecido apenas cinco minutos después de desviarse del camino hacia su casa y subirse al coche.

Con intención de imposibilitar la identificación, Leopold y Loeb pensaron en rociar ácido en la cara del muchacho y desnudarlo. Tomaron dirección sur para esconder la ropa y, sobre las 21:30 h, se dirigieron hacia el pantano. Leopold tenía puestas unas botas de agua. Se bajó del coche y Loeb le pasó el cadáver del joven.


**Eufóricos, limpian los rastros**

Los jóvenes asesinos fueron directos a casa tras el crimen, más eufóricos que espantados por el horrendo crimen que acababan de cometer. Limpiaron toda la sangre que fueron capaces de detectar en el coche de alquiler, aparcado a la entrada de la casa de Loeb, y se fueron a su habitación, donde se quedaron dormidos tras una partida de cartas.

A la mañana siguiente vieron algunos restos de sangre en los que no habían reparado el día anterior. Los limpiaron con afán y eliminaron cualquier rastro, a excepción de algunas manchas en la ropa que llevaban, que no había manera de hacer desaparecer. Cuando volvieron al coche, se llevaron la ropa y, tres días después, el sábado, fueron a quemarla a orillas del lago.

Todos estos detalles y otros sobre la preparación, la ejecución y el encubrimiento del asesinato fueron libremente desvelados por los secuestradores una vez se derrumbaron. Las pruebas aportadas por dos jóvenes reporteros del *Daily News*, compañeros de universidad de los sospechosos, aceleraron la confesión al poner de manifiesto la falsedad del relato aportado por los sospechosos. Arrinconados, desacreditados, abatidos, los asesinos confesaron.

## Planificado el pasado invierno

Planificaron el crimen que sacudió Chicago el pasado noviembre, dijeron. Escogieron como víctimas al hijo de los Franks, al nieto de Julius Rosenwald, presidente de Sears, Roebuck & Co., y al hijo del abogado David Levinson, del 5201 de la avenida Ingleside.

Comenzaron entonces a preparar las etapas en las que deberían llevar a cabo su plan con objeto de no ser descubiertos, con un cuidado y atención en cada detalle sin parangón en la historia del crimen. Para empezar, tenían a su favor su posición social. Sus padres son amigos y pertenecen a la misma clase social que aquellos a los que habían elegido como víctimas. Son todos judíos. Todos viven en la misma zona exclusiva de Hyde Park.

## Creación de identidades paralelas

A esta ventaja añadieron identidades ficticias a través de registros en hoteles aquí y en otras ciudades, cuentas bancarias, y otras operaciones similares. Todos los pasos de dicho crimen fueron pensados y ensayados manteniendo la seguridad de ambos como una prioridad.

El miércoles 21 de mayo estaban listos, con una carta de rescate tan genérica que bien podría ser enviada a cualquiera de los padres de las tres víctimas que habían escogido. Alquilaron un coche y se pusieron en marcha.

La providencia quiso poner al hijo adolescente de los Franks, de catorce años, en su camino. Lo atrajeron junto a ellos y hacia el coche, invitándolo a jugar al tenis en casa de Loeb. Entonces lo mataron.

## Fría espera del rescate

Una vez se deshicieron del cadáver, enviaron la carta de secuestro a Franks y se sentaron a esperar la entrega de los 10.000 dólares que exigían. Estaban seguros de que Franks pagaría. Incluso, al día siguiente, dieron los primeros pasos para cobrar el rescate tras la inesperada aparición del cadáver del chico.

## Confiados en su seguridad

Estaban convencidos de que no los descubrirían. Habían tomado muchas precauciones, habían previsto cualquier eventualidad. Su confianza duró desde ese día hasta esta mañana. Llama la atención que el mismo Loeb se encontrara entre los que iniciaron la búsqueda del asesino en un primer momento, aparentando ayudar a uno de los periodistas que a la postre sería clave para llevarlo ante la justicia.

Como espectadores bienintencionados contemplaron cada paso de la búsqueda sin parecer preocupados. ¿Por qué habría de ser de otro modo? Estaban fuera de toda sospecha. El padre de Leopold es presidente de la Fibre Can Company, millonario en diversos momentos. El padre de Loeb es vicepresidente de la Sears, Roebuck & Co. Y tenían además méritos propios: eran simpáticos, buenos compañeros, y unos «hachas» en los estudios.

Leopold se había graduado a los dieciocho años (hace uno) y era un brillante estudiante de Derecho. Sin duda estaban a salvo.

Sin embargo su confianza se desvaneció al amanecer de hoy, cuando la luz del día comenzaba a atravesar los sucios cristales del edificio del juzgado donde tendría lugar la revelación de tan terrible drama.

## Loeb se derrumba

Tras un primer momento en el que se mostraron engreídos y confiados en los interrogatorios, los chavales comenzaron a ablandarse. Loeb, con la cara amarilla de miedo al verse atrapado, estaba desplomado sobre una silla en una habitación. Con frases interrumpidas y sin apenas resuello, fue dando a conocer detalles del principio del suceso.

En otra habitación se encontraba el brillante Leopold, pálido, ojeroso, intentando sin éxito parecer tranquilo. Él también comenzaba a derrumbarse.

Fueron sometidos a un careo, con una mesa como única separación entre ellos, y les leyeron las declaraciones de ambos, en las que cada uno trataba de cargar toda la responsabilidad sobre el otro. Se insultaron y maldijeron, gritaron histéricos agravantes, desmentidos y amenazas. Entonces, la fría verdad de su actuación los retrajo. Se sentaron, abatidos y vencidos, a dictar conjuntamente sus verdaderas confesiones.

El fiscal del estado Crowe se llevó inmediatamente las notas del taquígrafo, las guardó en una caja fuerte y apartó a los muchachos de su vista. No explicó los motivos de dicha actuación.

## La confesión coincide con los hechos

Una vez terminada la confesión, el fiscal del estado y sus hombres, escoltados por varios detectives de la policía, se llevaron a los dos estudiantes para hacer una reconstrucción completa del crimen. Pudieron corroborar cada detalle. La confesión, única al respecto, fue un relato exacto de lo que había ocurrido. Una vez su voluntad hubo cedido, los estudiantes contaron con precisión la verdad sobre su crimen.

## La reconstrucción del crimen

Ningún hecho similar había tenido lugar antes entre las sucias paredes del edificio del juzgado, donde hombres y mujeres de toda condición han confesado todo tipo de crímenes o han resistido todos los esfuerzos de los detectives para llevarlos a admitir su culpabilidad.

Frente a aquellos dos inteligentes jóvenes, con formación universitaria y prometedoras carreras, se encontraban el fiscal del estado en persona y sus más estrechos colaboradores, junto a los mejores hombres de la policía. Durante las primeras veinticuatro horas todo fueron ventajas para los sospechosos. Sin embargo, inesperadas pruebas, la mayoría de ellas revelada por dos reporteros del *Daily News*, compañeros de universidad de Loeb y Leopold, derribaron las coartadas que los dos habían aducido en su descargo.

La seguridad en ellos mismos fue remitiendo a medida que sus coartadas se revelaban falsas. Cazados en una mentira tras otra, ambos se vinieron abajo por completo y contaron la historia completa a los interrogadores.

## Dos confesiones casi simultáneas

—Aunque parezca raro, ambos comenzaron a confesar prácticamente al mismo tiempo, pese a que estaban en distintas habitaciones —dijo el Sr. Crowe—. El Sr. Sbarbaro y yo interrogábamos a Leopold, mientras que en otra habitación, al otro lado de la sala, el comisario Hughes y el Sr. Savage se encargaban de Loeb.

Los taquígrafos dejaron constancia de la increíble historia que acababan de contar los muchachos. Una vez completa la confesión, Leopold y Loeb, según lo dicho por el Sr. Crowe, firmaron las declaraciones. El Sr. Crowe las guardó en una caja fuerte, no sin antes extraer de ambos conjuntos de notas todos los datos que le llevaron a armar el puzle con todas las piezas del secuestro y asesinato.

Tan elaborados fueron los detalles del plan de secuestro que les llevó siete meses a Leopold y Loeb perfeccionarlos hasta la última eventualidad. Nada, se decían convencidos, se había dejado a la improvisación. Iba a ser el crimen perfecto, por el que esperaban embolsarse un «dinero fácil», contaron los chicos, nada menos que 10.000 dólares.


## Creación de identidades falsas

Organizado el pasado noviembre con intención de burlar la ley, Leopold y Loeb comenzaron por algunos asuntos previos. Incluso antes de concebir todos los detalles del secuestro, ambos estaban de acuerdo en que era necesario acordar ciertos protocolos, para el caso de que se convirtieran en prófugos. Lo más importante, decidieron, sería crear una serie de identidades falsas.

Así lo hicieron ambos muchachos, registrándose con nombres falsos en hoteles en Chicago y otras ciudades del estado de Illinois. Fue tal la antelación respecto al secuestro que los dos estaban seguros de poder ponerse a salvo con cualquiera de los diferentes personajes que habían creado.

El Morrison fue uno de los hoteles utilizados. Loeb se registró allí como Mordin D. Ballard, de Peoria, el 7 de mayo. Se marchó al día siguiente, dejando sin pagar una factura de 8,20 dólares y un portafolio con cuatro libros de texto que ha sido encontrado hoy. El carné de la biblioteca de la universidad de Loeb estaba en uno de los libros. Los hoteles Trenier de Oakwood y Grand Boulevard fueron otros de los lugares donde estuvieron los secuestradores.


**Dinero preparado**

Más o menos a la misma hora, Leopold se dirigió a Peoria y Loeb hacia Morris, Illinois. Ambos abrieron cuentas y se alojaron en hoteles. El propósito de estas excursiones era no sólo construir sus identidades para el futuro, sino también reservar algo de dinero con el que huir en caso de que se vieran obligados a dejar Chicago.

Ningún criminal de ficción ha sido tan previsor e incansable en sus preliminares. Todo esto formaba parte del emocionante entretenimiento en el que los dos chicos empleaban su inteligencia, posición social y bienestar para llevar a cabo su crimen. Con los primeros pasos cubiertos, empezaron a idear el crimen en sí con las mismas precauciones y celo.

Tres hijos de respetables vecinos de familias judías, Robert Franks entre ellos, fueron elegidos como posibles víctimas. Una carta, la ahora conocida nota de rescate, fue redactada y sellada para un envío certificado. Todo esto tuvo lugar unos días, probablemente un par de semanas, antes del secuestro.

Los jóvenes concibieron cada paso del planificado crimen, desde el encubrimiento de las pruebas alquilando un coche, hasta la elección del abandonado y remoto punto donde esconderían el cadáver. Todo estaba listo, y el miércoles de la pasada semana fueron en busca de alguna de las víctimas.

Cruzaron la avenida Ellis en el coche que habían alquilado bajo nombres falsos. Las casas de los tres jóvenes que habían elegido estaban en la misma zona. Quizá apareciera alguno de ellos en situación favorable para un secuestro rápido y sigiloso.


## El joven sube al coche

Robert Franks acababa de salir del patio del colegio Harvard, donde había ejercido de árbitro en un partido de béisbol, y se dirigía hacia el sur por la avenida Ellis hasta su casa, tres manzanas más adelante. Había avanzado una o dos manzanas cuando el coche de los secuestradores se detuvo a su lado.

De acuerdo con el relato de las confesiones del Sr. Crowe, Loeb, que jugaba al tenis con frecuencia con Robert, lo invitó a subir al coche e ir a jugar un partido a la pista.

Cinco minutos o menos después, Robert Franks yacía muerto en el coche con la cabeza, aporreada con un frío cincel, envuelta con una gasa.


## Con el cuerpo a cuestas

El coche de la muerte, con los jóvenes secuestradores, motivados por el éxito de su terrible primer paso, y el joven vecino inerte a sus pies, fue de acá para allá por la zona sur hasta que cayó la pesada noche. Entonces condujeron el automóvil al sórdido pantano, que Nathan Leopold conocía como la palma de su mano tras haber estudiado asiduamente las aves del lugar.

Escondieron el cadáver, al que previamente habían quitado toda la ropa, en una alcantarilla. Poco después ocultaron la ropa y arrojaron la máquina de escribir, único objeto que podía delatar a los autores de la carta de rescate, a la laguna del parque Jackson.


## En busca del dinero

El plan de los estudiantes para cobrar el rescate de los padres de sus víctimas no tenía nada que envidiar en minuciosidad al organizado para el crimen en sí.

Franks recibió la carta con las condiciones del rescate, donde se le pedía que fuera a una farmacia al este de la calle 63. Nervioso, olvidó la dirección y no pudo ir. Unos minutos después conocía la noticia de la muerte de su hijo.

De haber podido llegar, habría sido impelido por teléfono a mirar en el contenedor de basura de determinada cuneta cercana. Allí habría encontrado una carta en la que se le pedía que subiera a cierto tren de la estación central de trenes de Michigan de la calle 63. Incluso el vagón y el asiento del vagón estarían especificados en la carta.

Tras haber pasado un determinado número de estaciones dirección sur habría mirado, siguiendo las instrucciones, en busca de una determinada valla publicitaria. Una vez la viera tendría órdenes de abrir la ventana y, en el siguiente cruce, lanzar desde allí la bolsa con el dinero del rescate.

Leopold y Loeb estarían esperando allí con un coche.

# El hallazgo de la nota de rescate pone fin al complot criminal

Por James W. Mulroy y Alvin H. Goldstein
2 de junio de 1924

Las instrucciones de los secuestradores para el cobro del rescate de 10.000 dólares fueron encontradas hoy en el coche-cama de un tren en la estación Michigan en Nueva York, añadiendo una prueba crucial más contra Nathan Leopold Jr. y Richard Loeb.

Una nota escrita a máquina dentro de un sobre remitido al Sr. Franks le pedía que subiera a bordo de un tren en la estación Woodlawn, esperara a ver determinada fábrica y entonces, tras contar hasta cuatro, lanzara una caja desde el tren con el dinero del rescate.

### El sobre dispara las alarmas

Dicha carta fue encontrada en un compartimento del tren Pullman[1] que salió de Chicago el día posterior al asesinato. Iba dirigida

[1] Nombre de la mítica marca de trenes de origen británico creados en el siglo XIX y que revolucionarían el mundo del ferrocarril, por su apuesta por un lujo y unos servicios hasta entonces ajenos a ese medio de transporte (N. del T.).

al «Sr. Jacob Franks», según lo relatado en un telegrama enviado por la policía de Nueva York al fiscal del estado Crowe, y añadía: «No dañar. Contenido importante. El Sr. Franks sabrá por qué».


## Se desvelan los planes para el cobro del rescate

Con la carta en su poder, el Sr. Crowe reveló el plan de secuestro, tal y como Leopold y Loeb lo habían confesado.

El día después del asesinato, cuando sólo Leopold y Loeb conocían la muerte de Robert Franks, se dirigieron a la estación central Michigan tras haber telefoneado al Sr. Franks para anunciarle que recibiría más instrucciones a lo largo de aquella tarde, y Loeb compró un billete y un asiento en un coche-cama que saldría hacia Boston a las 15:00 h.

Loeb recordaba el número de su asiento, el 507, y esto fue lo que permitió al asistente del fiscal del estado Joseph Savage hacer la reconstrucción. Se trataba del último vagón del tren de Boston. Loeb tomó asiento e introdujo la carta, con las instrucciones a seguir para el rescate, en la rejilla destinada a guardar folletos de información y hojas de telégrafo, y tras unos minutos descendió del tren y volvió junto a Leopold.


## A por nuevas instrucciones

Tomando buena nota de la hora exacta de llegada del tren a la estación de la calle 63, los secuestradores llamaron por teléfono al Sr. Franks y le pidieron que fuera a una farmacia en el distrito Woodlawn, donde recibiría más instrucciones. Entonces dispondría de cuatro minutos desde que llegara a la farmacia hasta la partida del tren.

En ese momento, una vez el Sr. Franks tenía todo preparado para realizar el pago, llegó la repentina noticia de la muerte de Robert. Fue rápidamente hacia la funeraria; el tren de Boston paró en Woodlawn y continuó, con la inadvertida carta alojada junto a los folletos de información de itinerarios y horas de llegada y salida.

Según lo contado por las autoridades de Nueva York, la carta pedía al Sr. Franks que permaneciera en la plataforma trasera del tren, mirando al este, y esperara a ver la fábrica de la Champion Screw, cerca de la calle 74. En el momento en que su vagón la cruzara, debía contar hasta cuatro y lanzar después la caja con los 10.000 dólares que debía haber preparado.

Desde que aquel día saliera de Chicago, el tren ha hecho todos sus trayectos a Boston, Cleveland y Cincinnati, y vuelta a Nueva York, con la inadvertida carta dentro. En respuesta a la requisitoria del Sr. Crowe, los ejecutivos de la empresa de ferrocarril dijeron que, de haber sospechado algo, hubieran hecho volver el tren inmediatamente.

## A disposición del sheriff

Una orden legal de *habeas corpus*, cursada por el juez Caverly del juzgado competente, dejó a los dos asesinos confesos del joven Robert fuera de la custodia del fiscal del estado.

Los abogados defensores encontraron gran resistencia en el propio Crowe, pero el tribunal estableció que la ley estaba en este caso del lado de los muchachos. La orden del juez Caverly significaba que, desde ese momento, los dos jóvenes tendrían asistencia legal en cada paso que dieran. Hasta dicha mañana se encontraban detenidos por la policía, sin contacto con sus parientes y abogados.

Tras este cambio fueron acompañados por Clarence S. Darrow y Benjamin Bachrach, los abogados temporalmente elegidos por sus millonarios padres, que dejaron el juzgado en dirección a la capilla Furth, en el 936 al este con la calle 47, y retomaron las indagaciones sobre la muerte de Robert Franks.

El fiscal del estado Crowe, que había anunciado que se haría cargo de cada paso de las investigaciones, los sometió rápidamente a un interrogatorio apenas terminó la vista del juez Caverly. Hubo un incierto y breve encuentro con algunos parientes en los «toriles» del juzgado, y enfilaron dirección sur bajo la atenta vigilancia del inspector jefe Michael Hughes y un séquito policial.

## Juicio millonario

La vista del *habeas corpus* fue el primer paso en lo que promete ser una interesante y dura lucha entre millones de dólares por un lado y los recursos públicos por otro. Aunque Nathan Leopold padre y Albert Loeb no se han pronunciado al respecto, no es previsible que dejen que se lleven a sus hijos a la cárcel sin ofrecerles toda la defensa que el dinero sea capaz de comprar. Y frente a ellos se encuentra el fiscal del estado Crowe en persona, con elecciones a la vista y, a su cargo, el más dramático caso penal de la historia del condado de Cook como una gran oportunidad para afrontarlas con éxito.

La vista de hoy fue tan rápida y exacta que parecía ensayada. Los espectadores que abarrotaban la sala en espera de importantes revelaciones no obtuvieron nada nuevo, para su disgusto. El asunto se resolvió en apenas unos minutos.

Los abogados Darrow y Bachrach fueron los primeros en llegar al juzgado. Leopold, padre de Richard Loeb, y Jacob M., tío del muchacho, los acompañaban. Representando a los familiares formularon para los acusados la petición de *habeas corpus*, alegando que sus clientes estaban siendo retenidos sin garantías legales.

**No piden la libertad de los muchachos**

«No pedimos que se ponga en libertad a nuestros defendidos», dijo el abogado Bachrach, representando a Leopold, «sino que su custodia deje de ser responsabilidad del jefe de policía Collins y el fiscal del estado y pase a manos del sheriff».

Los chicos llevaban detenidos desde el jueves, dijo. Los esfuerzos de sus abogados por mantener contacto con ellos habían sido inútiles. «Es sabido», dijo, «que se les ha mantenido despiertos y que se han empleado con ellos métodos innecesariamente duros».

El juez Caverly emitió la orden judicial, de acuerdo a la ley, e hizo que se los llevaran inmediatamente. Pasado un minuto, el fiscal del estado Crowe estaba en el juzgado con los dos jóvenes acusados. Los abogados de la defensa le habían informado con antelación de sus planes, y éste había citado a Loeb y Leopold en el juzgado desde la comisaría donde habían pasado la noche.

El fiscal se opuso firmemente a la petición de que sus prisioneros fueran devueltos bajo la custodia del sheriff.

**Primeras acusaciones previstas para mañana**

«Han confesado libremente ser los asesinos», dijo. «Si el gran jurado se encontrara ahora en plena vista, aportaría pruebas en el acto. De modo que me presentaré ante el gran jurado tan pronto como sea posible mañana, y les puedo asegurar, creo, que dichas acusaciones serán juzgadas antes de que anochezca».

Pidió al juez Caverly que dejara a los chicos bajo su custodia hasta las 14:00 h, con objeto de completar la búsqueda de pruebas en su contra. El jurado estableció, sin embargo, que dicha petición no se ajustaba a la ley.

Tras las protestas del fiscal del estado, éste puso a ambos reclusos bajo la custodia del sheriff Hoffman, con la condición de que se les negara la fianza. Así lo haría hasta el 6 de junio, tiempo en el que se habrían formulado las acusaciones y en el que los dos estudiantes serían acusados formalmente de dos cargos castigados con pena de muerte: asesinato en primer grado y secuestro.

El tribunal concedió además a la policía el derecho a custodiar a los prisioneros en los distintos desplazamientos necesarios para las indagaciones. Loeb y Leopold, malhumorado uno, sonriente el otro, fueron conducidos a los «toriles» para que pudieran hablar en privado brevemente con sus abogados y familiares.

## La consigna de los abogados defensores: guardar silencio

Hasta el último minuto, el fiscal del estado Crowe había intentado dar con los principales puntos de la confesión de los asesinos, pero de repente cambió de criterio y decidió que la investigación fuera desvelando los detalles. Los abogados Darrow y Bachrach se resistieron a poner tan rápidamente las cartas sobre la mesa y acordaron un receso de las sesiones. La vista se reanudaría el 27 de junio, fecha en la que todo el asunto era ya parte de los comentarios del día a día de los ciudadanos.

Leopold y Loeb dieron muestra de seguir los consejos de sus abogados durante el turno de preguntas. Se negaron en redondo a hablar del caso. A toda pregunta dieron la misma respuesta: «No tengo nada que decir».

Loeb en particular mostraba un aspecto infantil e inocente en la esquina de la sala de audiencias. Vestía ropa deportiva de corte juvenil y una camisa que resaltaba la forma y el perfil aún joven de su nuca y de su cuello.

**Leopold intenta conseguir ginebra**

El joven Leopold, que la pasada noche había sugerido descaradamente «sobornar a algunos miembros del jurado», no fue más prudente al día siguiente. Incluso intentó enviar a un sargento de policía a su casa para que le trajera una botella de ginebra o *whisky*.

Los muchachos, que seguían sin hablarse tras su pelea en el juzgado después del asesinato del hijo de Franks, fueron llevados de forma separada a almorzar tras la comparecencia en la morgue. La idea del fiscal del estado era interrogarlos más tarde, dejar que fueran a hablar con sus abogados y, al final de la jornada, enviarlos a la prisión del condado.

**Madrugón en las celdas**

El intenso día comenzó temprano, con los prisioneros despiertos y fuera de sus duras camas mucho antes de que se hiciera notar cualquier rastro de vida en el placentero barrio de Hyde Park, de cuya rutina habían formado parte pocos días atrás. Los inspectores se pusieron en marcha aun antes que ellos, escarbando en su pasado en el campus de la Universidad de Chicago, en la Universidad de Michigan y en algunas asociaciones de corte libertino, de las que los dos chavales formaron parte antes de concluir que el asesinato era la mayor de todas las emociones.

Se interrogó con tacto, para evitar que se sintieran intimidados, a profesores universitarios sobre qué recordaban de la pareja. Los hombres del fiscal del estado esperaban encontrar en el pasado universitario de Leopold, graduado a los dieciocho años, y Loeb, uno de los estudiantes más precoces en graduarse de la Universidad de Michigan, alguna clave que les condujera al porqué de los hechos.

Leopold había recuperado la calma cuando llegó al juzgado, mientras que Loeb estaba malhumorado y nervioso. Fueron juntos hacia el centro desde la comisaría de la avenida Wabash, donde habían pasado una noche difícil con contrabandistas y ladrones en las celdas vecinas. Pero siguieron sin dirigirse la palabra, según los sargentos Harry Gray y M. J. Mullen, que los custodiaban. El odio que había nacido entre ellos aún permanecía.

Leopold se encaminó hacia el juzgado fumando y mascando chicle. Algo nervioso, pidió que le trajeran de casa una botella de alguna bebida alcohólica, hecho que le fue denegado.

«Oiga, sargento», dijo arrogante tras escribir algo en un trozo de papel. «Sea generoso y tráigame esto, ¿de acuerdo?».


**Una nota pidiendo alcohol**

La nota iba dirigida al «4754, avenida Greenwood», la casa de Leopold. «Por favor, entréguele al portador de la presente una botella de *whisky* o ginebra», había escrito el muchacho. El sargento William Klockzien guardó la nota en el bolsillo con la promesa de hacerla llegar, pero la entregó en la oficina del fiscal del estado apenas Leopold quedó al margen de su custodia.

A una veterana empleada del juzgado de cabello plateado le impresionó la indiferencia de Leopold cuando entró en la habitación donde éste esperaba.

«Dios mío», dijo, «era como si no sintiera ningún remordimiento por lo que había hecho. Yo creo que ha perdido la cabeza».

Mientras tanto, Loeb iba de acá para allá, incómodo, en la oficina del fiscal Crowe. Pidió que le prestaran un peine, que utilizó para echarse cuidadosamente el pelo hacia atrás, único gesto que reflejó un pensamiento ajeno a su preocupación.

La investigación estaba prácticamente concluida cuando comenzó la batalla legal. Sobre una montaña de pruebas, rodeados de una muchedumbre agitada y nerviosa tras los reporteros sensacionalistas a la caza de cada palabra de los dos asesinos confesos, todos excepto uno de los eslabones de la cadena fueron enlazados. La incógnita pendiente, de escasa importancia ya, está relacionada con la máquina de escribir en la que Leopold y Loeb escribieron la carta a Jacob Franks donde le exigían 10.000 dólares si quería que su hijo, que ya estaba muerto, volviera a casa sano y salvo. Los asesinos tiraron la máquina de escribir en una laguna del parque Jackson, dicen, aunque ayer los investigadores no consiguieron encontrarla.

«Estamos ahora ante un caso con posible condena a muerte», ha dicho en repetidas ocasiones el fiscal Crowe desde primera hora de la mañana del sábado, cuando el más arrogante de los dos secuestradores se derrumbó por sorpresa y comenzó a contar la verdad sobre el inconcebible asesinato.

Con una atmósfera de entusiasmo a su alrededor tras la confesión del crimen, los herederos de estas familias millonarias apenas pudieron conciliar el sueño la pasada noche en la comisaría de la avenida Wabash, a menos de un kilómetro y medio de sus cómodas y elegantes casas.

El de ayer fue un día importante para los acusados, que respondieron exhibiendo gestos infantiles a la muchedumbre que los aguardaba, curiosa y expectante. Se disputaron la atención de las cámaras, e hicieron alarde de su erudición. Se plantaron delante de los allí reunidos e hipócritamente hablaron de sus maquinaciones intelectuales.

**La actitud cambia en las celdas**

Sin embargo, hacia el final del día, con los policías cada vez más impacientes y constantes rumores sobre una posible condena a muerte allá adonde iban, la altanería comenzó a remitir. Cuando los condujeron a sus camas de los calabozos de la comisaría, con policías vigilando para evitar cualquier tentativa de suicidio, su indiferencia desapareció. Ahora se sentían como unos muchachos asustados, desconcertados, arrinconados.

El recorrido de ayer por el camino de este increíble secuestro confirmó casi cada detalle de la confesión de los asesinos, cuyo texto seguía hoy en poder de la oficina del fiscal del estado. Los muchachos ayudaron a corroborar cada paso. Señalaron los sitios donde escondieron la ropa y desenterraron la hebilla del cinturón del hijo de Franks, una de las pocas prendas que se había salvado de la destrucción.

Se mostraron francos y colaboraron en todo, excepto en un asunto: el asesinato del hijo de su millonario vecino. Ambos trataron de cargar sobre el otro toda la responsabilidad del secuestro y muerte del chico. Su desacuerdo y los nervios provocados por la intensa jornada hacían imposible por el momento cualquier tipo de reconciliación. Cual actores celosos, se lanzaron insultos y burlas, utilizando como mensajero a uno de los periodistas que los acompañaba.

## Sin rastro de arrepentimiento

No pronunciaron ninguna palabra de arrepentimiento a lo largo del día, ninguna palabra de condolencia hacia los padres de Franks o hacia ellos mismos. Leopold, más locuaz, trató de justificar el crimen con su habitual pose intelectual como parte de una investigación científica.

«Estábamos haciendo un experimento», dijo. «El crimen fue accidental y secundario. Pero es tan justificable una muerte en dichas circunstancias como lo es que un entomólogo empale un escarabajo en un alfiler».

Durante el resto del día pareció mantener la calma e incluso cierto buen humor. Loeb, por el contrario, se mostró deprimido cuando llegaron al juzgado. Pareció dudar unos instantes y declaró repetidamente que fue Leopold quien había matado al chico.

«Yo iba conduciendo», dijo. «Robert iba a mi lado y yo lo sujetaba cuando, desde el asiento de atrás, Babe lo aporreó con el cincel».

## En coches diferentes

El segundo rastreo por el lugar del crimen comenzó alrededor de las 11:00 h. A esa hora, tres automóviles con más de una docena de inspectores de policía, bajo el mando de los capitanes Hughes y William Schoemaker, estaban preparados frente a la comisaría de la avenida Wabash. Sacaron a Leopold y Loeb de sus celdas y se los llevaron separados en sendos coches.

La primera parada fue en el restaurante Daley, en el 807 al este de la calle 63, donde los asesinos compartieron un desayuno ligero.

El grupo se dirigió entonces hacia la laguna del parque Jackson, donde continuaba la búsqueda de la máquina de escribir Underwood. Loeb bajó del automóvil y señaló el punto desde el que la habían arrojado. Dijo que no la habían lanzado, sino apenas dejado caer, y que, por tanto, debía estar justo debajo del puente. Unos cuantos cientos de curiosos se habían reunido alrededor de los investigadores y contemplaban sus esfuerzos con interés. La presencia de los prisioneros había creado mucha expectación.

El capitán Hughes condujo la patrulla hacia el sureste, al punto donde el sábado habían sido encontrados los zapatos del hijo de Franks. También aquí fue Loeb quien bajó del coche y encontró la prueba.

Provisto de una pala, cavó alrededor en la tierra blanda hasta que desenterró el cinturón. Era de rayas de color azul y blanco entrelazadas, y le faltaba la hebilla. Loeb afirmó que la habían quemado allí también, aunque el capitán Hughes ordenó a la patrulla que se marchara sin ella, dejando al sargento Berounski, del Departamento de Investigación, y a su equipo a cargo de la búsqueda. El sargento encontraría la hebilla más tarde.

Loeb explicó las razones por las que enterraron los zapatos y el cinturón. Él y su socio pensaron quemarlos como el resto de la ropa, pero los zapatos tenían suelas de goma y temían que el olor que se produjera en casa de Loeb al quemarlas pudiera alertar a los vecinos. Tampoco podían hacer desaparecer la hebilla con fuego.

Añadió que él había cavado el agujero y enterrado dichos artículos mientras Leopold se encargaba del espantoso cometido de desnudar el cadáver del chico.

El lugar donde enterraron los objetos está a unos seis kilómetros al oeste de Hammond Ind., cerca del pequeño pueblo de Hessville.

Una vez apareció el cinturón, la patrulla volvió al parque Jackson, aunque sólo pararon durante unos segundos sobre el puente antes de regresar a la oficina del fiscal del estado.


**Leopold juega a las cartas**

Tras el minucioso interrogatorio al que fueron sometidos por la tarde en el hotel Windermere y después de unas horas de sueño que les concedieron, los dos muchachos fueron conducidos la medianoche del sábado a la comisaría de la avenida Wabash. Leopold, tras haber dormido unas cuatro horas en su celda, se desveló y estuvo jugando a las cartas con el policía encargado de su custodia, el sargento John J. Walsh, del Departamento de Investigación.

Más tarde, durante la mañana, mandó que le trajeran algunos caramelos y revistas. Loeb durmió más profundamente y hasta cerca de la hora de abandonar la comisaría.

Durante la mañana, preguntaron al capitán Hughes si creía que había alguna relación entre el par de sujetos y el envío de una corona de flores, remitida a la familia Franks el día del funeral de su hijo, firmado por el misterioso «George Johnson», al igual que la carta de rescate. Lo negó: creía que aquella corona había sido enviada por algún desalmado que había leído la historia en los periódicos.

## La multitud se agolpa en el lugar del crimen

Durante toda la tarde de ayer, las miles de personas que pasaban curiosas ante las casas de las tres familias pusieron de relieve el gran interés del público en esta tragedia y su dramático desenlace. Tal fue la cantidad de gente congregada en la calle frente a las residencias de Loeb y Franks en la avenida Ellis, que resultó necesario enviar una patrulla extra de policías desde Hyde Park para despejar la zona.

Las persianas de las ventanas de las tres casas estaban echadas y tan sólo una vez la multitud pudo vislumbrar a alguien. Esto ocurrió cuando las puertas de la mansión de Loeb se abrieron y un automóvil, conducido por un chófer y con otro pasajero en su interior, salió a la avenida Ellis y giró en dirección norte.

«Es el Sr. Loeb», corrió el rumor entre la multitud, «es el padre del muchacho».

Mientras el coche se dirigía al norte, cientos de personas le lanzaron algunas palabras, en un gesto que tenía más intención de condolencia y ánimo que de ira.

## Identificado el coche del asesinato

El interrogatorio continuó a lo largo de la tarde en la oficina del fiscal del estado. Sobre las 18:30 h los asesinos fueron conducidos al patio de la cárcel, donde habían llevado el coche en el que tuvo lugar el secuestro. Leopold, mostrando calma, lo identificó, y añadió que él y Loeb habían limpiado la sangre de su víctima con una esponja.

Se les pidió que subieran al coche, pero una pequeña discusión surgió sobre quién debía ocupar el asiento del conductor. Ambos declararon haber estado al volante la tarde del fatal suceso. Leopold tomó finalmente el asiento y fue fotografiado en dicha posición. Loeb se negó a subir hasta que su socio no se bajara. Leopold mantuvo su actitud despreocupada; Loeb parecía sobreexcitado y al borde del colapso.

Tras la inspección del vehículo llevaron de vuelta a los chicos a la oficina del fiscal del estado, y poco después, y por separado, los llevaron a cenar a un restaurante. Tenían que volver para continuar con el interrogatorio.

## El examen del psiquiatra

El doctor William O. Krohn, psiquiatra, junto con el Dr. Patrick y el Dr. Church, hicieron un breve reconocimiento médico de los detenidos. Contó que les hizo una pregunta que, de haber contestado, habría sido de vital importancia para un diagnóstico certero. Era: «En algún momento, una vez hubo planificado el crimen, ¿quiso dar marcha atrás?».

Ambos se negaron a contestar.

«Una respuesta afirmativa», dijo, «indicaría que estaban plenamente capacitados para distinguir el bien del mal».

Al ser preguntado sobre si conocía algún caso similar de personas tan frías y serenas ante interrogatorios tan intensos, recordó y narró los casos de Harvey Church y Carl Wanderer, ambos ahorcados por crímenes brutales.

«Estos chicos aún no son conscientes del daño irreparable de su acción», dijo. «Aún no han experimentado lo peor. Cuando ese momento llegue será todo un espectáculo y seguramente más duro que si lo hubieran sufrido inmediatamente después del crimen».

# El testimonio de Susan Lurie

Por James W. Mulroy y Alvin H. Goldstein
2 de junio de 1924

La amistad que unía a Nathan Leopold y a «Dick» Loeb con Susan Lurie, y que había comenzado en una exclusiva fiesta de cumpleaños en el South Shore Country Club de Washington, llevó hoy a esta última, vecina del 923 del complejo Margate, a la oficina del fiscal del estado para someterse a un interrogatorio en relación con el ahora famoso «caso Franks».

La señorita Lurie, una atractiva muchacha morena de pelo corto, antigua estudiante de la Universidad de Chicago e hija del Sr. Jacob Lurie, contó todo lo que sabía sobre Nathan Leopold y «Dick» Loeb, así como las irónicas charlas que mantuvieron sobre el «misterioso» asesinato de Franks.

«Conocí a Leopold y Loeb en una fiesta de graduación en el South Shore Country Club de Washington el 21 de febrero de este año», le contó a John Savage, ayudante del fiscal del estado, una vez los sargentos Gentile y Mills la condujeron a la sala donde se produjo el interrogatorio. «"Dick" Loeb llamó una vez a casa después de aquella ocasión, y Nathan Leopold varias veces. Bastantes, de hecho».


## Una charla sobre el «caso Franks»

«La última vez que vi a Nathan fue el 28 de mayo, el día anterior a su arresto. Fuimos al salón de té Cinderella, en la calle 63, y al Cottage Grove a comer algo. Nathan llevaba dos periódicos y me dio a leer uno. "Veamos qué novedades hay sobre el 'caso Franks', dijo».

La señorita Lurie reconoció haberle expresado a Nathan cómo le gustaría obtener la recompensa ofrecida por la resolución del caso, y contó cómo su acompañante, bromeando, le había dicho que se entregaría a la policía y confesaría el crimen para que ella pudiera «disfrutar del dinero».

«Parecía alegre y despreocupado; no mostró ningún tipo de incomodidad cuando hablamos del tema», dijo la señorita Lurie al asistente del fiscal del estado.


## El alegre asesino

Todo eso ocurrió después de que la señorita Lurie contara a los investigadores qué tipo de relación había mantenido con el joven Leopold la noche anterior al asesinato del hijo de los Franks. El muchacho se mostró particularmente alegre aquella noche, inusualmente encantador, dijo. «Bailamos, y lo pasamos realmente bien», relató.

Hablando sobre el carácter del joven Leopold, la señorita Lurie afirmó: «"Babe" siempre estaba analizando a los demás. Observaba, estudiaba y diseccionaba nuestras emociones. Nos recordaba nuestros comentarios y volvía atrás durante las conversaciones que manteníamos e intentaba desenmascarar nuestra forma de pensar y razonar».

Tras un corto interrogatorio, dejaron que la chica se marchara.

# Un estudiante demuestra la existencia de la curruca del pino

Por James W. Mulroy y Alvin H. Goldstein
2 de junio de 1924

Un sexto sentido protege a las criaturas salvajes de las amenazas de la civilización, un instinto infalible, inexplicable.

Expertos de la Audubon Society[1] trajeron hoy a colación esta definición mientras se proyectaban algunas escenas de una de las más importantes películas jamás rodadas sobre las aves. Para cualquier persona no experta, este material, extraído de los archivos del Departamento de Historia Natural del estado de Michigan, no es más que la película de un estudiante dando de comer a unos pájaros que saltan sobre su mano y revolotean sobre su cabeza. Sin embargo, esta cinta esconde un hecho dramático, una atmósfera casi fantasmal y una auténtica sorpresa.

El plano cambia. El pájaro que sale en pantalla es la más extraña de las currucas americanas, la *kirland* o curruca del pino,

---

[1] Sociedad conservacionista y ecologista, creada en EE UU en 1905, que lleva el nombre de un famoso naturalista francés responsable de uno de los primeros estudios ornitológicos en aquel país (N. del T.).

especie que hasta la fecha se había mostrado siempre reacia con los seres humanos. El hábitat de la curruca del pino es generalmente yermo y del tipo sobre el que la presencia humana no deja de crecer. En los últimos años, esta especie se ha mostrado tan esquiva y ha sido avistada tan pocas veces que se ha llegado a dudar de su existencia.

## Una especie que se consideraba extinguida

Hasta hace un año, muchos ornitólogos se inclinaban por pensar que dichas aves se habían unido al grupo de especies salvajes americanas extinguidas o, al menos, en serio peligro de estarlo a causa de nuestra civilización despiadada. Y de repente llegó un estudiante a la zona de pinares de Michigan, para desmontar todas las teorías sobre la curruca del pino y conseguir lo que la ciencia consideraba imposible.

Dicho estudiante era mucho más que un ornitólogo, como sus logros pusieron rápidamente de manifiesto. Vagaba solo día y noche por los extensos pinares del condado de Montmorency, donde acampaba en busca del esquivo cantar del más discreto de los pájaros americanos. Al cabo de diez meses encontró un nido.

Los pájaros, que según los manuales académicos deberían haber huido al ver aproximarse a un humano, salieron volando y se posaron cerca mirando con desconfianza al intruso. Les echó algo de comer, estudió el nido y examinó a las crías.

## En busca de testimonio gráfico

Al día siguiente fue a uno de los campamentos del Departamento de Historia Natural de Michigan y volvió al pinar, con un equipo de grabación y varios asistentes. Permaneció allí de tal forma que consiguió transmitir a los pájaros que no tenían nada que temer de aquella intrusión en su hábitat particular, manteniéndolos en una extraña calma, incluso cuando comenzaron a oírse los chasquidos del motor de la cámara. Durante la grabación, los pájaros comían de la mano del estudiante y se posaban sobre su hombro, mirando retadores hacia los camarógrafos.

Los ornitólogos allí presentes quedaron atónitos ante aquel espectáculo, que echaba por tierra la vieja y manida teoría que afirma que el instinto protege a las criaturas salvajes, y que éstas disfrutan de un sentido más desarrollado que el de los humanos para detectar la bondad y la ausencia de peligro. Demasiado para una sola grabación.

El estudiante que se había ganado la confianza de las currucas del pino, quien misteriosamente consiguió permanecer entre aquellos pájaros, no era sino Nathan Leopold, que se enfrenta a una posible condena a muerte por el asesinato de un muchacho.

# Loeb se hace «profesor» y enseña a escribir a un negro

Por James W. Mulroy y Alvin H. Goldstein
3 de junio de 1924

Un educado chico de raza blanca y voz suave, vestido con el mono marrón de prisionero, se sentó sobre la mesa del aula en la cárcel del condado y guió la mano de un joven analfabeto negro, intentando enseñarle a escribir.

El chico blanco era Richard Loeb; el negro era uno de los cientos de menores de edad que están llamados a ser los compañeros, en el comedor y en los juegos de la cárcel, de Loeb y Leopold. Loeb impartía la clase como una forma de romper la rutina de la vida en prisión.

A Leopold, más orgulloso y contenido, no le sentó demasiado bien la desagradable experiencia de su primera noche en la cárcel. Mientras Loeb se sentaba en la pequeña y lúgubre aula de la señora Florence Scully, ganándose su simpatía con sus buenos modales y atenciones, Leopold permanecía solo, sentado en el patio, leyendo un periódico y ajeno al partido de baloncesto que se jugaba allí cerca.

**Loeb pierde su ropa de calle**

El primero fue un día duro para ambos chicos. Loeb tuvo que deshacerse de sus impecables prendas, porque habían sido presa de parásitos en alguno de los calabozos de la comisaría. Leopold, más afortunado hasta ese momento, seguía vestido con su propia ropa.

Durmieron en la atestada sala de la entrada, a unos metros de las celdas a las que el fiscal del estado Crowe había jurado enviarlos por el asesinato del joven Robert Franks. Sus compañeros de habitación durante su primera noche en prisión, y a lo largo de la deprimente rutina de su primer larguísimo día en aquel lugar, eran jóvenes curtidos en barrios muy distintos al acomodado y agradable Hyde Park del que ellos provenían.

La dureza de las camas de la celda, la aspereza de las sábanas de la cárcel, el insoportable aire viciado de la prisión… de todo eso tuvieron buena prueba a su llegada, y pareció aportarles una visión más realista de lo que les esperaba a partir de ese momento.

«Esto es horrible», admitió Loeb. Leopold, malhumorado, no dijo nada, aunque hizo notar su desagrado.


**De limpieza en la habitación de los vigilantes**

A las seis ya estaban fuera de sus duros e incómodos catres, una hora inaudita para las costumbres de la lujosa vida que habían llevado hasta entonces, como hijos de millonarios. No tuvieron que probar el espartano desayuno de la prisión —les habían hecho llegar comida desde fuera—, aunque sí hubieron de ordenar y limpiar la sala de los vigilantes con «gente de la peor calaña» y hacer las camas.

Se dieron cuenta de que eran objeto de un interés desdeñoso por parte de sus compañeros, aunque no les trataron peor de lo que lo hacían entre sí. Tuvieron que colaborar y cumplir su parte de las tareas comunes.

A las 8:30 h, una vez dejaron impoluta la sala de los vigilantes y con el aire viciado por el olor del agua de los cubos de fregar, fueron enviados para hacerles un chequeo a cargo del médico de la cárcel. De 8:30 a 11:30 h, los «regulares» tienen ejercicios en el patio, pero Loeb y Leopold, como nuevos reclusos, hubieron de cumplimentar algunas formalidades previas.

La hora del almuerzo fue a las 11:30 h. A las 13:30 h tocaba otro turno de patio, que duró hasta las 15:30 h. Después, vuelta a las celdas.


## Durmiendo con ladrones

Los dos asesinos fueron asignados a celdas del ala juvenil de la prisión. El guardia Wesbrook asignó la celda 717 a Loeb, junto a Edward Donker, un joven acusado de tres robos, como compañero de litera. La asignada a Leopold fue la 604, y su colega de celda Thomas Doherty, de diecisiete años, un presunto ladrón.

Los asesinos fueron llevados a la cárcel a las cinco y media de la tarde anterior, según lo dispuesto por orden del juez Caverly, quien retiró la custodia a la policía, desestimó cualquier fianza y los puso bajo el cuidado del sheriff.


## Leopold recibe flores

Durante la tarde, una misteriosa «Jane» envió dos grandes paquetes con azucenas blancas a Nathan Leopold y Richard Loeb, junto con dos notas de significado ambiguo: «Creo que son las más apropiadas en vista del panorama», rezaba la nota de «Jane» a Loeb. «Te enviaré un ramo de éstas cuando acabe el juicio. Jane», se podía leer en el paquete dirigido a Leopold.

Las flores fueron enviadas a la oficina del sheriff Hoffman y, posteriormente, remitidas por un joven oficial al edificio del juzgado. Haciendo caso a las leyes de la prisión, que prohíben a los presos tener flores, el sheriff las confiscó.

# El padre de Leopold permanece aturdido durante el juicio y rodeado de una multitud de curiosos

Por James W. Mulroy y Alvin H. Goldstein
7 de junio de 1924

El padre de Nathan Leopold, un hombre de pelo cano, declaró durante una hora ante el tribunal que preside el juez Caverly. Apenas se movió. Tras él estaba el primo de Loeb, y delante sus abogados, Bachrach y Clarence S. Darrow. Todos ellos hablaron entre sí, e incluso sonrieron y gesticularon, mientras que el padre de Leopold se mostraba imperturbable. Tenía las cejas enarcadas y las manos cruzadas sobre las rodillas. Tan sólo, cada pocos minutos, una especie de temblor se hacía notar en la parte inferior de sus piernas.

El padre de Nathan estuvo callado durante la media hora de espera previa a la llegada del juez Caverly. Cuando la vista estaba a punto de comenzar, todos se dirigieron hacia el lugar donde tendría lugar el juicio. Desde la parte de atrás de la sala llegó gran parte del público. Se agolparon con dificultad en el reducido espacio entre el estrado del juez y el asiento del padre de Leopold, y rodearon el banco donde éste se encontraba. Se abalanzaron sobre él, se apoyaron en el banco y le echaron el aliento en la cara. El hombre permaneció sentado.

**Hacen entrar al hijo**

Giró la cabeza cuando hicieron entrar a su hijo en la sala, aunque el chico estaba rodeado por hombres del sheriff. Padre e hijo no pudieron ni siquiera intercambiar una mirada. Aun así el muchacho saludó y sonrió a algunos reporteros a los que reconoció. El padre no se levantó de su asiento para ir hacia el otro extremo de la sala.

El joven Leopold permaneció en calma, confiado, seguro. El padre seguía sentado con las cejas enarcadas, intentando encontrar respuestas.

En algunos momentos se llevó la mano al oído, para escuchar mejor los argumentos de la petición para que la custodia de los muchachos pasara de las manos del fiscal del estado Crowe a las del sheriff. Pero en ningún momento cambió el gesto tenso de sus cejas.

Durante la vista, el rostro amarillento de aquel hombre miraba perplejo lo que sucedía ante sus ojos. No estaba cabreado, no se lamentaba, simplemente trataba de comprender algo. Su hijo había matado a alguien. Su hijo. Sin motivo ninguno, o al menos por motivos filosóficos que a él se le escapaban. Siempre había tenido el mejor concepto de él. Su hijo era brillante. Y ahora esto; ha de haber una explicación. E intentaba encontrarla. Aunque la búsqueda no parecía dar resultados.

**Parecido físico entre padre e hijo**

Su hijo permanecía allí de pie, con calma y frialdad, como si apenas le importara lo que ocurría, mientras que a él le tocaba estar apretado entre sudorosos desconocidos: lo estaba pasando mal. La gente lo miraba primero a él y después a su hijo, reparando en el parecido de la forma de los labios amarillentos del padre y los jóvenes y relucientes del muchacho. Se percataban de su mismo tipo de frente y pómulos.

¿Qué era todo aquello? El Sr. Loeb quería su sombrero. El Sr. Leopold hurgó entre unos cuantos sombreros repartidos en la mesa que había a su lado. «¿Éste? ¿Éste?». Preguntó y alcanzó un sombrero de paja al Sr. Loeb. Durante todo el tiempo permaneció con el ceño fruncido y los ojos medio cerrados, escrutadores y atentos, buscando respuestas.

Lo único que tenía claro, al parecer, era que un dolor insoportable le recorría el cuerpo de arriba abajo, mientras que su hijo lucía tranquilo, como si la cosa no fuese con él.

Nathan Leopold sólo pronunció una frase.

Llegaron las preguntas: «¿Qué pensaba de todo aquello? ¿Cómo se sentía? ¿Sufría?». Sólo se le ocurrió una frase. Le temblaban las manos y se oía el tiritar de sus dientes cuando soltó las únicas palabras que le vinieron a la mente:

«¿Esto qué es? ¿Por qué vienen a por mí? Yo... ¡yo no he hecho nada!».

# La confesión de Loeb inculpa a Leopold.
## Aparece la máquina de escribir

Por James W. Mulroy y Alvin H. Goldstein
7 de junio de 1924

La confesión de Richard Loeb, donde éste carga en Nathan Leopold toda la responsabilidad de la concepción del secuestro y asesinato del joven Robert Franks, fue hecha pública hoy por el fiscal del estado Crowe.

La confesión de Loeb da más detalles del suceso que la de Leopold, hecha pública ayer, pero sobre todo pone de manifiesto la diferencia de carácter entre ambos. Donde Leopold se mostró frío y tranquilo, Loeb disimuló mal su turbación. Loeb, a causa de su nerviosismo, tras una extenuante confesión de una hora, intentó cargar toda la culpa del crimen sobre su amigo.

### Encuentran la máquina de escribir de Leopold

La máquina de escribir Underwood, en la que Nathan Leopold escribió la carta de rescate con la petición de 10.000 dólares a

Jacob Franks, fue encontrada por la tarde en la laguna del parque Jackson tras ocho días de búsqueda.

Aunque media docena de pruebas han sido suficientes para confirmar la veracidad de las confesiones de Leopold y Loeb sobre el secuestro y asesinato de Robert Franks, la máquina de escribir es considerada la mayor evidencia material para el juicio. Fue hace una semana cuando Loeb señaló desde qué punto sobre el puente de piedra la arrojó, y desde entonces buzos y excavadoras de la policía la buscaban.

Fue la máquina de escribir la que finalmente empujó a Leopold y Loeb a confesar. Periodistas del *Daily News* obtuvieron algunos apuntes de la facultad escritos en ella que, al ser comparados con la carta con las condiciones para el rescate, probarían que era Leopold su autor.

## La salud mental como factor a considerar

«El juicio del siglo», una vez Loeb y Leopold lleguen a la sala para ser juzgados por el secuestro y asesinato del joven de catorce años Robert Franks, conocerá su punto álgido con el debate sobre la incapacidad mental de los acusados.

En esta afirmación se mostraron de acuerdo los allí presentes, después de que Nathan F. Leopold y Albert H. Loeb, los padres de los dos asesinos, se pronunciaran por primera vez públicamente después del asesinato a través de su abogado, Clarence Darrow.

Los padres no sólo dieron a conocer su estrategia, que se basaría en alegar inconsciencia, sino que además añadieron que no utilizarían sus «millones para la defensa». Autorizaron al letrado Darrow a asegurar que los chicos disfrutarían de una defensa común, sin los privilegios que el dinero pudiera ofrecerles en forma de brillantes abogados y médicos especialistas.

## Las familias desvelan su estrategia

El que sigue es el alegato hecho por los padres de los acusados:

En relación a los muchos comentarios que se han vertido sobre la supuesta gran cantidad de dinero que se utilizará en la defensa de Nathan Leopold y Richard Loeb, las familias de los acusados desean recordar que han vivido en Chicago durante más de cincuenta años, y que sus vecinos tienen suficientes elementos de juicio para preguntarse y responderse si se han comportado, en relación con su comunidad, de alguna otra forma que no sea honesta, decente e íntegra, y si no han sido siempre ciudadanos atentos a las leyes, conscientes de sus deberes y responsabilidades con la comunidad en la que viven.

No tienen la menor inclinación ni intención de usar sus medios para una cruda batalla legal, rodeados de los mejores asesores y un ejército de reputados psiquiatras en un intento por derrotar a la justicia. Tan sólo aquella defensa a la que todo ser humano tiene derecho será la que se dispensará a sus hijos.

Aceptando que los hechos del caso son básicamente los conocidos hasta la fecha, lo único que piden es una seria e imparcial investigación judicial, que tenga en cuenta durante el proceso el estado mental de sus hijos acusados.

Los honorarios de los médicos especialistas serán sólo aquellos que normalmente se ofrecen para testimonios en casos similares.

Los abogados que representan a los acusados han acordado que la suma de sus honorarios sea estipulada por un comité compuesto por representantes de la Chicago Bar Association[1].

Si el jurado considerara a los acusados como personas no conscientes de sus actos, sus familias, de acuerdo a su inquebrantable

---

[1] Fundada en 1874, la Chicago Bar Association es una de las más antiguas y reputadas asociaciones de abogados y expertos legales de EE UU, aún activa en nuestros días (N. del T.).

compromiso y sentido del deber hacia su comunidad, afirman que deberá protegerse a la población de cualquier futura amenaza por parte de ambos chicos.

En ningún caso utilizarán las familias de los acusados su dinero en intento alguno por derrotar a la justicia.

Sin embargo, el fiscal del estado Crowe tiene algo que decir. Declaró que si los muchachos escapan a la pena capital en el presente juicio por asesinato, serían inmediatamente juzgados de nuevo por otros delitos castigados con la muerte: secuestro y extorsión.


**Se ofrece a ir a la horca en lugar de alguno de los acusados**

Curt Geissler, del 647 al oeste de la calle 19 de Milwaukee, envió una carta al jefe de policía Collins en la que se ofrece como sustituto en la horca de alguno de los dos muchachos. La carta es una más entre los cientos de extraños comentarios recibidos por el jefe de policía, el fiscal del estado y los acusados desde que se produjeran las confesiones.

«Estoy dispuesto a relevar a alguno de los chicos en el caso de que se les condene a morir en la horca», escribió Geissler. «Si esto que propongo es legalmente posible y los padres de alguno de los chicos están dispuestos a pagar a mis herederos un millón de dólares, estoy listo para ir a la horca en el momento en que la ley así me lo pida, ya que mi vida no tiene ningún aliciente».

# Una estudiante de ornitología revela el proyecto de Leopold

Por James W. Mulroy y Alvin H. Goldstein
26 de junio de 1924

Innegables síntomas de la confusión mental del joven Nathan Leopold se revelaron unos días antes de que secuestrara y asesinara, junto a Richard Loeb, a Robert Franks. Buena cuenta de ellos tuvo el fiscal del estado gracias al testimonio de una mujer a quien Leopold había confesado sus más íntimos deseos.

Nathan había intentado irse de casa de sus padres. Se había jactado de su capacidad para apañárselas solo. Había anunciado su determinación a casarse con una chica a quien su familia no veía con buenos ojos. Habló con amargura de las limitaciones que le imponía su familia, de la que tan sólo salvó a su fallecida madre. Había anunciado su intención de seguir su propio camino en busca de otras experiencias, y había lanzado más de una clara indirecta sobre el alto concepto que tenía de sí mismo, de lo por encima que creía estar del resto de los mortales.

El testimonio hecho al asistente del fiscal John Savage por la Sra. Hamilton Moses, alumna de la clase de ornitología de

Leopold, que fue citada ayer, puso de manifiesto esta faceta de su extraña conducta.

Todo esto se lo contó con su habitual tono presumido e infantil durante una visita que quizá ocultaba otro siniestro propósito. El joven Leopold fue hasta su casa, dijo ella haciendo una pausa y tomando aire, para sugerirle que contratara a un profesor particular para su hijo de ocho años, a quien ella quería enviar a un campamento de verano. Esto ocurrió apenas unos días antes de que apareciera el cadáver del hijo de los Franks en una alcantarilla de Calumet.

La Sra. Moses dijo que conocía a Leopold desde hacía dos años, cuando entró a formar parte de su clase en 1923, y dijo que le pareció entonces un joven brillante y juicioso.

## Leopold quería casarse

«La última vez que hablamos me contó que quería casarse con la señorita Lurie, la chica que ha sido recientemente interrogada sobre su salud mental», afirmó. «Me dijo que se sentía agobiado por los compromisos familiares, y que estaba a punto de irse a vivir su vida. Lo decía totalmente en serio, pero con un punto infantil que me hizo soltar una carcajada. Le sentó fatal.

»Sólo habló bien de un miembro de su familia: su fallecida madre, a cuya tumba decía que llevaba flores todos los domingos.

»Aquélla fue la única vez que hablé con él de temas que no tuvieran que ver con nuestras clases. Nunca me dio motivos para pensar que no era una persona perfectamente normal».

Otra mujer, también llamada a declarar ante el asistente del fiscal Savage, narró un episodio similar que vivió con Leopold el mismo día mencionado por la Sra. Moses en su declaración.

«Asistí a sus clases durante un curso y vino a verme para que me matriculara otro año más», dijo la testigo. «Entró en casa y comenzó a hablar de muchas cosas. Se mostró muy cercano y locuaz, como si no reparara en que hasta entonces sólo habíamos hablado de asuntos relacionados con las aves».

## La locuacidad del asesino

«No parecía sentirse condicionado por el hecho de que fuéramos simples conocidos, todo lo contrario. Habló sin parar incluso de temas sexuales, y me di cuenta entonces de la complejidad de su carácter. Me dije a mí misma que aquel chico no era alguien con el que me gustaría ver a mis hijos, y le dije de la manera más educada que pude que no podía tomar ninguna decisión en ese momento sobre sus clases».

Una tercera mujer fue llamada a declarar en relación al comportamiento de Leopold antes del asesinato de Franks. Se trata de la Sra. O. Spiegel, del 5012 de la avenida Woodlawn, quien dijo que había asistido a doce de sus clases. Coincidió con el resto de las chicas que declararon que nada hacía sospechar de su estado mental.

Otros aficionados a la ornitología fueron citados aquel día: el Sr. Louis Becker, del hotel Windermere; el Sr. Frank Sulzberg, del 1015 del bulevar Hyde Park; el Sr. E. J. Block, del este de la calle 49 con la avenida Greenwood, y el Sr. Oppenheimer —cuyas iniciales no fueron reveladas al fiscal del estado—, que vive cerca del cruce entre la calle 48 y la avenida Ellis.

## Continúan los interrogatorios

La señorita Lorraine Nathan, de veinte años de edad, llegó a la oficina del fiscal del estado para declarar acompañada por su madre, la Sra. Jennie Nathan, del 5218 de la avenida Ellis, y por su hermana pequeña, Rosalind, de catorce años.

El Sr. Savage le pidió a la señorita Nathan que le contara lo que supiera sobre la infancia y adolescencia de Richard Loeb. Ésta contó que había mantenido el contacto con Loeb desde el colegio hasta hacía unos meses. Él se había enfadado con ella por culpa de un «malentendido», dijo, y no volvió a saber nada de él hasta que lo detuvieron.

«Era un chico agradable y educado», afirmó. «Sin embargo nunca me gustó Nathan Leopold. Ése fue sin duda el principal motivo por el que nuestra relación se fue enfriando. Nunca pude entender por qué eran tan amigos, porque más allá de ser dos personas brillantes no tenían nada en común».


## Todos se suman al juego de la extorsión

El jefe de policía Collins contó que no habían dejado de llegar cartas de chantaje, desde el secuestro y asesinato de Robert Franks por Leopold y Richard Loeb, a los buzones de distintas familias acomodadas de Chicago.

El jefe de policía declaró que tenía seis cartas extorsivas en su propia oficina que habían sido recibidas a lo largo del día anterior, y que el jefe de inspectores Hughes custodiaba otras cien.

Incluso algunos niños entraron en el macabro juego de enviar cartas pidiendo rescates. La pasada noche fueron arrestados tres chavales en pantalón corto cuando se internaron temblando en la oscuridad de un callejón para reclamar la enorme suma de 50 dólares que habían pedido a cambio de John Borner, trabajador de una cementera.

# El doctor Healy afirma que para Leopold matar y decidir qué cenar son la misma cosa

Por James W. Mulroy y Alvin H. Goldstein
4 de agosto de 1924

Los eximentes morales y mentales de «Dickie» Loeb y «Babe» Leopold fueron expuestos por el doctor William Healy, de Boston, el segundo de los psiquiatras llamados por los abogados defensores y mediante cuyo diagnóstico pretendían reforzar los atenuantes del crimen.

Se dijo de Loeb que era un chico que despreciaba a todo el mundo excepto a sí mismo, «falso, sin escrúpulos, desleal incluso con sus amigos», impelido a matar en busca de nuevas sensaciones.

Leopold fue retratado como un «superhombre» que dejó de creer en Dios siendo apenas un niño, para quien su único crimen había sido cometer un error intelectual, y que pensaba en relación al asesinato en los mismos términos con los que se preguntaba «si tomaría tarta tras la cena».

El Dr. William Healy, de Boston, un reputado experto en conducta humana, llevaba todo el día en el banquillo en calidad de testigo, a cargo de Clarence Darrow, abogado de la defensa, cuando el tribunal acordó un receso de la sesión. El fiscal del estado Crowe, que había interrumpido con frecuencia, indicó que habría muchas más preguntas una vez llegaran los exámenes completos y su interpretación pericial. Sus preguntas dejaban ver que continuaría intentado probar que los dos defendidos habían exagerado durante dichos análisis para dar la impresión de sufrir «desorden mental».

Cuando el Dr. Healy finalizó su testimonio, los jóvenes Nathan y Richard se revelaron como personas extrañas bajo la luz de una información desconocida hasta ese momento.


## Charla en casa sobre su propio crimen

La noche posterior al asesinato de Robert Franks, Loeb fue capaz de charlar durante la cena con su familia y los invitados de ésta sobre los detalles del crimen que habían aparecido en la prensa, comentó el Dr. Healy. «Quería dejar claro que era lo suficientemente inteligente como para resolver el caso partiendo de los hechos publicados en los periódicos», aseveró el doctor, y prosiguió su relato: «"Dickie" siempre fue un pillo, un ladronzuelo, desde que era pequeño. De hecho, los pantalones que lleva ahora en la cárcel los robó en el club de campo. El día en que se sentó ante el juez Caverly, fue motivo de escándalo la falta total de compasión hacia las personas afectadas por su crimen. Él mismo me dijo que creía que rompería a llorar cuando subiera a testificar la madre del chico al que había asesinado, y que, no obstante, una vez la vio en el estrado no sintió nada en absoluto. Decía no reconocerse». «En uno de los momentos en los que tuvo más compasión por sí mismo», relató también el Dr. Healy, «"Dickie" escribió una carta a una chica pidiéndole que fuera al otro lado de la calle de la prisión y que lo mirara desde allí tras los barrotes».

Se trató de una asociación, dijo el Dr. Healy, que llevó a los dos muchachos a lo que él denomina «una unión inquebrantable», que comenzó cuando ambos contaban unos quince años. En un determinado momento durante el testimonio del Dr. Healy, el fiscal del estado Crowe le pidió que profundizara en lo que quería decir con aquella «unión» que el doctor trajo a colación al hablar de los acusados. El Dr. Healy dijo que no respondería a aquello ante la atronadora sala. Era el segundo testimonio de la defensa en busca de atenuantes.

El juez Caverly llamó a los abogados para que se acercaran al banco del testigo y el Dr. Healy, flanqueado a un lado por el tenso fiscal Crowe y al otro por el jefe de los abogados de la defensa Clarence S. Darrow, susurró durante cinco minutos. «¡Fuera de aquí, periodistas!», ordenó el juez Caverly a dos o tres reporteros que se habían acercado al círculo donde tenía lugar la confidencia. «Esto no se puede publicar».

El Dr. Healy añadió poca cosa. En pocos minutos habló de la parte «impublicable» de su informe en la que describía el tipo de pruebas a las que había sometido a Leopold y Loeb.

## Los médicos explican sus conclusiones

Se analizaron más pruebas y exámenes al comienzo de la sesión de tarde. El juez Caverly y los abogados se reunieron interesados alrededor del Dr. Healy, quien desplegaba gráficos e informes en la barrera entre la silla de los testigos y el banco. Después continuó tras el «por favor, doctor, continúe» del juez Caverly.

«"Dickie", el niño prodigio que entró en la universidad con apenas catorce años y se graduó con el resto de sus compañeros, posee una inteligencia media», afirmó el Dr. Healy, «algo que llama la atención teniendo en cuenta sus magníficas notas». Y en relación a asuntos cotidianos, sus amigos y familiares lo consideraban alguien maduro, «mucho más que un crío», dijo el testigo. «Le pregunté si había pasado algún tipo de dificultad a lo largo de su vida», prosiguió el doctor, «y me respondió que ninguna, que no las hubiera consentido».

El Dr. Healy continuó detallando uno tras otro los rasgos de la personalidad del joven Nathan, en el orden en que los había expuesto en las conclusiones de su examen médico. «A partir de ahí se volvió un chaval descreído, sin ningún sentido de la responsabilidad y desdeñoso hacia cualquier deber social... En relación al estado mental de este chico, observamos varias patologías. Además nos encontrábamos ante un muchacho que mostraba unas capacidades mentales fuera de lo común, con enormes oportunidades en la vida y que aún así estaba dispuesto a seguir adelante con sus perniciosos planes asesinos». Esa «falla» muestra una «inmensa e insólita contradicción», apuntó.

El Dr. Healy se extendió mucho más al hablar de la infancia de Leopold, en la fascinación que le causaba la crucifixión y su gran interés por ir a las iglesias del barrio. «Nos contó que a la edad de cuatro años empezó a hacer un catálogo de santos», dijo el doctor.

El Dr. Healy, que ejerció como neurólogo en Chicago unos años antes y que formó parte durante un tiempo del equipo de expertos del tribunal de menores, se acercó al estrado con una carpeta llena de papeles sobre sus exámenes a los muchachos e informes sobre su especialidad, reunidos aparentemente mientras tenía lugar la declaración del primero de los psiquiatras.


**Exámenes médicos durante tres o cuatro días**

El Dr. Healy consultaba y guardaba algunas hojas sueltas y notas a medida que hablaba de los exámenes médicos que había realizado a los muchachos en la cárcel del condado, que comenzaron el 4 de julio y se extendieron durante tres o cuatro días.

Se trataba de un examen general que incluía pruebas psiquiátricas concretas para analizar la vida emocional de ambos jóvenes, el estudio de la correspondencia entre ellos y sus amigos, y encuentros con otras personas en relación a su día a día familiar y su comportamiento con el resto de la gente.

Respecto a los homicidios, «creía saberlo todo tras haber leído los periódicos antes de venir a Chicago», dijo el Dr. Healy. Se encontró con un «montón de cartas», contó el Dr. Healy, «incluida la que escribió "Babe" a "Dickie" continuando la discusión que habían mantenido tras haber confesado el crimen». Muchas de las cartas confirmaban sus conclusiones, dijo el psiquiatra.

El Sr. Crowe protestó por aquella interminable exposición de sus exámenes médicos, aunque el juez Caverly desestimó sus argumentos. «Continúe, por favor», dijo. «Empiece por el principio y explique cómo examinaron a los muchachos».

Con las manos en los bolsillos de su abrigo, las piernas cruzadas y un manojo de notas sobre sus rodillas, el Dr. Healy comenzó a hablar de un modo que hacía notar que estábamos no tanto ante un testigo como ante un académico experto en su materia.

**El doctor describe la amistad entre ambos acusados**

La asociación interesada fue el comienzo de la amistad entre Nathan y Leopold. «Sus contactos, peleas, correspondencia, todo pone de manifiesto una extraña relación patológica», dijo. «Me dijeron que sus delitos comenzaron con las enormes trampas que intentaban hacer jugando al *bridge*; juego en el que, por otro lado, no eran demasiado buenos».

Loeb se había sentido moralmente culpable en anteriores ocasiones, pero ésta era la primera vez que traspasaba la más elemental línea roja junto a alguien, según el relato del doctor, y a medida que éste así lo contaba, el fiscal Crowe saltó como un resorte pidiendo que describiera los actos por los que Loeb se había sentido como un delincuente.

El juez Caverly tomó las riendas de la situación con una firmeza que se ha hecho ya característica estos últimos días del juicio. Mandó a callar al fiscal y pidió al Dr. Healy que continuara con su testimonio de la forma más ordenada posible. «Estaré encantado de contarlo todo; no he venido a otra cosa». Pequeños hurtos habían salpicado la infancia del joven Richard, quien había robado lápices, cepillos de dientes y otros artículos de reducido valor en distintas tiendas. Todo esto ocurría antes de que conociera a Leopold. Surgió entre ellos entonces una extraña relación en la que, dijo el médico, Leopold vio la oportunidad de hacer realidad sus más extravagantes fantasías, y Loeb encontró a alguien capaz de ayudarlo a llevar a cabo sus futuros planes «criminalísticos».

### Los chicos formaban un equipo

El doctor Healy usó el término «inquebrantable» para definir la relación entre los chicos. El fiscal Crowe pidió una definición más exacta del significado de aquella palabra. El Dr. Healy se dirigió al juez Caverly en voz baja, quien llamó a los abogados y los reunió a ambos lados del lugar reservado para los testigos. Lo que el Dr. Healy les dijo no podía oírse más allá de aquel círculo.

Tres o cuatro reporteros trataron de colarse en aquella reunión improvisada. «¡Vamos, señores periodistas, retírense y vuelvan a sus asientos!», gritó el juez Caverly. «¡Esto no se puede publicar!».

El Dr. Healy pasó entonces a hablar de las pruebas a las que había sometido a Leopold y Loeb. «Yo ya me he perdido», se quejó el fiscal Crowe. «Ahora ya no sé a cuál de las pruebas se está refiriendo».


## Leopold bate marcas en las pruebas psiquiátricas

«El tiempo máximo para realizar el test Monroe de comprensión lectora es de cinco minutos y no recuerdo haber visto nunca a nadie haber respondido correctamente a todas las preguntas», dijo el Dr. Healy. «Pero Leopold sí lo hizo, en tres minutos y quince segundos».

Aquel prodigio tardó algo más con las preguntas que incluyen errores del tipo «la plata es más pesada que el plomo», afirmó el testigo, pero fue sorprendentemente rápido identificando cuadrados en un folio con rayas dibujadas.

Loeb hizo «muy bien» los así llamados «tests periciales», incluyendo pruebas en las que se pregunta a los pacientes si algo les parece «una idea brillante, una idea absurda, y respuestas de este tipo». Contestó a todas en siete minutos, pero cometió tres de los cuatro errores posibles.

Loeb terminó en cinco minutos una prueba criptográfica en la que disponía de quince minutos para identificar una frase escrita con símbolos. Dicha prueba requiere el desciframiento de un código de símbolos antes de poder extraer las frases. «En otra prueba los resultados me parecieron aún más interesantes», dijo el Dr. Healy, «porque Loeb insistió en apurar el tiempo del que disponía para escribir sobre sí mismo». Y después leyó como ejemplo otra de las preguntas del test: «Si menos por menos es más, ¿por qué no podemos afirmar que dos errores conforman un acierto?».

## Loeb flaquea en una de las pruebas

El único fallo que Loeb cometió fue en una prueba donde, dijo el Dr. Healy, «se coge un folio, se dobla de la manera que se quiera, y así plegado, se corta, con el propósito de analizar si el paciente es capaz de colegir cuál será el resultado tras dichos cortes».

Luego vino una prueba con tres dados de ocho centímetros con cada cara pintada de un color distinto. Se trataba de acertar cuántos dados de dos centímetros y medio cabían dentro del grande, y de qué color sería cada cara de esos dados del interior en caso de que el dado matriz estuviera dividido de determinada manera. Loeb resolvió el problema en un minuto. «¿Cuántos dados habría?», preguntó el Sr. Crowe. «Veintisiete», respondió el Dr. Healy. La mente de Loeb se mostró tan ágil y rápida en estas pruebas, afirmó el Dr. Healy, que sus respuestas fueron casi inmediatas en varias ocasiones. «Las respuestas llegaban tan rápido a su mente que tenía media docena de palabras preparadas para contestar a la vez. Su actuación en esta prueba fue sobresaliente».

Durante la prueba Loeb dijo que «estaba cabreado», lo que constituyó, según el Dr. Healy, su única muestra de emoción a lo largo de los exámenes médicos a los que fue sometido.

En otro de los tests periciales, Loeb acertó sólo cincuenta y seis de las cien preguntas planteadas. «Es un registro bastante bajo, la verdad», dijo el Dr. Healy. «De hecho es la media de acierto para los niños de entre diez y doce años».

El grado de desarrollo de la memoria de Leopold asombró al Dr. Healy. Nathan mostró su agudeza memorizando enseguida una lista de veinte palabras escogidas por otra persona. «Cogió cada palabra y se la llevó mentalmente a una habitación de su casa», dijo el doctor, «donde podía disponer de ella a su antojo. Muy sutil. No hay nada que le divierta más que poner a prueba su capacidad mental».

## Rechaza las convenciones sociales

La personalidad del joven Nathan, tal como la describió el Dr. Healy, se caracteriza por una inagotable energía física y mental, por un egoísmo extremo y el rechazo de las convenciones sociales y religiosas.

El Sr. Crowe quiso saber la forma en que Leopold había mostrado su ego a lo largo de los exámenes médicos, pero, tras ser admitida protesta del Sr. Darrow, se permitió al testigo continuar con la exposición según el orden de sus notas. «Es muy puntilloso», continuó diciendo el Dr. Healy, «siempre insiste a los demás en que lleven sus argumentos hasta el final, lo que él hace a su vez. Su padre me contó que hacía ya años su hijo discutía con profusión y detalle sobre la ética de los otros. Siempre fue intolerante con los demás y su forma de pensar». Y añadió: «Es reveladora su concepción melodramática de esta situación en la que se encuentra. Me dijo que le gusta formar parte de ella y que "es mucho mejor que un drama"».

Una de las actitudes de Leopold que más sorprendió al Dr. Healy, según contó él mismo, fue el hecho de que alguien acostumbrado al lujo apenas se quejara de sus condiciones de vida en la cárcel del condado. «Todo lo relacionado con su conducta en prisión pone de manifiesto sus desórdenes emocionales», afirmó el testigo.

Leopold ha tirado «tan alegremente por la borda un futuro prometedor» que el Dr. Healy está convencido de la incapacidad mental del muchacho para discernir. «Esta concepción de sí mismo como alguien superior a los demás es aparentemente la causa de su forma de ser, tan perjudicial para su propia vida». Como un «superhombre de los que habló Nietzsche», Leopold, incluso en la cárcel, «actúa como Napoleón en Santa Elena». Más importancia concede a mantener su dignidad que su propia vida.

## Peticiones extravagantes

«Si fuera condenado a muerte en el juicio, Leopold quiere hacer un último alegato», contó el Dr. Healy. «Ha pensado en preparar una lista de diez "enigmas mundiales" que querría resolver antes de morir».

El Dr. Healy, así como el Dr. White, tomaron nota de la fantasía de Leopold. «Nathan habló de ella sin reparos con los especialistas», contó el testigo, «como su mayor y último deseo». «Todo lo relacionado con sus deseos y sueños implica hechos violentos o causa daño a otras personas», dijo el Dr. Healy. «Cuando imaginaba estas cosas», continuó el testigo, «Leopold solía estar tumbado en una cama, buscando con verdadero afán alguna emoción en su mundo de fantasía». «El resto de los chicos dejan atrás estos sueños de infancia, pero este muchacho los mantuvo una vez la pasó», dijo el Dr. Healy. «Nathan siguió buscando chicos que se amoldaran a su mundo de fantasía. Loeb entró en su juego unos años atrás. Nathan habló a varias personas de su admiración por Loeb, a quien continuamente colocaba en un pedestal».

El Dr. Healy pasó a recalcar otra actitud extraña en el comportamiento de Leopold esos días, durante el juicio en el que podía ser condenado a muerte: la anotación de versos y extractos de poemas que siente que van dirigidos a él. «Precisamente hace unos días, en la sala, me hizo llegar una hoja y media que contenía extensas partes de un poema de Lawrence Hope», contó el médico. «Tiene una gran capacidad para citar de memoria, y eso es algo que pone de manifiesto una vez más lo extraño del funcionamiento de su mente».

«Nathan se obligó a sí mismo a romper cualquier vínculo afectivo con su familia y», dijo el Dr. Healy, «poco a poco fue eso lo que hizo». El chico adoptó todos los rasgos de su noción del superhombre.

El Dr. Healy habló de una carta escrita el pasado 10 de octubre dirigida a Richard Loeb y escrita por Nathan, pasajero aquel día del Twentieth Century Limited[1]. El Dr. Healy comenzó a hablar de las características de aquel escrito y el fiscal Crowe pidió que fuera leído. El Dr. Healy continuó con su exposición.

Se trataba de la carta publicada por los periódicos el día que los muchachos confesaron, una extensa explicación por parte de Nathan respecto a una discusión que habían mantenido uno o dos días antes.

Nathan exigía una respuesta en forma de telegrama enviado a su atención a Nueva York, en el que Loeb tendría que decidir si quería o no que aquella amistad continuara. Con dicha exigencia, el estilo de la carta pasaba a un tono violento al hablar del superhombre Leopold, el incuestionable ser cuyo único crimen había sido «cometer un error». Firmó la carta como «Babe». «Y algo que refuerza esta cuestión es la ocasión en la que Leopold se levantó durante una clase de Derecho en la Universidad de Chicago y afirmó que las leyes no son aplicables al superhombre», dijo el doctor. «En la infancia de Leopold, su noción de superioridad lo mantuvo alejado de cualquier inhibición. Sobre todo cuando, siendo apenas un muchacho, fue enviado a un colegio privado en el que la mayoría de los alumnos eran chicas. Se sentía entonces tan a gusto con su entorno que él mismo se sorprendía de su éxito», describió el Dr. Healy.

En relación a la cuestión del asesinato el doctor aclaró: «Me dijo que pensar sobre el hecho de matar o no a alguien le parecía algo parecido a decidir si tomar o no tarta tras la cena. La clave estaba en si esto le reportaría algún tipo de placer».

---

[1] Nombre de otro mítico tren neoyorquino que cubrió la ruta Nueva York-Chicago entre 1902 y 1967 (N. del T.).

# Uno de los crímenes más impactantes de la historia descubierto gracias al fallo de un reloj

Por James W. Mulroy y Alvin H. Goldstein
10 de septiembre de 1924

La historia del asesinato de Franks habría sido muy distinta si el reloj de Tony Minke no se hubiera parado. Pero lo hizo la noche del 21 de mayo, y Tony salió para que se lo arreglaran desde su casa en Roby, Ind., a través del pantanoso páramo que marca el límite de la ciudad de Chicago.

Cuando pasaba por encima de la fangosa mugre, se percató de que había algo raro dentro de una alcantarilla cerca de la calle 118. Era algo blanco con una forma extrañamente parecida a un cuerpo humano.

Tony dudó, y la suerte de una docena de personas quedó colgando del alambre unos segundos. Entonces la curiosidad venció a las ganas de huir de allí. Se metió entre aquella mugre en busca de la alcantarilla, y la suerte de aquellas personas quedó marcada.

## Encuentran el cadáver de Bobby Franks

Veinte segundos después estaba sacando a la luz el cuerpo desnudo de Bobby Franks, de catorce años, hijo de un adinerado financiero de Hyde Park.

Minke supuso —tal y como hizo la policía— que el irreconocible y enfangado cadáver correspondía a algún chaval de la calle, probablemente asesinado en alguna pelea. «Cadáver sin identificar» fue la entrada consignada en el informe policial y en el del forense.

Mientras tanto, en la casa de Jacob Franks, en el 5052 de la avenida Ellis, un padre histérico, una madre destrozada y unos cuantos amigos esperaban sentados y ansiosos alrededor del teléfono, rogando que sonara. Su Bobby estaba en manos de un desconocido secuestrador —una persona de intachables modales— que se hacía llamar «George Johnson». Se encontraba bien, les había asegurado George Johnson en una carta recibida a primera hora de la mañana, y sería devuelto a su casa tan pronto como su padre pagara el rescate de 10.000 dólares, de acuerdo con las instrucciones que recibiría por teléfono a las 13:00 h.


## Sin rastro del muchacho tras salir de clase

Bobby había desaparecido la tarde anterior. Había estado todo el día en el colegio Harvard, una institución privada no lejos de su casa, de cuyo patio había sido visto saliendo justo antes de que oscureciera. Eso era todo lo que Jacob Franks sabía. Pero no había llegado a completar las pocas manzanas entre el patio de recreo y el colegio. En algún lugar de aquel tramo de la avenida Ellis se había topado con «George Johnson».

Lo primero que hizo Jacob Franks, preocupado por la desaparición de Bobby, fue llamar a la policía. Sin embargo, «George

Johnson» había dejado escrito que el muchacho sería asesinado si se alertaba del asunto a la policía, de modo que el padre resolvió intentar jugar con la única carta que parecía quedarle. Preparó 10.000 dólares en «dinero contante y sonante». Pagaría tan pronto sonara el teléfono.

La noticia del secuestro llegó a la redacción del *Daily News* mientras él esperaba la llamada. Un reportero fue hasta la casa de los Franks, donde fue informado de lo que había ocurrido bajo la promesa de no revelar nada. Sugirió que alguien debería ir a ver el cuerpo del cadáver del joven no identificado que había aparecido, pero la familia Franks rechazaba de plano la posibilidad de que su hijo hubiera sido asesinado. Bobby se encontraba bien, a salvo. Ellos pagarían y «George Johnson» lo traería de vuelta.

Y realmente parecía ridículo pensar que el cadáver de la morgue fuera el de Bobby Franks. Un policía, que hurgaba en los alrededores del lugar donde habían aparecido los restos, había encontrado los cristales rotos de unas gafas de carey que, supuso, pertenecían al muerto. Y Bobby Franks nunca había usado ningún tipo de gafas, dijo su padre.


## El periodista identifica el cadáver

El reportero, sin embargo, actuó. Tomó una foto de Bobby fuera de la morgue y volvió de allí con una espeluznante conclusión. Un tío del muchacho secuestrado regresó a la morgue junto al reportero, y juzgó por sí mismo. Bobby Franks había sido asesinado, seguramente antes de que sus captores escribieran la alentadora carta con las condiciones del rescate.

«George Johnson» llamó por teléfono, tal y como había prometido, pero algo más tarde de lo anunciado. Fruto del nerviosismo, Jacob Franks olvidó el lugar al que los secuestradores le habían dicho que fuera, y se desvaneció la única de las pistas a las que podía agarrarse. Esto ocurría hacia el final de la tarde del 22 de mayo, antes de que la noticia del asesinato se diera a conocer. Durante la noche tendría lugar la mayor redada en la historia de Chicago.

Se comentaba que Bobby Franks había sido visto subiendo a un Winton color gris, y todo aquel que tenía un coche de la misma marca y color se sintió presa de las sospechas de sus vecinos. Muchas personas fueron arrestadas e interrogadas. Especialistas en máquinas de escribir dijeron que la carta de «George Johnson» había sido escrita en una máquina de escribir portátil, de modo que se volvió casi una temeridad andar por las calles con una máquina de esas características.

Las mayores sospechas recaían, no obstante, en dos profesores del colegio Harvard. Fueron detenidos durante varios días, y fueron sometidos a un «tercer grado» cercano a la tortura, como afirmarían posteriormente, por parte del fiscal del estado Crowe y sus agentes. Sin embargo, nada pudo demostrarse en su contra y, finalmente, fueron puestos en libertad.

Mientras tanto, Almer Coe & Co., ópticos, trataron de averiguar a quién pertenecían los cristales de las gafas de carey encontrados junto al cuerpo. Tras determinar las características del propietario de las mismas, los empleados se afanaron buscando en los archivos. Finalmente fueron cuatro las personas que utilizaban exactamente esa graduación.


### Leopold es el principal sospechoso

Los nombres de estas cuatro personas fueron enviados al fiscal del estado. Tres de ellos nunca han sido revelados, pero el cuarto era el de Nathan F. Leopold, hijo de un acomodado empresario del 4751 de la avenida Greenwood, a sólo unas manzanas de la casa de Franks.

El fiscal del estado Crowe afirmó que creía en la inocencia de Leopold. Rico, brillante, destacado y premiado por sus investigaciones científicas en el campo de la ornitología, Leopold no encajaba en el perfil del sospechoso. Además había hecho un sincero y exculpatorio alegato.

Su mejor amigo, Richard Loeb, hijo de Albert H. Loeb, vicepresidente de Sears, Roebuck & Co. fue también interrogado. Pero Loeb se mostró tan agradable y dispuesto a colaborar como lo había hecho antes Leopold, y tampoco parecía encajar en el perfil del sospechoso. Su casa estaba justo al otro lado de la calle de los Franks, en el 5017 de la avenida Ellis. Bobby y Loeb habían compartido juegos en alguna ocasión en el jardín de este último. Era imposible que tuviera algo que ver con el asesinato.

El fiscal del estado les pidió educadamente que contestaran a sus preguntas sobre cada detalle de los hechos; algo que, les explicó, creía que era su obligación hacer. Ambos se mostraron de acuerdo.

## La coartada casi perfecta

Leopold admitió incluso que las gafas eran suyas una vez volvió a casa y las buscó. En cualquier caso, la coartada que él y Loeb habían ofrecido en su descargo parecía infalible, pese a dicho reconocimiento. Dijeron que habían estado por ahí en uno de los coches de Leopold, un Willys-Knight rojo, durante la noche del asesinato, junto a un grupo de chicas cuyos nombres no recordaban.

Sin embargo, dos reporteros del *Daily News* encontraron nuevas evidencias en su contra. Gracias a compañeros de clase de la universidad, consiguieron hacerse con algunas páginas mecanografiadas por la misma máquina de escribir que había usado el autor de la carta de «George Johnson». Los compañeros de clase contaron que Leopold tuvo una vez una Remington portátil.

Casi al mismo tiempo Sven Englund, el chófer de Leopold, le dijo al fiscal del estado que había estado trabajando en el Willys-Knight rojo hasta última hora de la tarde del 21 de mayo. El coche no había salido del garaje aquella noche, aseguró.

Aquellas dos pruebas echaban por tierra las coartadas esgrimidas por ambos muchachos. «¡Dios mío!», se lamentó Loeb cuando tuvo noticia del testimonio de Englund, «¿será verdad?». En pocos minutos estaba confesando.

## Una rápida confesión

La confesión de Loeb forzó la de Leopold. Al amanecer del 29 de mayo el fiscal del estado Crowe salió de su despacho para anunciar la esperada noticia: «Tenemos a los asesinos de Bobby Franks».

Rápidamente se formularon las acusaciones y el 11 de junio ambos muchachos fueron llevados ante el juez Caverly, bajo cargos castigados con la muerte: asesinato, secuestro y extorsión. Clarence Darrow y Walter y Benjamin Bachrach, los abogados de la defensa, pidieron que se les declarara no culpables. El juez remitió a las partes al 4 de agosto, bajo la condición de que las peticiones y los alegatos fueran presentados el 21 de julio.

Fueron, por tanto, los reporteros Mulroy y Goldstein quienes relacionaron el cadáver encontrado cerca de las vías del tren con la desaparición
del joven Franks, y fueron ellos también quienes dieron con la prueba definitiva: la máquina de escribir usada para redactar la carta de
rescate era la misma que Nathan Leopold Jr. había utilizado para uno
de sus trabajos de universidad. En efecto, el experto en la Remington
al que acudieron constató con el microscopio la recurrencia de algunos
signos imperceptibles, como una «t» no alineada por completo con el
resto de los caracteres o una «i» con una levísima mella.

Como en los peores relatos policiacos, fueron los dos principiantes
los que, en medio de decenas de agentes y de expertos colegas, realizaron las indagaciones y progresos decisivos; una pareja de cronistas
novatos, cub reporters, que hasta hace unos meses colaboraban en los
periódicos redactando sueltos sobre la dorada monotonía de los campus
universitarios. En efecto, cuando empezaron a ocuparse de este caso,
de un modo bastante fortuito, James W. Mulroy y Alvin H. Goldstein

*eran lo que en la jerga periodística se conocía como* leggers: *aquellos que hacen kilómetros y kilómetros, calle arriba, calle abajo, para comprobar datos y completar la información, casi siempre en beneficio de otros colegas. De hecho, el inagotable entusiasmo que los dos habían demostrado les había valido el sobrenombre de «O'Connor y Goldberg», como la tienda más famosa de zapatos de todo Chicago. Incluso después de que su intuición les llevara a establecer el nexo entre el cadáver no identificado y el secuestro, a Mulroy y Goldstein se les consintió, tan sólo, «estar por ahí, merodear», es decir, quedarse cerca de las indagaciones casi como si fuese un premio, mientras que el periódico encargaba la verdadera investigación a sus mejores reporteros. Fue entonces cuando los dos tomaron la decisión casi heroica de duplicar sus esfuerzos, haciendo turnos para comer y dormir, de manera que siempre hubiese uno de ellos concentrado en el caso en cualquier momento del día o de la noche. Finalmente, su juventud e inexperiencia, el haberse licenciado hacía poco y las amistades que conservaban aún en el campus jugaron imprevisiblemente en su favor una lluviosa tarde de mayo cuando, durante una de sus salidas, se pararon en la sede de la fraternidad Zeta Beta Tau, a la que Goldstein pertenecía todavía, para descansar y comer algo, y encontraron allí a Richard Loeb, que debía de sentirse por encima de cualquier sospecha y que estaba absorto, charlando sobre el caso con un joven colega del* Evening America.

*Con un montón de periódicos abiertos ante sí, Dick Loeb encajaba todos los detalles que aparecían en los artículos en su análisis y debatía acalorado con el periodista, sin escatimar sugerencias sobre cómo llevar la investigación. Cuando Mulroy y Goldstein se unieron a la discusión, Loeb primero les felicitó por su identificación del cadáver, luego declaró que, en su lugar, habría intentado identificar el drugstore al este de la calle 63 donde, según el periódico que había leído por la mañana, Jacob Franks habría debido recibir la llamada telefónica de los secuestradores y las instrucciones para el pago del rescate. En ese momento, Loeb se apasionó tanto con su propuesta, o al menos así se lo pareció a los reporteros, que insistió con fervor en que fuesen deprisa a chequear el lugar, y puso a su disposición su propio coche. Poco después, Loeb y los tres periodistas llegaban en coche al este de la calle 63, y entraron en todos los* drugstores *para informarse de si, tres días antes, habían recibido allí una llamada para un tal Franks, hasta que el propio Loeb salió radiante de la tienda Van de Bogert & Ross, gritando que ése era el lugar, que sin duda era aquél, que habían llamado dos veces allí preguntando por el señor Franks. «Para esto sirve leer novela negra», repetía Richard Loeb emanando orgullo. Y cuando, más tarde, de vuelta en el coche, Mulroy le preguntó distraídamente si, en caso de secuestro, habría reaccionado también a riesgo de ser herido o asesinado, Loeb le respondió que no lo sabía, pero que si, por el contrario, hubiese sido él quien hubiese tenido que matar a alguien, sin duda habría elegido a un pequeño fanfarrón hijo de puta como Bobby Franks,* just such a little cocky son of a bitch, *como contó más tarde James W. Mulroy en su declaración ante el tribunal.*

## LAS PERSONAS INVOLUCRADAS EN EL MISTERIO DE LA MUERTE DE FRANKS RESUELTO HOY

*En nombre de la familia Franks y en el mío, me gustaría agradecer cordialmente al Chicago Daily News por la empatía que ha demostrado en la gestión de este caso, por sus incansables y enérgicos esfuerzos en la resolución del misterio y por exponer y castigar este crimen atroz. (Samuel Ettelson, abogado de la familia Franks).*

*De izquierda a derecha: Nathan S. Leopold y, debajo, Richard Loeb, los ricos jóvenes que han confesado el homicidio; al lado, la señorita Josephine Franks, hermana de la víctima, y, debajo, su padre Jacob Franks. Fuera del recuadro, Robert Franks, el chico asesinado.*

# Cadena perpetua por el asesinato y noventa y nueve años de cárcel por el secuestro

Por James W. Mulroy y Alvin H. Goldstein
10 de septiembre de 1924

## Análisis de la decisión

El juez John R. Caverly salvó hoy las vidas de Richard Loeb y Nathan Leopold sentenciándolos a prisión a «cada uno de los dos por el resto de sus vidas», con la recomendación de que nunca se les conceda la libertad condicional.

No encontró «circunstancias atenuantes» en el caso por secuestro y asesinato de Bobby Franks, de catorce años, dijo al anunciar las sentencias de los dos ricos y educados muchachos, aunque «atendiendo a los progresos del derecho penal en todo el mundo» y «a los dictados de los más elementales criterios de humanidad», los preservaba a ambos de morir en la horca. Cadena perpetua por el asesinato; noventa y nueve años por los cargos de secuestro y extorsión.

## Cómo evitar la libertad condicional

No es fácil adivinar cómo dicha sentencia podrá ser compatible con la ley del estado de Illinois que regula la libertad condicional, afirmaron algunos abogados escépticos ante la resolución judicial. El fiscal del estado Crowe dijo que creía que ambos muchachos serían candidatos a la libertad condicional en veinte años; otros hablaron de treinta, treinta y cinco y cincuenta años. Aunque si se hace caso a la sentencia del juez Caverly, Loeb y Leopold no saldrán de las grises paredes de la prisión de Joliet hasta el día de su muerte, toda vez que el juez recomienda que nunca se les conceda dicha libertad condicional. «En este tipo de crímenes tan atroces», dijo, «es responsabilidad del Departamento de Bienestar Social no admitir nunca la libertad condicional para los acusados. Este tribunal conmina a considerar bajo dicha estricta norma a ambos condenados».

Hubo guardias apostados a ambos lados del juez cuando éste pronunció la sentencia del «caso del asesinato del siglo». Otros, casi un pequeño ejército en total, vigilaban a los asesinos, miraban a la multitud congregada en la sala, controlaban las puertas, los pasillos, y acordonaban con su presencia el edificio del juzgado y la cárcel, no fueran a intentar provocar disturbios algunos de los «desalmados» que habían escrito las falsas cartas amenazantes.

## Un rápido traslado al penal de Joliet

Y tan pronto como los dos chicos —que ahora se mostraban felices y sonrientes— fueron llevados de vuelta a sus celdas, se redoblaron las patrullas fuera de la cárcel, al tiempo que el sheriff Hoffman planificaba la forma mejor para trasladar a los criminales a la cárcel de Joliet, donde pasarían el resto de sus vidas.

Por cuestiones de seguridad, los tendría en la penitenciaría antes de que acabara el día, dijo.

Sin embargo, la mañana encontró a los muchachos aún en los calabozos, con los restos del banquete de carne con cebolla junto a ellos. El secretario del juzgado Passmore había rellenado los informes para la eventualidad de que el fiscal Crowe quisiera consultarlos, «para que no haya ningún fallo», y parecía que el traslado a la prisión de Joliet podía posponerse hasta el día siguiente. Loeb y Leopold se rieron del asunto. «No nos importa adónde nos lleven», dijo Leopold. «Mañana o la semana que viene, nos da igual. Tenemos todo el tiempo del mundo».

Junto al último acto de la tragedia de Franks se daba otra situación compleja. Tenso, indignado, molesto, el público que volcaba su interés en aquella sucia habitación apenas podía ser contenido: los más de doscientos curiosos espectadores respiraban agitados y permanecían allí de pie, alerta.

El juez se acomodó sus gafas de carey en el final de la nariz y comenzó a leer tranquilo, con parsimonia y voz clara. El sonido de las cámaras al dispararse lo interrumpió, pero les permitió seguir con su trabajo. «Una vez terminen», dijo a los fotógrafos, «yo continuaré».

## El juez pide a los fotógrafos que terminen

Las cámaras sonaban al unísono. «Ya basta, eso es todo hasta que yo haya terminado».

Los blancos rostros de ambos acusados, sentados justo ante los ojos del juez, empalidecieron aún más. El padre de Nathan Leopold, sentado detrás de su hijo, agarró el brazo de su banco y dirigió la mirada al suelo. Jacob Loeb, el tío de Dick, y el joven Allan Loeb, su hermano, se inclinaron hacia adelante.

Las palabras que alcanzaron sus oídos fueron crueles. El juez Caverly no había encontrado circunstancias atenuantes en el crimen. En busca de una sentencia más favorable, los acusados habían admitido su culpabilidad, pero de forma poco común. No hubo acuerdo con el fiscal del estado, como es habitual, y la labor del estado no se había visto disminuida tras la súplica. Así, el hecho de que los asesinos hubieran confesado su culpa no podía ser considerado como una circunstancia atenuante a su favor.

## El público no duda de una condena a muerte

«Los van a ahorcar», comentaban los vecinos. La cara del padre de Leopold parecía el rostro de un muerto. Jacob Loeb, optimista y risueño en su papel de jefe de la defensa, miraba aturdido, como si acabara de recibir un golpe.

La voz pausada y sin estridencias del juez continuó leyendo. No había pruebas de enfermedad mental alguna. Una interesante exposición de sus vidas y sus patologías, pero nada que no se hubiera visto en otros casos penales.

(No había dudas ya. El juez Caverly había decidido condenar a los chicos a muerte).

El joven Leopold cruzó las piernas durante una breve pausa del juez, pero su rostro no mostró rastro de emoción alguna. Si adivinaba la condena a muerte en las palabras del juez demostraba una capacidad de autocontrol extraordinaria. Loeb miraba fijamente hacia la base del estrado del juez.

El juez Caverly continuó. Estaba obligado a llamar la atención, dijo, sobre el hecho de que no había pruebas que demostraran que el cuerpo de Bobby Franks hubiera sido manipulado tras la muerte. Para aclarar aquel malentendido, dijo que quería expresar su firme convicción de que tal circunstancia no tuvo lugar tras el crimen.

## «No concurren circunstancias atenuantes»

Pero eso no atenúa la monstruosidad y la brutalidad del asesinato. No hay, de hecho, ninguna circunstancia atenuante en todo el espantoso informe.

(Enviados y mensajeros se movían sin descanso, listos para propagar la noticia de que los asesinos de Bobby Franks habían sido condenados a muerte).

Sin embargo, hubo un repentino cambio en el discurso que parecía que iba a seguir el juez. Bajo la responsabilidad y la autoridad que la ley le concedía para establecer las penas, el tribunal estaba decidido a ser clemente. Leopold irguió apenas un instante la cabeza. Se había dado cuenta del nuevo cariz que podían tomar los acontecimientos cuando todo parecía ya perdido.

«Dicha determinación», continuó el canoso juez clavando su mirada seria en las caras de los muchachos, «guarda relación con los progresos del derecho penal a lo largo del mundo y con los dictados de la más elemental humanidad. Sigue, además, la pauta de los precedentes observados hasta ahora en este estado».

A la excitada y tensa multitud parecía faltarle el aire. Aquél era el momento más esperado. En apenas unos segundos todo el mundo estaría al tanto de la sentencia. «En la historia del estado de Illinois tan sólo dos menores de edad han sido condenados a muerte en un proceso legal, y no es deseo de este tribunal aumentar dicha cifra».

## La esperanza de piedad alivia a las familias

Hubo una pausa. El color volvió de golpe al pálido rostro del padre de Leopold. Jacob Loeb se puso derecho en su asiento. De modo que, finalmente, no iban a morir. Las siguientes palabras confirmaron las esperanzas.

«La cadena perpetua», dijo el juez, «quizá no sea contemplada por el público tan duramente como la condena a la horca, pero, para los condenados, especialmente del tipo que son en el caso que nos ocupa, un prolongado sufrimiento, debido a un encierro de años, bien puede considerarse como la forma más severa de castigo y expiación».

Hubo un repentino jaleo provocado por los acelerados pasos de los mensajeros para dar la noticia de la inesperada sentencia. Antes de que remitiera, el juez ya había dado el caso por cerrado. Cadena perpetua por asesinato. Noventa y nueve años por secuestro. Acumulación de penas que probablemente mantendría a Loeb y Leopold entre las paredes de la prisión de Joliet hasta que fueran unos ancianos, si no hasta su muerte.

Sin embargo, aquélla era una sentencia piadosa. Por una vez, la segunda sentencia más dura prevista por la ley fue considerada como una victoria. Los chicos se relajaron y rieron, y fueron en busca de sus abogados para darles la mano. El padre de Leopold lloraba de emoción al mismo tiempo que daba las gracias sonriente.

El juez se levantó y el público de la sala se relajó mientras que, impacientes, hombres y mujeres empujaban hacia adelante con palabras de felicitación. Loeb y Leopold no tuvieron tiempo de recibir los apretones de manos de amigos que trataron de alcanzarlos. Sus guardias se los llevaron a empujones a través de la multitud, y repartiendo gestos de agradecimiento con las manos se fueron para decir adiós a la cárcel del condado y entrar en el penal de Joliet.


## Las vanas esperanzas del fiscal Crowe

Crowe escuchó el veredicto apesadumbrado. Su trabajo de meses por una condena a muerte, su afilada denuncia de los asesinos, su meticulosa preparación del caso no habían servido de nada. Aun así dio la enhorabuena al puerilmente alegre Darrow y se dirigió afuera para dictar un escrito en el que aceptaba el veredicto, pero al que añadía su convencimiento de que ambos chicos deberían haber sido ahorcados.

*Richard Loeb murió en la cárcel, a los treinta y un años, en enero de 1936, asesinado bajo la ducha a navajazos por otro preso, James E. Day, que compartía la celda con él y que dijo estar defendiéndose de una agresión sexual. En el juicio por homicidio, Day fue declarado inocente, a pesar de que no se hiciera fehaciente ningún signo de violencia que pudiese probar la hipótesis de la agresión o de la legítima defensa.*

*A Nathan Leopold se le descontaron treinta y tres años de su pena, y fue puesto en libertad en 1958. Ese mismo año publicó un libro de memorias que tituló como la sentencia del juez Caverly: Life Plus Ninety-Nine Years: cadena perpetua y noventa y nueve años. Tal vez un título irónico, porque cuando lo escribió debía de haber intuido que la excarcelación, contra la cual el juez se había pronunciado abiertamente, estaba, sin embargo, próxima. O tal vez no, tal vez no hubiese ninguna ironía, si es cierto lo que Leopold escribió en su libro:*

> *Personalmente, mi elección desde el comienzo del juicio fue no hacer ningún esfuerzo por evitar la pena capital. Tenía dos razones para ver las cosas así: la primera era que la rapidez de la pena de muerte, en mi opinión, me habría resultado más fácil de afrontar que la lenta, cotidiana tortura de tener que pasar la vida en la cárcel. La segunda razón tenía que ver con el dolor, la humillación y la vergüenza que, a la larga, sufrirían nuestras familias...*
>
> *En estos treinta y tres años no he conseguido encontrar motivos que me hicieran cambiar de opinión.*

*En las memorias de Leopold se bosqueja como uno de los pasajes más intensos, en un magnético claroscuro, el dedicado a la muerte de Loeb. Por un momento se tiene la sensación de poder reconocer entre esas líneas una respuesta, que se quedó atascada en la garganta treinta y tres años atrás, cuando el psiquiatra, en la sala, había descrito a Richard Loeb como un ser desleal incluso con sus amigos, mientras que no sólo era falso esto, según Leopold, sino que él era incluso fiel a su exceso, «loyal to his fault», fiel al gasto de sí, así lo escribe el hombre que de pequeño había confesado estar celoso de la comida que Richard Loeb comía y del agua que bebía porque se transformaban en una parte de su ser.*

*Al final lo tapé con una sábana, pero, tras un instante, bajé la sábana de la cara y me senté en un banco cercano a la mesa donde estaba extendido. Quería echarle un último y largo vistazo.*

*En el fondo, por extraño que pueda parecer, había sido mi mejor amigo. En cierto sentido, también había sido el mayor enemigo que había tenido. Porque mi amistad con él me había costado… la vida. Fue él quien había tenido la idea de cometer el crimen, fue él quien lo había planeado, fue él, en su mayor parte, quien lo había llevado a cabo. Fue él quien había insistido para que hiciésemos lo que finalmente hicimos… Dick era una contradicción viva.*

*Mientras estaba junto a su cuerpo ensangrentado que se enfriaba lentamente, la extrañeza de esas contradicciones, la íntima, fundamental ambivalencia de su carácter se imponían a mi mente.*

*Dick poseía más que ningún otro que yo haya conocido las cualidades realmente bellas de un ser humano. No sólo la gracia superficial del saber vivir en sociedad. Ésa, sin duda, la poseía en grado máximo. Podía seducir a quien quisiese, y siempre estaba a gusto, como lo están las mariposas y las polillas. Pero también las más esenciales, las cualidades más importantes que configuran un carácter, ésas también las poseía en grado máximo. Era leal hasta el exceso. Sabía ser sincero, sabía dedicarse a los otros con verdadera abnegación. Deseaba mucho ayudar al prójimo.*

*¿Cómo podían coexistir, me preguntaba, estos rasgos de carácter con el otro lado de su personalidad? No tenía sentido. Porque realmente había otro lado en su personalidad. Dick no tenía en él ni una sola huella de la moral convencional. No sólo antes de nuestro encarcelamiento. También después. No creo que sintiese, hasta el día de su muerte, ningún remordimiento por lo que hicimos. Decepción por haber sido capturados, eso sí… Pero ¿remordimientos por el asesinato en sí? Honestamente no lo creo.*

Algunas declaraciones hechas por el mismo Loeb a uno de los psiquiatras, por otra parte, confirman la reconstrucción del asesinato mencionada por Leopold en este extracto: realmente fue su compañero quien planificó el homicidio y quien lo cometió materialmente. Poco después del asesinato, dijo Loeb una vez, había pasado varios minutos intentando calmar a Leopold, que no dejaba de repetir con angustia: «Es terrible. Es terrible». Desde el comienzo del juicio hasta la muerte, Leopold no abandona esta versión, y sería un inútil ejercicio de sospecha querer distribuir ahora la culpa de otro modo, como alguien lo ha hecho, sugiriendo que Loeb se atribuyó la creación de ese crimen por delirios de grandeza y que Leopold negó siempre haber tenido una participación más activa por previsión. ¿Y si fuese al revés, como propone a modo de hipótesis una obra sobre ellos: que, en un determinado momento, Richard Loeb se hizo cargo de la culpa para defender al amante débil que lo adoraba desde la infancia? «La aprobación o desaprobación de Richard —escribió Leopold— había sido para mí, literalmente una cuestión de vida o muerte».

Una vez fuera de la cárcel, Leopold se fue a vivir a Puerto Rico, donde trabajó como radiólogo en un hospital y volvió a ocuparse de la ornitología, escribiendo un tratado sobre los pájaros de Centroamérica. De los años anteriores a su muerte, en los que tiene problemas de corazón ligados a la diabetes, quedan algunos testimonios, incluso de aquellos que no lo conocían. Según Hal Higdon, autor de un libro sobre «el crimen del siglo», el remordimiento minó la última parte de su existencia, y era auténtico y profundo, aun cuando hubiese sido tardío.

*No falta quien hace notar que, en la cárcel, Leopold había seguido es-
crupulosamente los consejos de sus abogados sobre cómo comportarse
año tras año para conseguir la libertad. De hecho, enseguida se prestó
a experimentar en sí mismo una vacuna contra la malaria, había re-
estructurado la biblioteca y reformado el sistema de enseñanza, impar-
tiendo él mismo numerosos cursos y sin dejar de estudiar nunca, hasta
afirmar que dominaba veintiocho lenguas. Igualmente, poco antes de
salir, se había casado con una ex maestra del lugar que tenía una floris-
tería, pero muchos juzgaron ese matrimonio con una mujer quince años
mayor que él como un paso más hacia la excarcelación. Sin embargo,
una vez fuera, Nathan Leopold trabajó durante mucho tiempo como
voluntario para una organización religiosa en Puerto Rico, y tal vez
sea lícito preguntarse si no fueron verdaderos tanto el remordimiento
como la previsión, si es que uno tiene que excluir necesariamente al
otro. «Deseaba ser querido», escribió Higdon, «ser considerado como un
ser humano». Sin embargo, también se había llevado a Puerto Rico la
foto de Loeb, cuenta Higdon sin esconder su perplejidad. «En el estudio
de esta trágica situación», había declarado en el tribunal uno de los
psiquiatras, «no consigo ver ningún modo de entenderla, si no es intentando comprender la relación que unía a los dos compañeros».*

★ ★ ★

*Inmediatamente después de la conclusión del juicio, el juez Caverly in-
gresó en una clínica debido a una gran crisis nerviosa. Cuando volvió
al tribunal, pidió y obtuvo presidir tan sólo casos de divorcio.*

*Jacob Franks, el padre de Bobby, murió algunos años después sin
haberse recuperado nunca de la muerte de su hijo.*

*Albert Loeb, el padre de Richard, se mató un mes después de la sen-
tencia.*

*Nathan Leopold Sr. murió de un infarto en 1929, después de que el
dolor y la vergüenza lo llevaran a alejarse de Chicago. Dos hermanos de
Leopold se cambiaron de apellido.*

*El abogado Clarence Darrow, cuyo alegato final en el juicio se convirtió en objeto de estudio en las facultades de Derecho, tuvo una de las más brillantes carreras de la historia del derecho americano. Algunos años después, obtuvo una nueva popularidad defendiendo a un maestro de escuela de Tennessee acusado de haber enseñado el evolucionismo darwiniano.*

# ¡Linchamiento!

## Premio Pulitzer de Reportaje en 1934

AUTOR
Royce Brier

CABECERA
*The San Francisco Chronicle*

Traducción de Fernando Pérez Fernández

¡CALIFORNIA LOS ENSEÑA CON ORGULLO!, POR EDMUND DUFFY

El republicano James Rolph (1869-1934) fue alcalde de San Francisco de 1912 a 1931, cuando se convirtió en gobernador de California (como indica su chaleco). Recibió duras críticas por haber elogiado a los ciudadanos de San José tras el linchamiento, prometiendo su impunidad.

# Secuestradores linchados.
## Una multitud asalta la prisión y lincha a dos asesinos en la plaza de San José

Por Royce Brier
26 de noviembre de 1933

Anoche, la Ley de Lynch[1] escribió el último y trágico capítulo del secuestro de Brooke Hart.

Habían transcurrido doce horas desde que se descubriera en la bahía de San Francisco el cadáver mutilado del hijo de Alex J. Hart, próspero comerciante de San José, cuando una multitud compuesta por 10.000 hombres y mujeres asaltó la prisión del condado de Santa Clara, arrancó a John M. Holmes y Thomas H. Thurmond de sus celdas, y los ahorcó en el histórico parque de St. James.

El castigo impuesto a los secuestradores y asesinos confesos fue un espectáculo contundente y terrible. Mientras la pareja

---

[1] Es incierto si el término «linchamiento», en inglés *lynching*, deriva del nombre del capitán William Lynch (1742-1820), que en Virginia hizo ejecutar una serie de sentencias capitales sin juicio regular, ya que todos los tribunales estaban demasiado alejados del condado; o del nombre del coronel Charles Lynch, también de Virginia, que durante la Guerra de la Independencia recurrió a peleas y homicidios para suprimir a los partidarios del rey de Inglaterra (N. del E.).

era izada, sacudiéndose en espasmos de agonía, una multitud, compuesta por miles de hombres, mujeres y niños, gritaba imprecaciones contra ellos.

## Una multitud vociferante asedia la prisión

El asedio de la cárcel del condado, una puesta en escena de la Ley de Lynch a lo largo de tres horas de tumultos y griterío, se saldó sin que hubiera heridos graves entre los asaltantes y los treinta y cinco agentes que en vano trataban de defender la ciudadela.

El sheriff Emig y sus hombres no consiguieron defender la prisión, al habérseles agotado las reservas de gas lacrimógeno. Durante unas cuantas horas, las bombas de este gas lograron mantener a la multitud a raya.

Los agentes de refuerzo provenientes de San Francisco y Oakland no consiguieron llegar a tiempo para salvar a los asesinos de Hart.

## Holmes suplica que no lo ahorquen

«No me colguéis, chicos. Por Dios, no me colguéis», fueron las últimas palabras de Holmes, pronunciadas en el momento de ajustarle el lazo al cuello, a la luz de las linternas.

El pánico dejó prácticamente inconsciente a Thurmond, cuando la multitud lo sacó a empellones de la cárcel y lo arrastró por el pasillo y por la calle, camino del cadalso.

Una muchedumbre de testigos celebró el ahorcamiento de los asesinos con una intensa ovación. Algunas mujeres se desmayaron, a otras les taparon los ojos sus acompañantes, pero en el parque había gente de todo tipo y pelaje. Ancianas de rostro bondadoso y cabello encanecido mostraron su satisfacción por el rápido final de los criminales, y muchachas con los rasgos endurecidos se vinieron abajo entre sollozos.

## La multitud soberana se toma la justicia por su mano

La multitud tomó las riendas y nadie pudo sustraerse a sus designios.

He aquí que se hizo con el poder, como una reina, que, imponiendo su voluntad inexorable, dejó boquiabierta a la población de San José, y que dejará boquiabierto al país y al mundo entero.

Esta mañana encontraron en el agua el cuerpo destrozado de Brooke Hart. La muchedumbre se reunió frente a la cárcel del condado, levantó barricadas y permaneció tras ellas durante toda la jornada. Era una muchedumbre con buenas intenciones. Conocía a los ayudantes del sheriff, a la policía y a los agentes de la patrulla de la autopista interestatal que montaban guardia. Charlaba con ellos.

Si bien había rumores de que la masa se iba a constituir en una multitud organizada, al ir creciendo a lo largo de la tarde no adoptó ningún tipo de organización. Hubo algunos gritos, pero prevaleció el buen tono.

Los ayudantes del sheriff no dejaban de repetir: «Éstos no van a hacer nada».

Pero, mientras ellos repetían estas palabras de confianza, por todo San José prendió como la pólvora la consigna de: «¡A las once, a las once!».

La hora retumbaba en los oídos con un eco insistente y pavoroso.

Efectivamente, llegada esa hora, la multitud se arrojó sobre su presa, que antes de la medianoche ya pendía de las ramas.

## Empieza la violencia

La primera línea de la multitud dio inicio a las acciones violentas poco antes de las 21:00 h. Frente a las barricadas, que no se encontraban a más de nueve metros de la puerta de la cárcel, había de diez a quince hombres, entre ayudantes del sheriff y agentes de la patrulla.

Hubo algunos empujones desde atrás, y las mofas alegres, que habían persistido durante más de una hora, cobraron un cariz más recio. Por raro que parezca, en ese momento crítico hubo poca gente que gritara: «¡Linchadlos!». Se oía un rugido semejante a los gritos guturales de una película sobre África.

**La primera fila ataca los muros**

Los periodistas permanecían detrás de los muros; unos pocos ayudantes del sheriff, alrededor. Los cámaras disparaban sus *flashes*.

De pronto, la primera fila embistió.

Entrelazando los brazos entre sí, los policías habían formado un muro para contenerlos. Había quince agentes y cien hombres empujándolos. Trabados en un abrazo mutuo, se balancearon un momento.

Los policías llamaron al orden entre gritos, pero el estruendo de la multitud acalló sus estridencias como una amenaza espantosa.


**Un estallido contrarresta la embestida**

Mientras los que se refugiaban tras los muros contenían el aliento, en medio del fugaz forcejeo sonó un estampido similar al de un arma. La multitud se dispersó, desanimada por el momento, y retrocedió dando tumbos. «¡Disparos, disparos!», empezaron a gritar.

Pero lo que había estallado era una bomba lacrimógena.


**Un agente herido**

La policía de pronto dejó el paso libre para llevar de regreso a la cárcel a un agente que había sufrido quemaduras. La multitud, tras dudarlo un instante, avanzó en una nueva oleada, conservando cierto grado de cautela.

Cinco o seis ayudantes del sheriff salieron de la cárcel pertrechados con botes de gas lacrimógeno. Los que guiaban a la multitud e iban a llevarse la peor parte retrocedieron dando tumbos por segunda vez.

Pero ni siquiera mientras retrocedían dejaron de burlarse, y los primeros gritos de: «Linchadlos» atravesaron el tumulto.


**La muchedumbre clama venganza**

«Chicos, esta vez vamos a sacarlos… Venga, a sacarlos… Sacarlos». Y sus espantosos gritos se alzaron de nuevo, una especie de clamor que no duró más de un minuto: «Brooke Hart – Brooke Hart – Brooke Hart – Brooke Hart». El clamor, todos esos gritos y chillidos, fue sofocado al instante cuando cayeron las primeras bombas lacrimógenas.

«Bum, bum, bum», cayeron las bombas. Por el aire nocturno en torno a la cárcel asediada se esparció más humo, indolente y azul, remoloneando bajo la luz de los focos como las volutas de un puro ante el fuego del hogar.


**El gas les obliga a emprender la retirada**

La muchedumbre se disolvió a la carrera, mujeres y niños pasaron bordeando los juzgados sin parar de gritar; las caras quedaron protegidas con pañuelos, y la cárcel se alzó solitaria unos instantes, sombría como una fortaleza de aspecto inexpugnable.

Todos decían: «Se acabó». Ayudantes del sheriff, periodistas, todos.

E incapaces de palpar la furia que había estado agitando San José durante diecisiete días, se equivocaban. Todos ellos.

Esto ocurría en torno a las nueve de la noche.

## Los que les guiaban, impertérritos

Aunque las mujeres y los niños habían salido corriendo, hubo también algunos caracteres más curtidos que permanecieron en sus puestos. Se trataba de los que guiaban a la multitud, de quienes al final colgaron a Holmes y a Thurmond.

No conseguían acercarse a la cárcel. El pesado humo les quemaba los ojos. Pero podían retroceder y lanzar piedras, y eso es lo que hicieron.

La primera piedra impactó poco después de que el gas empezara a disiparse. Cerca de allí están construyendo una nueva oficina de correos. Había baldosas y ladrillos de sobra. También había una posición ventajosa desde donde lanzarlos.


## Llueven piedras

Un minuto después de que alguien arrojase la primera piedra, una lluvia continua de ellas empezó a generar una suerte de tatuaje en los muros pétreos de la cárcel, repiqueteando contra la puerta de acero y extrayendo tintineos musicales de los barrotes golpeados.

El tableteo contra la piedra o el acero hacía estallar en vítores a la muchedumbre y, cuando una ventana de la cárcel se rompió, los vítores se redoblaron. El sonido que produjo la ventana al reventar pareció fundirlos en un mismo sentimiento, como en una aleación alquímica, y rugieron con toda la fuerza de sus doscientas voces.

En esos momentos, ninguna fuerza humana podía defender el callejón al que daba la puerta de la cárcel.

Sobre el asfalto, el escenario no era muy distinto del que presentaría la escalinata de una iglesia durante la Gran Guerra. Había escombros por todas partes. Sin lugar a dudas, era una tierra de nadie.

Ahora no todos los agentes de servicio se atrincheraban en la cárcel del condado. En la oficina del sheriff Emig, al otro lado del callejón, se habían situado cerca de una docena de policías de San José, armados también con gases lacrimógenos.


## Los agentes se dividen

La situación se complicaba con semejante división de las fuerzas, pero una vez producida nada podía hacerse al respecto.

Los agentes dispararon desde las ventanas laterales, e incluso lanzaron una bomba por la ventana frontal del juzgado, pero la muchedumbre pareció soportar el gas, y avanzó tosiendo, presa de un gran frenesí.

Aquellos que formaban la primera fila, los cabecillas, por llamarlos de algún modo, eran en su mayoría chicos de entre dieciocho y veintitrés años. Ninguno logró ser dispersado por las bombas.


## Los cabecillas resisten

Resistieron. Los arrastraba la voluntad funesta y terrible de hacerse con Holmes y Thurmond. Eran poco más de cincuenta.

Después de prolongar durante casi una hora su lluvia de proyectiles contra la cárcel, los cabecillas parecieron darse cuenta de que no estaban consiguiendo nada.

No derribas una cárcel tirándole ladrillos.

Fue en ese preciso instante, muy cerca de las diez, cuando se decidieron a lanzar su primer ataque contra la puerta.

De una oficina de correos que estaba construyéndose cerca de allí sacaron una tubería de veintitrés centímetros de grosor. Aunque pesaba cientos de kilos no faltaron manos dispuestas a levantarla.

**Una tubería como ariete**

Cargando desde la muchedumbre, de quince a veinte hombres se hundieron en el pesado humo y avanzaron por la tierra de nadie en dirección a las puertas de acero de la cárcel, inviolables desde 1866.

«Bummm», retumbó la gran tubería contra las puertas.

«Yeeehaahh», surgió como un extraño alarido animal de las gargantas de los espectadores.

«Pam-pam-pam», repiquetearon las bombas lacrimógenas cayendo desde la segunda planta de la cárcel.


**Una piedra rompe el foco**

«Clackk», hizo una piedra contra el foco que había en la esquina de la cárcel, y los vítores hicieron más estruendo que nunca.

Una penumbra fantasmagórica invadió los callejones de los juzgados. Parecía un escenario iluminado por la más oscura y melancólica de las luces, preparado para acoger una tragedia pocas veces representada en América… La tragedia de una vida arrebatada brutalmente y de otras dos más a punto de serlo.

La turba ya no daba lugar a equívocos: iban a por Thurmond y Holmes, y ningún tipo de ejército sería capaz de impedírselo.


**La multitud a oscuras**

No importa quién fuera el primero en coger la tubería. En San José todo el mundo sabe quién fue, pero vayan y pregúntenselo a alguien.

Todo estaba inmerso en la oscuridad y la multitud invadía la calle. Un policía soplaba su silbato en una esquina. Dirigía el tráfico. Aunque los juzgados saltaran por los aires, aunque se desplomase el cielo sobre la ciudad, el policía seguiría soplando su silbato, dirigiendo el tráfico en la esquina de First Street con St. James.

## El atasco

Siguió desviando los coches calle abajo por First Street, junto a los juzgados. El tráfico había creado un atasco terrible. Por todo el contorno de los juzgados y del parque de St. James, hacia la derecha, deambulaban cientos de personas, muchachos con sus chicas, mujeres con niños en brazos, hombres con sus esposas, amables ancianas con sus hijas.

Se arremolinaban aquí y allá, se acercaban todo lo que podían a los chicos de la primera fila, que no dejaban de gritar, y luego se alejaban de ellos, preguntándose si conseguirían hacerse con los criminales.

Era una fiesta, ni más ni menos, y, a toro pasado, en esta ciudad sería imposible descubrir la menor muestra de remordimiento por lo sucedido a Jack Holmes y Thomas Thurmond.

## Las primeras filas a oscuras

Pero ¿qué ocurría mientras tanto en las primeras filas? La oscuridad envolvió como un manto el callejón y la vieja cárcel con forma de caja.

En la oscuridad restalló un nuevo golpe, el pavoroso sonido que la tubería de hierro, convertida en ariete, produjo al impactar contra la puerta de acero. Vítores y más vítores, y nuevos estallidos de las bombas lacrimógenas, y de nuevo la retirada dando tumbos de los hombres que sostenían el ariete.

Alguien dijo que llegaban refuerzos. La reserva inagotable de agentes de paz de San Francisco y Oakland se precipitaba en sus automóviles y motocicletas en esta dirección.

**¡Cogedlos! ¡Cogedlos!**

Agentes pertrechados con gas y más gas, con escopetas antidisturbios.

El mensaje debió de transmitirse por telepatía, porque llegó hasta la primera fila, con la fiabilidad de una línea telefónica que fuera del campo de batalla a los refugios antiaéreos.

La aclamación de: «¡Cogedlos! ¡Cogedlos, que viene la poli!» arrastró a la multitud junto con sus cabecillas. Los ladrillos no habían dejado de caer como una incesante lluvia tropical contra los muros, los barrotes y la puerta de la cárcel. La escena seguía inmersa en la oscuridad, la oscuridad melancólica, en medio de la cual el humo del gas lacrimógeno, deshaciéndose despacio, parecía ser un reflejo del mismísimo cielo.

**La puerta cede**

Comenzó la tercera embestida. Los cabecillas se encorvaron por el peso de la gran cañería y, en la oscuridad, de nuevo cargaron contra la puerta. Esta vez el doble batiente cedió. Cedió produciendo un fuerte estrépito que condujo al grupo entero al frenesí.

Todavía con su ariete, los cabecillas atravesaron el pasillo principal. Enloquecidos, clamando venganza, se encontraron cara a cara con los defensores de la cárcel, hombres a los que conocían desde siempre.

Al otro lado del pasillo había una pesada reja de barrotes y una puerta. Ésta se encontraba abierta. El ariete traspasó la reja, arrancándola de sus goznes, y siguió su camino hasta el muro que había más allá, donde se detuvo.


## Ya los tenemos

A través de lo que pocos minutos antes había sido tierra de nadie, la multitud avanzó en oleadas en medio de la oscuridad, lanzando al cielo una masa de chillidos como si fuese espuma. Era un tamborileo continuo en el que no se podían distinguir las palabras.

En ese momento, dos de los cabecillas se asomaron a la ventana del segundo piso: «Ya los tenemos, vamos a bajarlos».

Desde abajo el sonido alcanzó, aunque pareciese imposible, un volumen aún mayor. Los que estaban allí no podían entrar en la cárcel. No había suficiente espacio para todos en los estrechos pasillos y en las celdas.

Y mientras la muchedumbre gritaba, ésta era la escena que se desarrollaba dentro de una cárcel ocupada por hombres que, contra todo pronóstico y con valentía —se mire como se mire—, no habían cejado en su empeño.

Es importante recordar que todos se conocían, la multitud y los agentes. Era un trabajo a cara descubierta.


## Un carcelero llora

Howard Buffington, veterano carcelero, se echó a llorar. Era consciente de su impotencia frente a aquellos hombres que subían corriendo por las escaleras, a través de la cárcel. No se les podía disparar. ¿Qué dicta la ley en estos casos? De momento no había heridos. Joe Walsh y Felix Cordray, otros carceleros con años de servicio a sus espaldas, tampoco podían hacer nada.

La multitud sabía dónde estaban los presos que buscaba. Era difícil que se equivocara, los cabecillas conocían a Thurmond y a Holmes en persona.

Acudieron a la celda de Thurmond, la antigua celda de David Lamson, que estaba situada en el noreste, en la tercera planta. Los cabecillas obligaron a Buffington a ir con ellos. Le quitaron las llaves. Thurmond, muerto de miedo, se aferraba a la rejilla del retrete de su celda.

Y entonces tuvo lugar una escena nunca antes vista, probablemente, en la historia de los linchamientos en América: los cabecillas rezaron por el alma de Thurmond. Cinco o seis de ellos se arrodillaron en su celda, en medio de la agitación y de los gritos, y rezaron a Dios todopoderoso por el hombre que pronto iba a reencontrarse con Él.

A continuación se levantaron alzando con ellos al prisionero, que no dejaba de gimotear mientras por todos lados lo asían los brazos de la multitud. Dando tumbos, descendió las escaleras y avanzó, mudo por el miedo último durante todo el trayecto.

En la segunda planta, dentro de la celda de Holmes, la escena se desarrolló de manera algo distinta. Por semejante individuo, inductor declarado del asesinato de Brooke Hart, nadie rezó.

Él también se había ocultado en el retrete de su celda, y cuando la muchedumbre entró en ella, negó ser Holmes. En un último impulso de bravuconería exclamó: «Yo no soy Holmes». Pero los verdugos se rieron en su cara. Demasiados sabían quién era. Un hombre lo golpeó en la cara.

**Holmes es sacado a rastras**

«¡Dios sabe que lo eres!», gritaron los hombres que se amontonaban en su celda, y Holmes cayó al suelo. Lo agarraron por los pies y lo sacaron a rastras escalones abajo, hasta llegar fuera de la cárcel, adonde Thurmond acababa de ser llevado también.

Por un momento, reinó el caos en los alrededores de la cárcel. Unos pocos, en la periferia de la muchedumbre, gritaron que se habían equivocado de hombre. Al principio no estaban seguros de que hubieran capturado a dos personas, pero los que estaban más cerca sabían a ciencia cierta a quién tenían en su poder.

## Serpa amenazado

Dentro de la prisión, algunos habían gritado el nombre de Tony Serpa, un joven procesado hacía poco por asesinato, pero que resultó condenado sólo por homicidio. El clamor fue breve. Nadie distrajo a los cabecillas de su objetivo.

La rugiente multitud, arrastrando con ella a sus prisioneros medio inconscientes, no se demoró frente a la cárcel. Con una suerte de precisión instintiva, avanzó calle abajo bordeando los juzgados hasta First Street y, atravesándola, llegó al parque de St. James.

## Los prisioneros llegan al parque

Su paso por First Street fue un visto y no visto. En un primer momento, los hombres se encontraban en el callejón de la cárcel y todavía les quedaba un rescoldo de esperanza, a pesar de que los policías no hacían más que dar vueltas sin saber qué hacer. Al instante siguiente, la multitud ya tenía a los prisioneros en el parque: les había llegado el final.

Un fuerte murmullo se alzó entre los miles de hombres que hasta entonces habían desempeñado un papel menor en la captura de Holmes y Thurmond. Dichos espectadores, hombres, mujeres y niños, se lanzaron como un inmenso oleaje en dirección al parque.

Se subieron a la estatua de William McKinley, se arremolinaron alrededor, colmando la zona oeste del gran parque.

## ¡Colgadlos!

Era indudable de qué lado estaba toda esa gente.

«¡Colgadlos!», surgió de miles de gargantas, tanto masculinas como femeninas, tanto de hombres de negocios tras sus gafas, como de trabajadores en traje de faena.

Transcurrió un cierto tiempo hasta que encontraron una cuerda y, entretanto, la multitud se impacientó. Muchos empezaron a trepar por los árboles y el resto los vitoreaba. En el parque la luz era escasa, pero había un par de focos y cientos de linternas.

## La multitud vitorea el ahorcamiento

Tras un receso de casi quince minutos, la multitud se hizo con unas cuerdas, y Thurmond, que se encontraba en el extremo sur del parque, fue el primero en ser ahorcado. El terror lo paralizaba, y murmuraba de forma inconexa.

Lo colgaron de una rama a poca altura. Mientras izaban despacio su cuerpo, la muchedumbre estalló en frenéticas ovaciones. Alguno de los presentes debía de dominar la técnica de elaboración del nudo de horca. Una vez suspendido, Thurmond se revolvió, balanceándose hacia adelante y hacia atrás, y a continuación pareció doblarse por la mitad en un último estertor.

Estuvo balanceándose durante cerca de tres minutos, con el rostro cada vez más lívido, con la lengua fuera, aunque a todas luces estaba inconsciente.

«Brookie Hart, Brookie Hart», gritaban los verdugos al hombre que ya no podía oírlos.

**La multitud se mofa**

Las mofas continuaron mientras el cuerpo de aquel hombre pendía del extremo de la cuerda, girando lentamente en una dirección y luego en la contraria, como si un espíritu burlón quisiera proporcionarles una visión completa.

La muchedumbre corría de acá para allá, los niños correteaban entre la gente para poder verlo mejor. A algunos de ellos los cogieron en brazos, a menos de ocho metros del hombre ahorcado, mientras la multitud de espectadores se arremolinaba alrededor y daba rienda suelta a los gritos de triunfo.

La ejecución de Holmes llegó pocos minutos después de la de Thurmond. Con voz desesperada, aunque nítida, siguió negando que él fuera Holmes, pero la muchedumbre no se dejó engañar, y aquellos que estaban más cerca ni se molestaron en negar sus palabras.

Girando la cara sanguinolenta a sus captores, Holmes afrontó la muerte con mayor resistencia que Thurmond. Mientras colgaban la cuerda de una rama, imploró: «No me colguéis, eh, chicos… no me colguéis».

**Le echan el lazo al cuello**

Y por fin, en un último instante de resignación —puesto que, al haberlo cogido en andas la muchedumbre, debía de haber visto cómo oscilaba el cuerpo de Thurmond a cuarenta y cinco metros de allí— admitió ser Holmes.

«… Sí, soy Holmes», exclamó con voz atragantada y alzando la frente. Justo en ese momento le echaron el lazo al cuello, e izándolo de golpe lo lanzaron por los aires.

A diferencia de Thurmond, Holmes no se debatió. Al renunciar a sus últimas esperanzas, con aquel gesto, parecía privarse de la poca vida que le quedaba. Además, el nudo que rodeaba su cuello había reducido los movimientos de su cuerpo a unos cuantos espasmos.

Alguien explicó que aquellos nudos eran de horca, de los que aplastan el cráneo por la nuca hasta extinguir la conciencia de la víctima.

Mientras Thurmond seguía balanceándose, con los pies a la altura de los rostros de la gente, a Holmes lo subieron muy arriba. La muchedumbre enmudeció por un instante al darse cuenta de que estaba completamente desnudo.


## Algunas mujeres se desmayan

Cuando los dos hombres ya habían sido ahorcados y convertidos en juguetes para el viento que los agitaba, muchos de los que habían jaleado su ejecución tuvieron que mirar hacia otro lado. Algunas mujeres se desmayaron en medio de la muchedumbre, si bien miles de ellas no lo hicieron, y otros cientos continuaron mirándolos sin dejar de sonreír.

Y en todas las conversaciones se repetía: «Así no habrá secuestros en el condado en mucho tiempo».

Allí estaban los muertos, balanceándose. Varios de los individuos de carácter más violento se mostraron partidarios de descolgarlos y quemarlos con gasolina. A Thurmond le arrancaron los pantalones, y algunos le prendieron fuego a su impermeable, que tardó pocos minutos en arder.

Los cuerpos estuvieron colgando en el parque durante más de una hora. Poco antes de medianoche, llegaron patrullas policiales de San Francisco y la muchedumbre salió corriendo. Se trataba de los apoyos que el sheriff Emig había solicitado cuando se les estaba acabando el gas lacrimógeno, media hora antes de que le arrebatasen a sus prisioneros. Llegaron demasiado tarde para poder salvar nada, sólo quedaba la carne muerta de los asesinos.

*Si los hechos narrados en este artículo dan la impresión de pertenecer, en su bíblica crueldad, a un tiempo muy anterior a aquel en el que ocurrieron, la escritura en mayúsculas sobre la cabecera en la portada —7 A.M. EXTRA: edición extraordinaria de la mañana— anuncia, como el frontón de un templo, la entrada en una edad heroica del periodismo, aquella que hechos como éstos parecían esperar por derecho natural y plenitud de medios, aquella en la que no existían todavía otras fuentes de información y un diario como el Chronicle imprimía trece ediciones en el curso de una noche, gritándolas sin parar en las esquinas de las calles para mantener informados, hora tras hora, a los ciudadanos de San Francisco, que esperaban por las calles para conocer la suerte de los dos asesinos.*

*En la carta con la que el director del Chronicle —«El único diario independiente de la ciudad»— presentó la candidatura de Royce Brier al Pulitzer Price for the most distinctive example of a reporter's work, se lee que el cronista escribió la pieza tras dieciséis horas de trabajo extenuante y peligrosísimo, en el curso de las cuales se había visto afectado por los gases lacrimógenos y había sentido las piedras pasar silbando junto a su cabeza, mientras una multitud sedienta de sangre agredía y maltrataba tanto a él y como a sus colegas, amenazándolos con «colgar» a los periodistas junto a los asesinos. A ojos de la gente, además, Royce Brier debía de ser culpable también de haber denunciado, tres días antes —en un artículo en exclusiva, precisaba el director—, una organización de «vigilantes» que había encendido los ánimos y tejido secretamente los hilos del odio, preparando el asalto a la cárcel cuando se encontró el cadáver del niño. Por tanto, a pesar de esa hostilidad y del babélico tumulto de esa noche, Royce Brier había sabido mantener a su redacción puntualmente informada sobre el alcance de los acontecimientos, bien haciendo el mejor uso posible del fotógrafo, bien alcanzando antes que nadie los dos únicos teléfonos del vecindario, manteniéndose en línea directa con el periódico durante las cuatro horas del linchamiento.*

*Cuando, finalmente, los asesinos habían sido ahorcados y colgaban, ya muertos, «como títeres en las manos del viento», Royce Brier fue a la oficina de telégrafos de la Western Union y, en el brevísimo tiempo que le quedaba, escribió la pieza principal, que pasó luego a la rotativa, sin ninguna corrección.*

*Esto, concluía con orgullo el director, había permitido al Chronicle dar la noticia esa mañana en primer lugar, con dos ediciones de ventaja con respecto a la competencia.*

# El día de locura de Howard Unruh

## Premio Pulitzer de Crónica en 1950

AUTOR
Meyer Berger

CABECERA
*The New York Times*

Traducción de Antonio García Maldonado

*Dada la hora a la que se inició la masacre de East Camden, es decir, en torno a las nueve y media, y el breve lapso de tiempo en el que se consumó, es posible que la noticia llegara a la redacción central del* New York Times *sobre las diez de la mañana y que, muy pronto, fuese llevada a un escritorio situado en el centro de la gran sala llamada* newsroom, *donde estaba sentada, como siempre, la delgada y encorvada figura de Meyer Berger. Desde hacía mucho tiempo —prácticamente desde que, poco tiempo después de su ingreso en el periódico veintidós años antes, le había sido asignada una noticia sobre un juicio que causaba sensación sobre una banda de gánsteres de Brooklyn—, Meyer Berger se había convertido, de un modo casi natural, en el cronista puntero del* New York Times *para todo lo que ocurría en Nueva York: un reportero capaz de devolverles a los hechos la entereza y la precisión que merecían, fuesen cuales fuesen: el incendio de un circo abarrotado, la Feria Mundial de 1939, la llegada al puerto de los primeros féretros de los caídos en la II Guerra Mundial.*

*Es posible que en aquel momento, como en tantas otras horas de su vida, Meyer Berger, «Mike» para todos, estuviese hablando por teléfono o con alguna de las personas que solían acercarse a su escritorio, buscándolo —un taxista, por ejemplo, o un ladronzuelo del Bowery, un agente de Wall Street, un guardia, un vendedor de hot dogs—, y que cualquiera de estas personas estuviese refiriéndole un montón de rumores de los que, con toda probabilidad, no habría obtenido ni una sola línea, pero que era incapaz de interrumpir por mucho que tuviese que hacer, como tampoco sabía evitar el continuo vaivén de los colegas que se acercaban a intercambiar pareceres, pedirle consejo o felicitarle por algo.*

*Sin embargo, es seguro que la noticia de la masacre tuvo la autoridad suficiente para apartar cualquier otra cosa que le ocupase en ese momento y hacerle atravesar apresuradamente el* newsroom, *con pasos rápidos y arrastrando los pies, para coger el coche y salir de la ciudad. De la sede del* New York Times, *en el corazón de Manhattan, hasta los modestos suburbios residenciales de Nueva Jersey, a los que pertenece Camden, casi en la frontera con Pensilvania, la carretera es bastante recta y no presenta complicaciones, si bien no es corta: casi cincuenta kilómetros. Debía de ser ya mediodía cuando Meyer Berger llegó al lugar en el que aconteció la masacre. Dos horas después de la matanza, nada nos autoriza a pensar que la vida hubiese vuelto a la normalidad: es necesario, por eso, disponer, en torno a la esquina de River Road y la calle 33, multitud de curiosos, policías por todas partes, enjambres de periodistas y fotógrafos, e imaginar la escena en esa especie de calma artificial que se estanca siempre después de una tragedia. Debió de ser en un escenario semejante en el que Meyer Berger, en las horas posteriores, consiguió entrevistar a cerca de cincuenta testigos, entre los cuales: la madre del asesino, los investigadores que habían interrogado a Unruh e innumerables parientes y amigos de las doce víctimas, reconstruyendo minuciosamente —casi maniáticamente—, y con poquísimas y veniales inexactitudes, la figura del asesino y su recorrido de esa mañana, paso a paso. Cuentan sobre Meyer Berger que tenía la* costumbre de escuchar con calma a cualquier interlocutor, sin preguntar demasiado ni tomar notas, para después alejarse y transcribir con absoluta fidelidad, en una finísima taquigrafía, todo lo que acababa de escuchar. De esos apuntes, hechos de frases rotas y descripciones fundamentalmente inconexas, sabía servirse mejor que cualquier otro, porque al comienzo de su carrera había sido, durante algunos años, un rewrite man: uno de esos anónimos alquimistas de la noticia capaz de transformar despachos telegráficos lapidarios o llamadas de teléfono frenéticas de cronistas inexpertos en una elegante prosa periodística compuesta contra el reloj. Había desarrollado así un instinto prensil para las expresiones breves y memorables, insertadas en el flujo incoloro de un testimonio, y se había adiestrado para condensar en un párrafo el núcleo de una historia, como hará luego en sus íncipit. Sobre todo había afinado una exactitud pura y natural en la escritura, una suerte de solemnidad descarnada: en cada uno de sus artículos, todo lo que se dice está secretamente realzado por lo que no se dice, por la renuncia a adjetivos como «trágico» e «impresionante» en la descripción de una masacre, por la ausencia de las declaraciones de los agentes y por los comentarios lacerantes y monótonos de quien ha sobrevivido.

Hacia las seis de la tarde, por fin, cuando le pareció haber reunido suficiente información y comenzaba además a hacerse tarde, Meyer Berger volvió a montarse en su coche y regresó a Nueva York.

Cuando llegó a las oficinas del Times ya era de noche y no debía de faltar mucho para el cierre del periódico. Se sentó entonces en su puesto, en el centro del newsroom, y comenzó finalmente a trabajar, escribiendo en menos de dos horas y media, al ritmo acostumbrado para él de casi mil seiscientas palabras a la hora, un artículo que hoy figura entre los más altos modelos del periodismo americano.

# Veterano de guerra asesina a doce personas en una masacre en Camden

Por Meyer Berger
8 de septiembre de 1949

Howard B. Unruh, veintiocho años, de voz suave y cálida, veterano curtido en batallas de artillería pesada en Italia, Francia, Austria, Bélgica y Alemania, asesinó esta mañana a doce personas con una pistola que conservaba de la guerra en su casa de la calle East Camden. Otras cuatro resultaron heridas.

Unruh, delgado, de pómulos marcados y metro ochenta de estatura, curiosamente devoto de las Escrituras y acostumbrado al uso de armas de fuego, no tenía antecedentes de enfermedad mental alguna, aunque los expertos han señalado esta noche que sin duda estamos ante un caso psiquiátrico, y afirman que Unruh se había tratado en secreto de manía persecutoria durante algo más de dos años.

Uno de los encargados del bar alcanzó con un disparo al ex militar en la pierna izquierda, aunque éste mantuvo oculta dicha circunstancia, incluso, durante el interrogatorio de más de dos horas al que lo sometieron un policía y Michell Cohen, fiscal del condado de Camden, en la comisaría, inmediatamente después de que la bomba de gas lacrimógeno lo forzara a salir de su habitación y rendirse.


## La sangre delata al herido

La mancha de sangre que dejó en la silla que ocupó durante el interrogatorio alertó de la herida. Una vez descubierta, fue trasladado al hospital Cooper de Camden, detenido con cargos de asesinato.

Durante el interrogatorio se mostró tranquilo al relatar los veinte minutos en los que disparó contra hombres, mujeres y niños. Sólo a veces, un brillo excesivo en sus ojos oscuros indicaba que no estaban ante una persona normal.

Unruh relató al fiscal cómo, desde hacía tiempo, crecía su odio contra vecinos y comerciantes del barrio. «Hablaban mal de mí», dijo. Su resentimiento parece haberse exacerbado en el caso del Sr. y la Sra. Maurice Cohen, quienes ocupaban el apartamento contiguo al suyo. Ambos se cuentan entre los muertos.

El Sr. Cohen era farmacéutico, con el local en el 3702 de River Road, en East Camden. Él y su esposa habían mostrado, en ocasiones, su desagrado por el uso que Unruh hacía de la puerta que separaba su patio trasero del de los Cohen. La Sra. Cohen se quejaba también por el volumen de la radio, que Unruh dejaba encendida hasta altas horas de la noche. Ninguna de las otras víctimas había tenido problemas con él.

Algún tiempo después de haber dejado el servicio con honores en 1945, Unruh, graduado en el cercano Instituto Woodrow Wilson, había comenzado un curso de farmacia para veteranos de guerra en la Universidad de Temple, Filadelfia, pero sólo permaneció allí tres meses. Últimamente se encontraba sin trabajo, y al parecer tampoco lo buscaba.

## Hijo de padres separados

Su madre, la Sra. Rita Unruh, de cincuenta años, está separada de su marido. Trabaja como empaquetadora en la Evanson Soap Company de Camden, y su sueldo era el único ingreso familiar. James Unruh, de veinticinco años, el menor de sus hijos, está casado y vive en Haddon Heights, Nueva Jersey. Trabaja en la editorial Curtis.

La noche del lunes, Howard Unruh salió solo de casa. Pasó la noche en el Family Theatre de la calle Market, Filadelfia, sentado como un espectador más de la sesión doble de cine viendo *I Cheated the Law* y *The Lady Gambles*[1]. Eran las tres en punto de la madrugada cuando volvió a casa.

El fiscal Cohen ha afirmado que Unruh le contó más tarde que, ya antes de dormirse, había decidido disparar contra aquellas personas que «hablaban de mí», que incluso había concluido que las 9:30 h sería el mejor momento para comenzar, ya que la mayoría de las tiendas de la calle estarían abiertas a esa hora.

Su madre había dejado de planchar cuando él se despertó, y le preparó el desayuno en su pequeño y gris apartamento de tres habitaciones del triste y viejo edificio de estuco de dos plantas de la esquina de River Road con la calle 32. Tras desayunar, metió un cargador de balas en su Luger, guardó otro cargador en el bolsillo y se llevó, además, dieciséis cartuchos sueltos. También se guardó un espray de gas lacrimógeno y un afilado cuchillo de quince centímetros.

Echó un último vistazo a su habitación antes de dejar la casa. En las desconchadas paredes había pistolas, bayonetas alemanas y fotos de artillería pesada en combate. Desperdigados por la habitación, vio machetes, una pistola Roy Rogers, ceniceros

---

[1] Filmes ambos de 1949, dirigido el primero por Edward L. Cahn y por Michael Gordon el segundo, que se estrenarían en España bajo los títulos respectivos *Contra la ley* y *Prisionera del azar* (N. del T.).

hechos con obuses alemanes, cargadores para rifles 30-30 y una caja con diversos recuerdos de la guerra.

La Sra. Unruh había salido de casa unos minutos antes al encuentro de la Sra. Caroline Pinner, una amiga del edificio de al lado. La Sra. Unruh parecía haberse percatado de que el poso de resentimiento de su hijo estaba llegando a un punto límite. Le había rogado a Elias Pinner, un amigo de su marido, que abriera una pequeña puerta en el patio trasero, de tal forma que Howard no tuviera que usar la de los Cohen nunca más. El Sr. Pinner terminó la puerta a primera hora de la tarde del lunes, cuando ya Howard se había marchado a Filadelfia.

En la casa de los Pinner, a las nueve en punto de esta mañana, la Sra. Unruh habría comentado algo acerca de la mirada de Howard: lo extraña que le había parecido, y lo preocupada que estaba por su hijo.

Unos minutos después, resonaron disparos en River Road. Howard Unruh estaba en pleno arrebato asesino. Su madre, que había dejado la humilde casa blanca de los Pinner hacía tan sólo unos segundos, se volvió. Cruzó la puerta a toda velocidad.

Se lamentaba: «¡Oh, Howard!, ¡oh, Howard, te van a echar la culpa de esto!». Se detuvo frente a la Sra. Pinner, una amable anciana de setenta años y cabello plateado, y le dijo: «Tengo que hacer una llamada, ¿puedo usar el teléfono?».

Pero apenas había cruzado el salón en su busca, se desplomó sobre la vetusta alfombra, desmayada. Los Pinner la acomodaron en una cama de la habitación contigua. La Sra. Pinner acercó a su rostro esencias aromáticas para reanimarla.


**El pánico se apodera de la calle**

Al mismo tiempo que su madre se retorcía en el sofá con su ropa de casa y su viejo y gastado suéter, recuperando la consciencia,

Howard Unruh iba de tienda en tienda de la manzana del 3200 con una tranquilidad pasmosa y su Luger bien visible en la mano. Los niños gritaban al tratar de huir y tropezar y caer unos sobre otros. Hombres y mujeres buscaban refugio en las tiendas abiertas, las mujeres con escandaloso pánico, los hombres enmudecidos por el miedo. Nadie podía apenas intuir lo que estaba ocurriendo.

Primero, Unruh se dirigió a la zapatería de John Pilarchik, cerca del extremo norte de la acera de su propia casa. El zapatero, un hombre de veintisiete años que vive en Pennsauken Township, observó boquiabierto cómo Unruh se acercaba hasta quedarse a menos de un metro de él. El zapatero saltó de su banqueta, pero fue alcanzado por una bala en el estómago. Un muchacho, que se encontraba en el local, corrió a refugiarse tras el mostrador, aterrorizado. Unruh volvió a la resplandeciente calle.

«Primero les disparé en el pecho», contó luego al fiscal meticulosamente, «y después apunté a la cabeza». Su puntería era devastadora, y no por casualidad. Había alcanzado la mejor marca en los concursos de tiro al blanco durante sus años en el ejército, y practicaba constantemente con su Luger disparando contra algún objetivo que colocaba en el sótano de su casa.

Unruh confesaría más tarde al fiscal que en la lista mental de personas que habían «dicho cosas de él» tenía a Cohen, el farmacéutico, a su vecino el barbero, a su vecino el zapatero y a su vecino el sastre. Fue metódicamente asesinándolos uno tras otro. Por extraño que parezca, no empezó por el farmacéutico, que parecía ser el principal foco de su ira, a quien por el contrario dejó prácticamente para el final.


**Recién casada abatida**

Desde la zapatería se dirigió a la tienda del sastre, en el 3214 de River Road. El sastre había salido. Helga Zegrino, veintiocho años, esposa del sastre, se encontraba sola. La pareja, casualmente, había contraído matrimonio apenas un mes antes. Ella gritó al ver entrar a Unruh portando su Luger en la mano. Algunos viandantes la oyeron. Seguidamente, el arma volvió a disparar y la Sra. Zegrino cayó muerta. Unruh salió de nuevo al luminoso día.

Todo esto tuvo lugar en cuestión de segundos, durante los cuales tan sólo algunas personas comenzaron a entender lo que ocurría. En el 3210 de River Road se encuentra la modesta barbería de Clark Hoover. En el centro había un caballo blanco de tiovivo para los niños que fueran a cortarse el pelo. Orris Smith, un chico rubio de apenas seis años, estaba allí subido, con un babero sujeto al cuello. Su madre, la Sra. Catherine Smith, de cuarenta y dos años, aguardaba sentada en una silla junto a la pared.

Alzó la mirada. Clark Hoover dejó lo que estaba haciendo al tiempo que dirigía la mirada hacia aquel hombre de metro ochenta, tenso y demacrado, aunque sigiloso, apostado en la entrada con la Luger. El traje marrón de lino de Unruh parecía más oscuro con las sombras de la mañana. Los rayos de sol caían sobre su pelo castaño cortado al rape. No llevaba sombrero. La Sra. Smith no podía imaginar lo que estaba a punto de suceder.

Unruh se dirigió hacia «Brux» —que es como la Sra. Smith llamaba a su hijo— y posó la Luger en el pecho del chico. El disparo se oyó y retumbó en el pequeño local, de apenas doce metros cuadrados. La cabeza del muchacho se inclinó inerte hacia la herida, cuya sangre empapó su pelo a medio cortar. Unruh seguía sin pronunciar palabra. Colocó la Luger cerca de las temblorosas manos del barbero. Ante la horrorizada madre, Unruh se inclinó hacia adelante y disparó contra Hoover.

El veterano no intentó matar a la Sra. Smith. Parecía no oír sus gritos. Le dio la espalda y salió con calma. Unos portales más arriba, en la misma calle, Dominick Latels, quien regenta un pequeño restaurante, se había acercado a la ventana de su local para intentar ver qué eran todos aquellos disparos. Vio a Unruh cruzar la calle y dirigirse hacia el bar de Frank Engel. Y entonces vio a la Sra. Smith consternada y horrorizada ante la tragedia, con la cabeza de su hijo apoyada en su brazo derecho.

La Sra. Smith gritaba: «¡Han matado a mi niño! ¡Está muerto!». Miró a su alrededor, buscando ayuda en vano. Sólo veía a Unruh, que se dirigía decidido hacia el bar. Latels salió rápidamente, no sin antes avisar a su mujer, Dora, que se encontraba en el restaurante junto a su hija Leonor, de seis años. Alcanzó a decirles: «Voy a salir. Cierra la puerta apenas me vaya». Corrió en busca de su coche y condujo hasta la acera donde se encontraba la Sra. Smith con su hijo.

Latels tomó al niño en sus brazos y lo acomodó en el asiento delantero. Hizo entrar a la madre en la parte de atrás del coche y condujo en dirección al hospital Cooper. Howard Unruh no se volvió. Engel, el encargado del bar, había cerrado la puerta con llave. Los clientes, el camarero y el portero corrieron hacia el final del bar. Las balas atravesaron el revestimiento de la puerta de entrada del bar. Engel se precipitó hacia el piso superior, en busca de su pistola del calibre 38, y se dirigió veloz hacia la ventana del apartamento.

Unruh había vuelto al centro de la calle. Disparó contra la ventana de un apartamento del 3208 de River Road. Tommy Hamilton, de dos años de edad, cayó desplomado hacia atrás con una bala en la cabeza. Unruh se encaminó de nuevo hacia el norte, en dirección al local de Latels. Disparó contra la puerta y dio una patada al panel inferior de cristal. La Sra. Latels se escondía, agachada junto a su hija, tras el mostrador. Oyó los disparos, pero ninguno de ellos la alcanzó ni a ella ni a su hija. Unruh se volvió en dirección a la calle 32 recargando la Luger.

Un estruendo de gritos de pánico de mujeres y chavales se había apoderado de aquella calle de la manzana —de tan sólo cinco modestos edificios en un lado y tres locales de una sola planta en el otro—. Un grupo de seis o siete niñas o niños pequeños vio pasar a Unruh. Le lanzaron gritos de «¡loco!» y otras palabras incomprensibles. Unruh parecía no oírles o verles.


## Conduciendo hacia su muerte

Alvin Day, que trabajaba reparando televisores, residente en una zona cercana de Mantua, escuchó los disparos. Salía con el coche hacia la carretera y todavía no era consciente de lo que había ocurrido. Unruh se acercó hasta la ventanilla del coche cuando Day pasaba a su lado, y disparó contra la ventana con pasmosa calma. El conductor cayó sobre el volante. El coche avanzó dando sacudidas. Las ruedas delanteras frenaron en seco. Day estaba muerto.

Frank Engel había dejado abierta la ventana del segundo piso de su apartamento. Se percató de que Unruh se había parado en un estrecho callejón entre la zapatería y un pequeño edificio de dos plantas. Apuntó y disparó. Unruh se detuvo unos segundos. La bala le había alcanzado, pero no pareció importarle demasiado. Se encaminó hacia la farmacia y Engel no volvió a disparar.

«Ojalá lo hubiera hecho», diría más tarde. «Podría haberlo matado allí mismo. Podría haberle agujereado el cuerpo a balazos. Todavía no sé por qué no lo hice».

Cohen, el farmacéutico, un hombre corpulento de cuarenta años, había corrido hacia la calle gritando: «¿Qué está pasando aquí? ¿Qué ocurre?». Pero al cruzar su mirada con la de Unruh volvió raudo a su local. James J. Hutton, cuarenta y cinco años, corredor de seguros de Westmont, Nueva Jersey, salió a la calle desde la farmacia para intentar ver qué eran aquellos disparos. Como muchos otros al principio, también creyó que todo aquel estruendo se debía al motor averiado de algún coche. Se encontró cara a cara ante Unruh.

Unruh dijo con calma: «Disculpe, señor», al tiempo que lo apartaba de su camino. Posteriormente Unruh contaría a la policía: «Ese tipo fue muy torpe. No se apartó de mi camino». Disparó a Hutton en la cabeza y en el cuerpo. El corredor de seguros cayó en la acera, inmóvil.

Cohen había subido a su apartamento para pedirles a Minnie Cohen, de sesenta y tres años, su madre, y a Rose, su mujer, de treinta y ocho, que se escondieran. Su hijo Charles, de catorce, se encontraba también en el apartamento. La Sra. Cohen metió a su hijo en un armario y ella se acomodó en otro. Tiró de la puerta hacia sí. Mientras tanto, el farmacéutico había saltado desde una ventana hacia el tejadillo del pórtico. Unruh, una pálida imagen en la ventana desde la que el farmacéutico acababa de saltar, disparó a la espalda de éste, quien todavía a la carrera saltó desde la techumbre y cayó muerto en la calle 32.

Unruh disparó contra el armario donde se había escondido la Sra. Cohen. Ella murió en el acto y él ni siquiera se molestó en abrir la puerta. La Sra. Minnie Cohen intentó llegar hasta el teléfono que había en una habitación contigua y llamar a la policía. Unruh le disparó en la cara y en el cuerpo, y cayó muerta sobre la cama. Unruh bajó las escaleras con la Luger recargada y salió de nuevo a la calle.

Un coche se encontraba parado en River Road atendiendo la luz roja del semáforo. Obviamente los pasajeros no tenían la menor idea del drama que tenía lugar en East Camden, y nadie encontró el modo de advertirles. Unruh se acercó al coche y, pese a que no conocía a ninguno de los que en él se encontraban, disparó conscientemente a uno tras otro a través del parabrisas. Mató a las dos pasajeras, la Sra. Helen Matlack Wilson, de cuarenta y tres años, de Pennsauken, que iba al volante, y a su madre, la Sra. Emma Matlack, de sesenta y seis. El hijo de la Sra. Wilson, John, de apenas doce años, se encontraba malherido. Una bala le había atravesado el cuello, rozándole la mandíbula.

Earl Horner, empleado de la American Stores Company, un colmado frente a la farmacia, había cerrado la puerta tras las rápidas y entrecortadas explicaciones de hombres, mujeres y niños sin apenas aliento que hablaban de un «loco… que va matando gente…». Unruh pasó cerca de la entrada y disparó dos veces contra la puerta. Horner, sus clientes y el resto de amenazados por la implacable ira del veterano corrieron a esconderse tras el mostrador. Ninguno de ellos resultó herido.

«Forzó la puerta antes de disparar», afirmaría Horner más tarde. «Se quedó allí de pie, petrificado, serio, se acarició la barbilla y comenzó a disparar. Luego se fue».

Charlie Peterson, dieciocho años, hijo de un bombero de Camden, bajaba en coche por la calle, junto a dos amigos, en el momento en el que Unruh se dirigía hacia el colmado. Los tres chicos salieron para mirar el cuerpo inerte de Hutton en la acera. No sabían quién había disparado al corredor de seguros, o por qué y, como le había ocurrido a la mujer del coche, no se dieron cuenta de que Unruh seguía allí. El veterano apuntó con la Luger y disparó varias veces. El joven Peterson cayó alcanzado en las piernas. Sus amigos corrieron en desbandada calle abajo, tratando de ponerse a resguardo.

La Sra. Helen Harris, del 1250 al norte de la 38, y su hija, una niña rubia de seis años de edad, y una tal Sra. Horowitz junto a su hija, de cinco años, se dirigieron hacia la calle 32. Habían oído los disparos, aunque también pensaron que se trataba del petardeo de algún motor de coche averiado.

Unruh se las cruzó en la calle 32 y se acercó a la desvencijada entrada de una casa amarillenta que había tras la suya. La Sra. Madeline Harrie, una mujer de treinta y muchos, y sus dos hijos, Armand, de dieciséis, y Leroy, de quince, estaban en ese momento en la casa. Un tercer hijo, Wilson, de catorce años, trataba de resguardarse junto a otros clientes en el colmado.

Unruh abrió de un portazo la puerta de entrada y, arma en mano, anduvo en la oscuridad de la pequeña estancia. Descerrajó dos tiros a la Sra. Harrie que se incrustaron en la pared. Ella soltó un grito. Armand se abalanzó sobre Unruh para tratar de detenerle. El veterano le golpeó con el extremo de la Luger y derrumbó al muchacho, y acto seguido le disparó dos veces en las manos. En el piso de arriba, Leroy escuchaba el estruendo de los tiros y los gritos, escondido debajo de la cama.

En ese momento, en respuesta a la enorme cantidad de llamadas de desesperación recibidas desde varias zonas de East Camden, la policía, con sonido de estridentes sirenas, había llegado a River Road. Equipos especiales portaban ametralladoras, escopetas y bombas de gas lacrimógeno.

El sargento Earl Wright, uno de los primeros en llegar al lugar, vio a Charles Cohen, el hijo del farmacéutico. Estaba asomado a la ventana de la segunda planta del apartamento, justo encima del lugar en que yacía muerto su padre. Gritaba: «¡Va a matarme! ¡Va a matarnos a todos!». El muchacho estaba histérico.

Wright subió rápidamente las escaleras del apartamento del farmacéutico. Vio a una mujer muerta sobre la cama, y trató de calmar al joven. Se lo llevó hacia la planta baja y se lo entregó a un policía. Luego se unió a los hombres que habían rodeado el edificio de estuco de dos plantas donde Unruh vivía. Hasta ese momento Unruh había realizado unos treinta disparos. Se había quedado sin munición. Saliendo de la casa de Harrie había alcanzado a oír las sirenas de la policía. Atravesó la puerta trasera y fue hacia su habitación.


**Las armas apuntan hacia la ventana**

Edward Joslin, un policía que había llegado en moto, logró alcanzar el tejado del pórtico bajo la ventana de Unruh. Lanzó adentro una granada de gas lacrimógeno, a través de uno de los cristales. Otros policías, al tiempo que conminaban a Unruh a rendirse, tomaban posiciones con sus ametralladoras y escopetas. Apuntaron hacia la ventana de Unruh.

En esos momentos tuvo lugar un hecho curioso. Philip W. Buxton, ayudante del redactor de la sección de noticias locales en *The Camden Evening Courier*, había encontrado el nombre de Unruh en la guía telefónica. Llamó al número: Camden 4-2490W. Eran las diez pasadas y Unruh acababa de volver a su habitación. Para asombro del Sr. Buxton, Unruh contestó. Dijo «hola» tranquilo y con voz clara.

—¿Howard?

—Sí, soy Howard. ¿Cuál es el apellido del que busca?

—Unruh

El veterano preguntó qué quería al Sr. Buxton.

—Soy un amigo —dijo el periodista—. Me gustaría saber qué le ha hecho toda esa gente que hay ahí.

Unruh pensó unos instantes. Dijo:

—No me han hecho nada aún. Me empleo a fondo con ellos.

Su voz permanecía inalterable y sin rastro de nerviosismo.

El Sr. Buxton le preguntó a cuánta gente había matado.

El veterano respondió:

—Ni idea, no los he contado, pero a unos cuantos.

—¿Por qué va asesinando a gente por ahí?

—No lo sé —respondió con franqueza—. No podría decirlo aún, tendríamos que hablar más tarde, estoy demasiado ocupado ahora mismo.

Colgó el teléfono.

Unruh estaba ocupado. El gas lacrimógeno empezaba a hacer efecto y las balas de los policías alcanzaban con ruido sordo las paredes a su alrededor. Durante un receso de las ráfagas de disparos, la policía vio cómo se movía la cortina blanca y el adusto asesino se dejaba ver.

—¡De acuerdo! —gritó—. ¡Me rindo! ¡Voy a bajar!

—¿Dónde está el arma? —le lanzó un sargento.

—Sobre mi mesa, en mi habitación —respondió Unruh sin alterarse—. Voy a bajar.

Treinta armas estaban apostadas en la vieja puerta trasera. Unos segundos después la puerta se abrió y apareció Unruh con las manos en alto. El sargento Wright avanzó pisando las plantas y flores del jardín y esposó a Unruh.

—¡Qué es lo que te pasa! —preguntó con vehemencia un policía—. ¡Estás loco!

Unruh miró a los ojos al policía y aguantó la mirada:

—No estoy loco. Estoy bien de la cabeza.

La noticia de la captura fue atrayendo a todos los habitantes de East Camden hacia las calles. Mujeres y hombres increparon a Unruh, maldiciéndolo a gritos con incontenible ira. Alguien sugirió: «Linchémoslo», aunque sin éxito. Los hombres del sargento Wright condujeron a Unruh a un coche de policía y arrancaron en dirección a la comisaría.

Hombres y mujeres corrieron tras el coche, gritando y golpeándolo, aunque quedaron atrás apenas éste recorrió unos metros. Permanecieron reunidos en pequeños grupos, nerviosos, hablando y discutiendo sobre la personalidad de Howard Unruh. Poco a poco comenzó a remitir la rabia, fruto del miedo, que había encolerizado a la gente.

Todos coincidían en que aquel hombre no estaba en sus cabales. Los que conocían a Unruh repetían lo introvertido y callado que era. Lo recordaban acompañando a su madre a la iglesia y muy interesado en algunos pasajes de las Escrituras, sobre todo en las profecías.

—Era un tipo callado —contó un hombre a la multitud reunida frente al bar—. Llevaba mucho tiempo planeando hacer algo así. Hay que desconfiar de la gente tan callada.

No se habló de otra cosa durante todo el día en River Road. Todos estaban conmocionados. Hombres y mujeres repetían asombrados: «No lo comprendemos, no podemos entenderlo».

*Algunos días después de la masacre, en el curso de un interrogatorio, Unruh reveló que su furia se debía a que, la noche anterior a la matanza, alguien había robado el postigo que él acababa de instalar en el jardín. Y había decidido matarlos a todos para asegurarse de castigar al culpable.*

*Considerado y estudiado como el primer gran asesino en masa, Howard Unruh murió en octubre de 2009, llegó a los ochenta y cinco años, y vivió en el hospital psiquiátrico de Trenton, donde fue encerrado poco tiempo después de la matanza. Desde que murió su madre, no volvió a hablar con nadie.*

*Tras la muerte de Meyer Berger, se supo que el periodista había donado la dotación del Premio Pulitzer a la madre de Unruh.*

# Tres disparos y un atisbo de rosa.
# El asesinato de John Fitzgerald Kennedy

Premio Pulitzer de Reportajes Nacionales en 1964

AUTOR

Merriman Smith

CABECERA

United Press International (UPI)

Traducción de Sara Álvarez Pérez

# GRIEF GRIPS PEOPLE OF ALL WALKS

Tears flowed from many eyes... from Sen. Ralph Yarborough, children at hospital, two Negro women and distraught pair.

## VETERAN REPORTER'S EYEWITNESS ACCOUNT OF ASSASSINATION

# 'One Sees History Explode Before One's Eyes...'

(Editor's Note: Merriman Smith, UPI White House reporter since 1941, was on the scene in Dallas yesterday when President Kennedy was assassinated. Smith was in the motorcade not far from Kennedy when the shooting took place. He followed the President's car to the hospital and the death. He was there for the swearing-in of President Johnson in an Air Force jet and came on back to Washington aboard the aircraft bearing the new President and the body of the slain Kennedy. He was the only news agency reporter on the aircraft.)

### By MERRIMAN SMITH

WASHINGTON (UPI)—It was a balmy, sunny noon as we motored through downtown Dallas behind President Kennedy. The procession cleared the center of the business district and turned into a handsome highway that wound through what appeared to be a park.

I was riding in the so-called White House press "pool" car, a telephone company vehicle equipped with a mobile radio-telephone. I was in the front seat between a driver from the telephone company and Malcolm Kilduff, acting White House press secretary for the President's Texas tour. Three other pool reporters were wedged into the back seat.

Suddenly we heard three loud, almost painfully loud cracks. The first sounded as if might have been a large firecracker. But the second and third blasts were unmistakable. Gunfire.

The President's car, possibly as much as 150 or 200 yards ahead, seemed to falter briefly. We saw a flurry of activity in the Secret Service followup car behind the chief executive's limousine.

Next in line was the car bearing Vice President Lyndon B. Johnson. Behind that, another followup car bearing agents assigned to the vice president's protection. We were behind that car.

### Seconds Like a Lifetime

Our car stood still for probably only a few seconds, but it seemed like a lifetime. One sees history explode before one's eyes and for even the most trained observer there is a limit to what one can comprehend.

I looked ahead at the President's car but could not see him or his companion, Gov. John B. Connally of Texas. Both men had been riding on the right side of the limousine from Washington. I thought I saw a flash of pink which would have been Mrs. Jacqueline Kennedy.

Everybody in our car began shouting at the driver to pull up closer to the President's car. But at this moment, we saw the big limousine and a motorcycle escort roar away at high speed.

We screamed at our driver, "Get going, get going!" We careened around the Johnson car and its escort and set out down the highway, barely able to keep in sight of the President's car and the accompanying Secret Service followup car.

They vanished around a curve. When we cleared the same curve we could see where we were heading—Parkland Hospital, a large brick structure to the left of the arterial highway. We skidded around a sharp left turn and spilled out of the pool car as it entered the hospital driveway.

### President Face Down

I ran to the side of the limousine.

The President was face down on the back seat. Mrs. Kennedy made a cradle of her arms around the President's head and bent over him as if she were whispering to him.

Gov. Connally was on his back on the floor of the car, his head and shoulders resting in the arms of his wife, Nellie, who kept shaking her head and shaking with dry sobs. Blood oozed from the front of the governor's suit. I could not see the President's wound. But I could see blood spattered around the interior of the rear seat and a dark stain spreading down the right side of the President's dark grey suit.

From the telephone car, I had radioed the Dallas bureau of UPI that three shots had been fired at the Kennedy motorcade. Seeing the bloody scene in the rear of the car at the hospital entrance, I knew I had to get to a telephone immediately.

Clint Hill, the Secret Service agent in charge of the detail assigned to Mrs. Kennedy, was leaning over into the rear of the car.

"How badly was he hit, Clint?" I asked.

"He's dead," Hill replied curtly.

I have no further clear memory of the scene in the driveway. I recall a bubble of anxious voices, tense voices—"Where in the hell are the stretchers... get a doctor out here... He's on the way... Come on, easy there." And from somewhere, nervous sobbing.

### Dial Nine . . .

I raced down a short stretch of sidewalk into a hospital corridor. The first thing I spotted was a small clerical office, more of a booth than an office. Inside, a bespectacled man stood shuffling what appeared to be hospital forms. At a wicket much like a bank teller's cage, I spotted a telephone on the shelf.

"How do you get outside?" I gasped. "The President has been hurt and this is an emergency call."

"Dial nine," he said, shoving the phone toward me.

It took two tries before I successfully dialed the Dallas UPI number. Quickly I dictated a bulletin saying the President had been seriously, perhaps fatally, injured by an assassin's bullets while driving through the streets of Dallas.

Litters bearing the President and the Governor rolled by me as I dictated, but my back was to the hallway and I didn't see them until they were at the entrance of the emergency room about 75 or 100 feet away.

I knew they had passed, however, from the horrified expression that suddenly spread over the face of the man behind the wicket.

As I stood in the dark hall hallway leading into the emergency ward trying to reconstruct the shooting for the UPI, men on the other end of the telephone and still keep track of what was happening outside the door of the emergency room, I watched a swift and confused panorama sweep before me.

### Priests Hurry In

Kilduff of the White House press staff raced up and down the hall. Police captains barked at each other. "Clear this area." Two priests hurried in behind a Secret Service agent, their narrow purple stoles rolled up tightly in their hands. A police lieutenant ran down the hall with a large carton of blood for transfusions. A doctor came in and said he was responding to a call for "All neurosurgeons."

The priests came out and said the President had received the last sacrament of the Roman Catholic Church. They said he was still alive, but not conscious. Members of the Kennedy staff began arriving. They had been behind us in the motorcade, but hopelessly bogged for a time in congested traffic.

Telephones were at a premium in the hospital and I clung to mine for dear life. I was afraid to stray from the wicket lest I lose contact with the outside world.

My decision was made for me, however, when Kilduff and Wayne Hawks of the White House staff ran by me, shouting that Kilduff would make a statement shortly in the so-called nurses room a floor above and at the far end of the hospital.

### Died at 1 O'clock

I threw down the phone and sped after them. We reached the door of the conference room and there were loud cries of "Quiet." Fighting to keep his emotions under control, Kilduff said, "President John Fitzgerald Kennedy died at approximately one o'clock."

I raced into a nearby office. The telephone switchboard at the hospital was hopelessly jammed, I spotted Virginia Payette, wife of UPI's Southwestern division manager and a veteran reporter in her own right. I told her to try getting through on pay telephones on the floor above.

Frustrated by the inability to get through the hospital switchboard, I appealed to a nurse. She led me through a maze of corridors and back stairways to another floor and a lone pay booth. I got the Dallas office. Virginia had gotten through before me.

Whereupon I ran back through the hospital to the conference room. There Jiggs Fauver of the White House transportation staff grabbed me and said Kilduff wanted a pool of three men immediately to fly back to Washington on Air Force I, the presidential aircraft.

"He wants you downstairs, and he wants you right now," Fauver said.

Down the stairs I ran and into the driveway, only to discover Kilduff had just pulled out in our telephone car.

### Dash to Airport

Charles Roberts of Newsweek magazine, Sid Davis of Westinghouse Broadcasting and I implored a police officer to take us to the airport in his squad car. The Secret Service had requested that no sirens be used in the vicinity of the airport, but the Dallas officer did a masterful job of getting us through some of the worst traffic I've ever seen.

As we piled out of that car on the edge of the runway about 200 yards from the presidential aircraft, Kilduff spotted us and motioned for us to hurry. We trotted to him and he said the plane could take but two pool men to Washington that Johnson was about to take the oath of office aboard the plane and would take off immediately thereafter.

I saw a bank of telephone booths beside the runway and asked if I had time to advise my news service. He said, "But for God's sake, hurry."

Then began another telephone nightmare. The Dallas office rang busy. I tried calling Washington. All circuits were busy. Then I called the New York bureau of UPI and told them about the impending installation of a new President aboard the airplane.

### 'You Dropped Your Comb'

Kilduff came out of the plane and motioned wildly toward my booth. I slammed down the phone and jogged across the runway. A detective stopped me and said, "You dropped your pocket comb."

Aboard Air Force I on which I had made so many trips as a press association reporter covering President Kennedy, all of the shades of the larger main cabin were drawn and the interior was hot and dimly lighted.

Kilduff propelled me to the President's suite two-thirds of the way back in the plane. The room is used normally as a combination conference and sitting room and could accommodate eight to ten people seated.

I wedged inside the door and began counting. There were 27 people in this compartment. Johnson stood in the center with his wife, Lady Bird. U.S. District Judge Sarah T. Hughes, 67, a kindly faced woman stood with a small black Bible in her hands, waiting to give the oath.

The compartment became hotter and hotter. Johnson was worried that some of the Kennedy staff might not be able to get inside. He urged people to press forward, but a Signal Corps photographer, Capt. Cecil Stoughton, standing in the corner on a chair, said if Johnson moved any closer, it would be virtually impossible to make a truly historic photograph.

It developed that Johnson was waiting for Mrs. Kennedy, who was composing herself in a small bedroom in the rear of the plane. She appeared alone, dressed in the same pink wool suit she had worn in the morning when she appeared so happy shaking hands with airport crowds at the side of her husband.

She was white-faced but dry-eyed. Friendly hands stretched toward her as she stumbled slightly. Johnson took both of her hands in his and motioned her to his left side. Lady Bird stood on his right, a fixed half-smile showing the tension.

### 'I Do Solemnly Swear . . .'

Johnson nodded to Judge Hughes, an old friend of his family and a Kennedy appointee.

"Hold up your right hand and repeat after me," the woman jurist said to Johnson.

Outside a jet could be heard droning into a landing.

Judge Hughes held out the Bible and Johnson covered it with his large left hand. His right arm went slowly into the air and the jurist began to intone the constitutional oath, "I do solemnly swear I will faithfully execute the office of President of the United States . . ."

The brief ceremony ended when Johnson in a deep, firm voice, repeated after the judge, ". . . So help me God."

Johnson turned first to his wife, hugged her about the shoulders and kissed her on the cheek. Then he turned to Kennedy's widow, put his left arm around her and kissed her cheek.

As others in the group—some Texas Democratic House members, members of the Johnson and Kennedy staffs—moved toward the new President, he seemed to back away from any expression of felicitation.

### 'Lets Get Airborne'

The two-minute ceremony concluded at 2:38 p.m. CST and seconds later, the President said firmly, "Now, let's get airborne."

Col. James Swindal, pilot of the plane, a big gleaming silver and blue fan-jet, cut on the starboard engines immediately. Several persons, including Sid Davis of Westinghouse, left the plane at that time. The White House had room for only two pool reporters on the return flight and these posts were filled by Roberts and me, although at the moment we could find no empty seats.

At 2:47 CST, the wheels of Air Force I cleared the runway. Swindal moved the big ship up to an unusually high cruising altitude of 41,000 feet where at 625 miles an hour, ground speed, the jet hurtled toward Andrews Air Force Base outside Washington.

When the President's plane reached operating altitude, Mrs. Kennedy left her bedchamber and walked to the rear compartment of the plane. This was the so-called family living room, a private area where she and Kennedy, family and friends had spent many happy airborne hours chatting and dining together.

Kennedy's casket had been placed in this compartment, carried aboard by a group of Secret Service agents.

Mrs. Kennedy went into the rear lounge and took a chair beside the coffin. There she remained throughout the flight. Her vigil was shared at times by four staff members close to the slain chief executive—David Powers, his buddy and personal assistant; Kenneth P. O'Donnell, appointments secretary and key political adviser; Lawrence O'Brien, chief Kennedy liaison man with Congress, and Brig. Gen. Godfrey McHugh, Kennedy's Air Force aide.

Kennedy's military aide, Maj. Gen. Chester V. Clifton, was busy most of the trip in the forward areas of the plane, sending messages and making arrangements for arrival ceremonies and movement of the body to Bethesda Naval Hospital.

### 'This Is a Sad Time'

As the flight progressed, Johnson walked back into the main compartment. My portable typewriter was lost somewhere around the hospital and I was writing on an over-sized electric typewriter which Kennedy's personal secretary, Mrs. Evelyn Lincoln, had used to type his speech texts.

Johnson came up to the table where Roberts and I were trying to record the history we had just witnessed.

"I'm going to make a short statement in a few minutes and give you copies of it," he said. "Then when I get on the ground, I'll do it over again."

It was the first public utterance of the new chief executive, brief and moving:

"This is a sad time for all people. We have suffered a loss that cannot be weighed. For me it is a deep personal tragedy. I know the world shares the sorrow that Mrs. Kennedy and her family bear. I will do my best. That is all I can do. I ask for your help—and God's."

When the plane was about 45 minutes from Washington, the new President got on a special radio-telephone and placed a call to Mrs. Rose Kennedy, the late president's mother.

"I wish to God there was something I could do," he told her, "I just wanted you to know that."

Then Mrs. Johnson wanted to talk to the elder Mrs. Kennedy.

"We feel like the heart has been cut out of us," Mrs. Johnson said. She broke down for a moment and began to sob. Recovering in a few seconds, she added, "Our love and our prayers are with you."

### 'We Are Praying for You'

Thirty minutes out of Washington, Johnson put in a call for Nellie Connally, wife of the seriously wounded Texas governor.

The new President said to the governor's wife:

"We are praying for you, darling, and I know that everything is going to be all right, isn't it? Give him a hug and a kiss for me."

It was dark when Air Force I began to skim over the lights of the Washington area, lining up for a landing at Andrews Air Force base. The plane touched down at 5:59 p.m. EST. (4:59 CST in Dallas).

I thanked the stewards for rigging up the typewriter for me, pulled on my raincoat and started down the forward ramp. Roberts and I stood under a wing and watched the casket being lowered from the rear of the plane and borne by a complement of armed forces body bearers into a waiting hearse. We watched Mrs. Kennedy and the late President's brother, Atty. Gen. Robert F. Kennedy, climb into the hearse beside the coffin.

The new President repeated his first public statement for the broadcast and newsreel microphones, shook hands with some of the government and diplomatic leaders who turned out to meet the plane, and headed for his helicopter.

Roberts and I were given seats on another 'copter bound for the White House lawn. In the compartment next to ours in one of the large chairs beside a window sat Theodore C. Sorensen, one of Kennedy's closest associates, with the title of special counsel to the President. He had not gone to Texas with his chief but had come to the air base for his return.

Sorensen sat wilted in the large chair, crying softly. The dignity of his deep grief seemed to sum up all of the tragedy and sadness of the previous six hours.

As our helicopter circled in the balmy darkness for a landing on the White House south lawn, it seemed incredible that only six hours before, John Fitzgerald Kennedy had been a vibrant, smiling, waving and active man.

*El artículo premiado con el Premio Pulitzer que Merriman Smith escribió como testigo ocular del asesinato del presidente Kennedy y, sobre todo, sus despachos a la agencia UPI —con una extraordinaria, inexplicable anticipación sobre todos los de la competencia— colocaron sus capacidades periodísticas entre las más notables ofrecidas por un reportero ante un evento de importancia capital al que asistía en primera persona. En realidad, a ojos de algunos colegas, su extraordinaria capacidad se reveló con claridad en la misma noche del 22 de noviembre de 1963, cuando Albert Merriman Smith, no sin un cierto cinismo displicente consigo mismo, se levantó la camisa y enseñó a sus colegas el gran número de cardenales que le cubrían el torso; más tarde explicó a los presentes todo lo que no estaba escrito en el artículo y que, sin embargo, había sucedido en el coche reservado para la prensa que iba en la comitiva del presidente: es decir, cómo había conseguido, en realidad, apropiarse del evento más sensacional de la historia americana después del ataque a Pearl Harbor.*

*Merriman Smith comenzó a trabajar como enviado de la United Press International a la Casa Blanca con tan sólo veintiocho años, durante la administración Roosevelt. En 1941 escribió que, en la cena de Fin de Año, el presidente y su mujer habían pedido morcillo de caballo y judías pintas, y sus colegas, sorprendidos, le preguntaron por qué se había inventado una noticia así, a lo que Merriman Smith respondió que, en América, todo el mundo come morcillo de caballo y judías pintas en la cena de Fin de Año. Bajo el mandato de Truman, cuando el anuncio del fin de la II Guerra Mundial desencadenó la frenética carrera de los reporteros hacia los teléfonos, Merriman Smith se cayó y se rompió la clavícula, pero antes de permitir que le atendieran los médicos, llegó hasta la cabina y dictó el despacho con la noticia. Más tarde acompañó a Eisenhower en su histórico viaje de encuentros diplomáticos en Europa, Asia, y África; y, en 1963, cuando cumplió cincuenta años, Merriman Smith era el corresponsal más famoso de la Casa Blanca, y Kennedy su cuarto presidente.*

*Si datos como éstos pueden dar una idea de la carrera de Merriman Smith, las anécdotas que circulaban sobre él sugieren bien ciertos contornos de su personalidad y, probablemente, también el motivo por el que fue él quien, esa mañana en Dallas, ocupaba el puesto más cercano al teléfono en el coche de la prensa. Se había consensuado que el enviado de la UPI y el de la competencia, Associated Press, se alternaran en esa posición privilegiada; pero, en realidad, casi todo el tiempo fue Merriman Smith el que se sentó al frente. Detrás se sentaba el fotógrafo y, sobre todo, Jack Bell, de la AP, más interesado en los análisis políticos que en los despachos de agencia. Este último era unos años mayor que su colega y de índole más sombría y biliosa; Smith, por el contrario, era extrovertido y solar, aunque a menudo lo fuese por los efectos del alcohol. Entre ambos existía un firme y recíproco desprecio, que probablemente se remontase a los tiempos de la campaña presidencial de 1948, cuando, al menos según Smith, Bell le contó al portavoz del candidato demócrata que su colega de la UPI era republicano, y que si recibiese informaciones confidenciales, las utilizaría para dar una imagen distorsionada.*

146

*Más allá de estas antiguas relaciones de odio y fuerza, aquella mañana en Dallas no parecía de particular importancia sentarse al lado del teléfono: el presidente Kennedy sólo se encontraba allí para poner fin a la rivalidad que desgarraba al Partido Demócrata en Texas, y era lícito pensar que los tres mil quinientos clientes de la AP y la UPI, entre emisoras radiofónicas y cadenas de televisión, esperasen que los principales despachos del día llegasen, por ejemplo, del Golfo de México, en el que la marina americana estaba buscando los restos de un U2 estrellado contra el mar poco después de haber sobrevolado Cuba; o también de Berlín, teatro de las fuertes tensiones entre Estados Unidos y la Unión Soviética por el control de las estaciones ferroviarias; o incluso de Roma, donde, en el curso del Concilio Vaticano II, los obispos habían confirmado el abandono de la misa en latín a favor de las lenguas modernas.*

*Tres disparos sonaron en el aire de Dallas a las 12:30 h exactas y Merriman Smith, y éste fue su mayor mérito, fue el primero en reconocerlos, en entender enseguida, gracias a su pasión por los rifles, de los que poseía una amplia colección, que se trataba del sonido de un arma de fuego y no, como decían instintivamente a su alrededor, de las explosiones de un motor estropeado. Según escribió, vio también, ciento cincuenta metros más allá, aparecer y desaparecer, un «atisbo de rosa» que probablemente fuese el vestido de Jacqueline Kennedy. En su artículo describe también, de un modo eficaz y sincero, cómo transcurrieron los dos minutos siguientes, invadidos por la incertidumbre y la excitación, en un intento por entender qué estaba pasando. Lo que no está en su informe ocurrió a las 12:32 h, cuando Merriman Smith se aferra al auricular del teléfono y pide a la operadora que lo ponga en contacto con la oficina de la UPI de Dallas.*

*A las 12:34 h, en las agencias de todo el mundo se escucharon cinco timbrazos —la señal de un despacho de máxima urgencia— y los telégrafos de la UPI comenzaron a difundir el siguiente comunicado:*

DALLAS, 22, NOV. (UPI)– SE DISPARARON TRES BALAS A LA CO-
MITIVA DEL PRESIDENTE KENNEDY EN EL CENTRO DE DALLAS.

*No hay huella de todo esto en el artículo de Merriman Smith porque, justo después de haber hecho ese comunicado, él decide seguir sosteniendo el auricular, fingiendo que no le oían al otro lado del teléfono:* They can't hear me, they can't hear me, *le repetía al colega, que, entretanto, presionaba desde el asiento de atrás, cada vez con mayor insistencia, diciendo* Give me the goddamn phone, *y que acabó golpeando a Smith, que en ese momento había dejado de recitar la noticia y simplemente hacía escudo con el cuerpo, en el torso, de modo que el rival no pudiese comunicar la noticia, para poder vencer completamente a la AP que, en un evento como éste, se retrasaba minutos enteros en dar la noticia.*

*No hay ningún otro acontecimiento escondido en el artículo. Cuando el coche de prensa llegó al hospital, Merriman Smith le lanzó el teléfono a Bell, se bajó y averiguó por uno de los escoltas que Kennedy había muerto. Mientras Smith se precipitaba en el hospital y llegaba a los teléfonos a la carrera, Jack Bell, sin conocer el estado de Kennedy, aún no se había puesto en contacto con su agencia. De nuevo, los telégrafos de la UPI difundieron un comunicado sin que hubiese otro equivalente de la AP. Era un despacho precedido dos veces de la palabra «Flash» y de quince timbrazos, señal utilizada exclusivamente para acontecimientos conocidos en la jerga como «earthshaker», capaces de sacudir al planeta: «Kennedy había sido gravemente herido, tal vez gravemente, tal vez mortalmente, por la bala del asesino».*

FLASH
FLASH


KENNEDY SERIOUSLY WOUNDED
PERHAPS SERIOUSLY
PERHAPS FATALLY
BY ASSASSIN'S BULLET

*Menos de media hora después, Merriman Smith era el único periodista en el Air Force One durante el vuelo entre Dallas y Washington, cuando el presidente Lyndon B. Johnson pronunció el juramento constitucional y tomó posesión del cargo como presidente número treinta y seis de los Estados Unidos de América. Jack Bell, a quien se le había ofrecido la misma oportunidad, declinó la invitación y prefirió quedarse en el hospital dictando despachos.*

*En la carta con la que el director de la UPI presentaba la candidatura de Merriman Smith al Premio Pulitzer por el artículo escrito en ese avión, se lee: «Durante casi diez horas, en el curso del 22 de noviembre de 1963 —primero en Dallas, después en Washington—, Merriman Smith ha estado en contacto con una serie de acontecimientos nefastos y trascendentales. Muy rara vez, tal vez nunca, un reportero ha sido testigo de una parte tan importante de la historia de su país en un lapso de tiempo tan breve». Merriman Smith había escrito ese artículo, concluye el director, «con el viento del mundo de cara».*

# Un testimonio ocular del asesinato de Kennedy

Por Merriman Smith, reportero de la Casa Blanca
23 de noviembre de 1963

Disfrutábamos de un mediodía agradable y soleado mientras atravesábamos el centro de Dallas detrás del coche del presidente Kennedy. El cortejo abandonó el centro del distrito financiero y giró hacia una espléndida carretera que serpenteaba a través de lo que parecía ser un parque.

Yo circulaba en el coche para la prensa de la Casa Blanca, un vehículo de la compañía telefónica equipado con radioteléfono móvil. Iba en el asiento delantero, entre un conductor de la compañía telefónica y Malcolm Kilduff, el secretario de prensa en funciones de la Casa Blanca para la visita del presidente a Texas. Otros tres reporteros del equipo se apiñaban en el asiento trasero.

De repente, oímos tres explosiones fuertes, dolorosamente fuertes. La primera sonó como un gran petardo. Pero la segunda detonación y la tercera eran inconfundibles. Disparos.

El coche del presidente, quizá unos ciento cincuenta o doscientos metros por delante, pareció bascular levemente. Vimos el ajetreo repentino que se desató en el coche de seguimiento de los servicios secretos, que iba tras la limusina descapotable del jefe del ejecutivo.

El siguiente en la fila era el coche en el que iba el vicepresidente Lyndon B. Johnson. Detrás de él, otro coche de seguimiento donde iban agentes encargados de la seguridad del vicepresidente. Nosotros estábamos detrás de este último.

Nuestro coche probablemente sólo se quedó parado durante unos pocos segundos, pero parecieron toda una vida. Cuando se ve la historia estallar delante de los propios ojos, incluso el observador más experimentado tiene una capacidad de comprensión limitada.

Miré hacia el coche del presidente pero no pude verlo a él ni a su acompañante, el gobernador de Texas, John B. Connally. Ambos habían viajado en el lado derecho de la limusina descapotable desde Washington. Me pareció ver un atisbo de rosa que podría ser Jacqueline Kennedy.

En nuestro coche todos empezamos a gritarle al conductor que se acercara al del presidente. Pero, en ese momento, vimos cómo el gran descapotable y una motocicleta de la escolta se alejaban a gran velocidad, provocando gran estruendo.

Le gritamos a nuestro conductor que continuase. Sorteamos a gran velocidad el coche de Johnson y su escolta y salimos hacia la carretera, casi incapaces de avistar el coche del presidente y el de seguimiento de los servicios secretos.

Se esfumaron tras una curva. Una vez que pasamos la misma curva pudimos ver hacia dónde nos dirigíamos: Parkland Hospital, una gran estructura de ladrillo a la izquierda de la carretera principal. Derrapamos en una curva cerrada hacia la izquierda y saltamos del coche mientras éste entraba en el hospital.

Corrí hacia la limusina.

El presidente estaba boca abajo en el asiento trasero. La señora Kennedy sostenía contra el pecho la cabeza del presidente y se inclinaba hacia él como si estuviera susurrándole al oído.

El gobernador Connally estaba tumbado boca arriba en el suelo del coche, con la cabeza y los hombros apoyados en el brazo de su mujer, Nellie, quien no paraba de sacudir la cabeza ni de temblar a causa de los sollozos. La sangre manaba de la parte delantera del traje del gobernador. No podía ver la herida del presidente. Pero podía ver la sangre que salpicaba el asiento trasero y una mancha oscura que se extendía por el lado derecho del traje gris oscuro del presidente.

Desde el teléfono del coche había retransmitido a la oficina de Dallas de la United Press International que se habían efectuado tres disparos contra la comitiva de Kennedy. Tras ver la sangrienta escena de la parte trasera del coche, a la entrada del hospital, supe que tenía que conseguir un teléfono inmediatamente.

Clint Hill, el agente de los servicios secretos encargado de la escolta asignada a la señora Kennedy, estaba inclinado hacia la parte trasera del coche.

«¿Cómo de grave es el disparo, Clint?», pregunté.

«Está muerto», contestó Hill secamente.

No tengo más recuerdos claros de la escena en la entrada del hospital. Recuerdo un murmullo de voces ansiosas, voces tensas: «Dónde demonios están las camillas... Ve a buscar a un médico... Está viniendo... Vamos, tranquilo». Y, desde algún sitio, sollozos nerviosos. Recorrí a toda prisa un corto tramo de acera hacia el pasillo del hospital. La primera cosa que identifiqué fue un pequeño despacho, en realidad, más una cabina que un despacho. Dentro, un hombre con gafas revolvía lo que parecían ser formularios de hospital. En una ventanilla, que más bien parecía la jaula de un cajero de banco, descubrí un teléfono en una balda.

«¿Cómo se consigue línea con el exterior?», dije mientras intentaba recuperar la respiración. «Han disparado al presidente: es una llamada de emergencia». «Marque el nueve», dijo, acercándome el teléfono.

Tuve que intentarlo dos veces hasta que conseguí marcar el número de la UPI en Dallas. Rápidamente dicté un boletín informativo en el que decía que el presidente había sido gravemente herido, tal vez de muerte, por la bala de un asesino, mientras circulaba por las calles de Dallas.

Las camillas que transportaban al presidente y al gobernador pasaron a mi lado mientras dictaba, pero le estaba dando la espalda al vestíbulo y no las vi hasta que llegaron a la entrada de la sala de urgencias, a unos veinte o treinta metros.

Me di cuenta de que habían pasado, sin embargo, por la expresión horrorizada que de repente pobló el rostro del hombre que se hallaba tras la ventanilla.

Mientras me encontraba en el monótono y amarillento vestíbulo que conducía a la sala de urgencias, intentando reconstruir el tiroteo para el hombre de la UPI que se encontraba al otro lado del teléfono y, al mismo tiempo, tratando de seguir lo que estaba sucediendo más allá de la puerta de la sala de urgencias, vi una escena rápida y confusa desarrollándose ante mí.

Kilduff, del servicio de prensa de la Casa Blanca, se apresuraba arriba y abajo por el vestíbulo. Jefes de policía se gritaban los unos a los otros: «Despejen la zona». Dos sacerdotes entraron a toda prisa tras un agente del servicio secreto, con sus estrechas estolas moradas fuertemente enrolladas en sus manos. Un teniente de policía corría por el vestíbulo con un gran recipiente con sangre para las transfusiones. Un médico entró y dijo que venía en respuesta a una llamada para «todos los neurocirujanos».

Los sacerdotes salieron y dijeron que el presidente había recibido el último sacramento de la Iglesia Católica Romana. Dijeron que todavía estaba vivo, pero inconsciente. Empezaron a llegar miembros del personal de Kennedy. Habían ido detrás de nosotros durante el desfile, pero se quedaron irremediablemente atascados en la confusión del tráfico durante un buen rato.

Los teléfonos eran un bien escaso en el hospital, y yo me aferré desesperadamente al mío. Tenía miedo de alejarme de él, no fuera a perder contacto con el mundo exterior.

Otros tomaron la decisión por mí, sin embargo, cuando Kilduff y Wayne Hawks, del personal de la Casa Blanca, corrieron a mi lado, gritando que Kilduff haría unas declaraciones en breve en la llamada sala de enfermería que había un piso más arriba, en el extremo opuesto del hospital.

Solté el teléfono y salí corriendo detrás de ellos. Alcanzamos la puerta de la sala de reuniones, donde varias voces gritaban: «¡Silencio!». Luchando para mantener sus emociones bajo control, Kilduff dijo: «El presidente John Fitzgerald Kennedy murió aproximadamente a la una en punto».

Me precipité hacia un despacho cercano. Distinguí a Virginia Payette, la mujer del jefe de la división sudoeste de la UPI y veterana reportera por méritos propios. Le dije que probara a comunicar con el exterior mediante los teléfonos públicos del piso de arriba.

Frustrado por la imposibilidad para comunicarme mediante la centralita del hospital, le supliqué a una enfermera, quien me condujo a través de un laberinto de pasillos y escaleras de servicio que llevaban a otra planta, donde había un solitario teléfono público. Conseguí contactar con la oficina de Dallas. Virginia lo había conseguido antes que yo, con lo cual corrí de nuevo por el hospital hasta la sala de reuniones. Allí, Jiggs Fauver, del personal de transporte de la Casa Blanca, me agarró y me dijo que Kilduff quería un equipo de tres hombres para que volasen inmediatamente a Washington en el Air Force One, el avión del presidente.

Bajé las escaleras y corrí hacia la entrada del hospital, para descubrir allí que Kilduff acababa de marcharse en nuestro coche.

Charles Roberts, de la revista *Newsweek*, Sid Davis, de Westinghouse Broadcasting, y yo le suplicamos a un oficial de policía que nos llevase al aeropuerto en su coche patrulla. Los servicios secretos habían solicitado que no se usasen sirenas en las inmediaciones del aeropuerto; aun así, el oficial de Dallas hizo un trabajo impresionante para conducirnos a través del peor tráfico que haya visto nunca.

Mientras salíamos atropelladamente del coche en el borde de la pista, a unos doscientos metros del avión presidencial, Kilduff nos divisó y nos hizo señas para que nos diésemos prisa. Corrimos hacia él y dijo que el avión podía llevar a dos de nosotros a Washington: Johnson estaba a punto de jurar el cargo dentro del avión y despegaría inmediatamente después.

Vi una fila de cabinas telefónicas al lado de la pista y pregunté si tenía tiempo para avisar a mi agencia de noticias. Me contestó: «¡Pero, por el amor de Dios, date prisa!».

Entonces dio comienzo otra pesadilla telefónica. La línea de la oficina de Dallas estaba ocupada. Probé a llamar a Washington. Todos los circuitos estaban ocupados. Entonces llamé a la oficina de la UPI en Nueva York y les hablé de la inminente investidura del nuevo presidente a bordo del avión.

Kilduff salió del avión y gesticuló desaforadamente en dirección a mi cabina. Arrojé el teléfono y crucé la pista corriendo. Un agente me interceptó y dijo: «Se te ha caído el peine del bolsillo».

A bordo del Air Force One, donde tantos viajes había hecho como reportero de la asociación de prensa cubriendo a Kennedy, todas las cortinillas de la cabina principal estaban echadas, y en el interior hacía calor y la luz era escasa.

Kilduff nos empujó hasta la *suite* del presidente, dos tercios más atrás en el avión. La estancia se usa normalmente como una mezcla de sala de estar y de reuniones, y podía albergar a ocho o diez personas sentadas.

Entré como pude en la sala y comencé a contar. Había veintisiete personas en este compartimento. Johnson estaba de pie en el centro con su mujer, lady Bird. La jueza del distrito, Sarah T. Hugues, de sesenta y siete años, una mujer de rostro agradable, estaba de pie con su pequeña Biblia negra, esperando para tomar juramento.

En el compartimento hacía cada vez más calor. Johnson estaba preocupado porque hubiera miembros del servicio de Kennedy que no pudiesen entrar. Le pidió a la gente que dejara espacio, pero un fotógrafo del Signal Corps[1], el capitán Cecil Stoughton, subido a una silla en un rincón, dijo que si Johnson se acercaba sería prácticamente imposible hacer una fotografía realmente histórica.

Se supo que Johnson estaba esperando a la señora Kennedy, quien intentaba recobrar la compostura en un pequeño dormitorio de la parte trasera del avión. Apareció sola, vestida con el mismo traje de lana rosa que llevaba puesto por la mañana, cuando saludaba feliz al gentío en el aeropuerto, junto a su marido.

Estaba pálida, pero tenía los ojos secos. Manos amables se extendieron hacia ella cuando tropezó levemente. Johnson le cogió ambas manos y la acercó a él, colocándola a su izquierda. Lady Bird estaba a su derecha, con una media sonrisa fija que reflejaba la tensión.

Johnson asintió hacia la jueza Hugues, una vieja amiga de la familia y designada por Kennedy. Fuera se oía el zumbido de un avión aterrizando.

La jueza Hugues sostenía la Biblia y Johnson la cubrió por completo con su mano izquierda. Su brazo derecho se elevó lentamente en el aire y la magistrada comenzó a entonar el juramento constitucional. «Juro solemnemente desempeñar con toda fidelidad el cargo de presidente de los Estados Unidos...».

La breve ceremonia concluyó cuando Johnson, con voz firme y profunda, repitió tras la jueza «... y que Dios me ayude».

[1] U.S. Army Signal Corps: cuerpo del ejército de Estados Unidos encargado de los sistemas de información y comunicación (N. de la T.).

Johnson se giró en primer lugar hacia su mujer, la abrazó y la besó en la mejilla. Entonces se giró hacia la viuda de Kennedy, la rodeó con su brazo izquierdo y la besó en la mejilla.

Mientras otras personas del grupo —algunos miembros del sector demócrata de Texas, miembros del personal de Johnson y de Kennedy— se dirigían hacia el nuevo presidente, él parecía alejarse de cualquier gesto de felicitación.

La ceremonia duró dos minutos y concluyó a las 15:38 h, según el horario del Este. Segundos después el presidente dijo con firmeza: «Ahora, despeguemos».

El coronel James Swindal, piloto del avión, un turborreactor de color plata y azul, apagó inmediatamente los motores de estribor. Varias personas, incluyendo a Sid Davis, de Westinghouse, abandonaron el avión en ese momento. La Casa Blanca tenía sitio únicamente para dos reporteros del equipo en el vuelo de regreso, puestos que ocupamos Roberts y yo, aunque en ese momento no encontramos asientos libres.

A las 15:47 h, según el horario del Este, las ruedas del Air Force One abandonaron la pista. El aparato se elevó con gran estruendo hasta una altitud de crucero inusual, cuarenta y un mil pies y, a una velocidad con respecto a la tierra de seiscientas veintisiete millas, el avión se dirigió hacia la Andrews Air Force Base, a las afueras de Washington.

Cuando el avión del presidente alcanzó altitud de funcionamiento, la señora Kennedy salió de su alcoba y caminó hasta el compartimento situado en la parte trasera del avión. Éste era considerado como la sala de estar de la familia, una zona privada donde ella y Kennedy, junto con familia y amigos, habían pasado muchas horas de vuelo felices charlando y cenando juntos.

El ataúd de Kennedy había sido colocado en este compartimento, subido a bordo por un grupo de agentes de los servicios secretos.

La señora Kennedy entró en la sala de la parte trasera y colocó una silla al lado del féretro. Allí permaneció a lo largo de todo el vuelo. Su vigilia estuvo acompañada en ocasiones por cuatro miembros del personal cercanos al fallecido jefe del ejecutivo: David Powers, su amigo y asistente personal; Kenneth P. O'Donnell, secretario de citas y consejero político; Lawrence O'Brien, el jefe de relaciones con el Congreso; y el general de brigada Godfrey McHugh, asesor de Kennedy en las Fuerzas Aéreas.

El asesor militar de Kennedy, el comandante general Chester V. Clifton, estuvo ocupado durante la mayor parte del vuelo en la parte delantera del avión, enviando mensajes y ocupándose de organizar la ceremonia de llegada y el traslado del cuerpo al Bethesda Naval Hospital.

En el transcurso del vuelo, Johnson regresó al compartimento principal. Mi máquina de escribir portátil se perdió en algún lugar del hospital, y estaba escribiendo en una enorme máquina de escribir eléctrica que la secretaria personal de Kennedy, Evelyn Lincoln, había usado para escribir sus discursos.

Johnson vino hasta la mesa donde Roberts y yo estábamos intentando dejar constancia del hecho histórico que acabábamos de presenciar.

«Voy a pronunciar un breve comunicado en unos minutos, del que os daré una copia», dijo. «Cuando hayamos aterrizado, lo repetiré».

Fue la primera declaración pública del nuevo jefe del ejecutivo, breve y conmovedora:

Éste es un momento triste para todos. Hemos sufrido una pérdida incalculable. Para mí, es una profunda tragedia personal. Sé que el mundo comparte el dolor de la señora Kennedy y su familia. Daré lo mejor de mí. Es todo lo que puedo hacer. Solicito vuestra ayuda, y la de Dios.

Cuando el avión estaba a unos cuarenta y cinco minutos de Washington, el nuevo presidente consiguió un radioteléfono especial y comunicó con la señora Rose Kennedy, la madre del anterior presidente.

«Ojalá hubiese algo que pudiera hacer», le dijo. «Sólo quería que usted lo supiese».

A treinta minutos de Washington, Johnson hizo una llamada a Nellie Connally, la mujer del gobernador de Texas, gravemente herido.

El nuevo presidente le dijo a la mujer del gobernador: «Estamos rezando por ti, querida, y sé que todo va a ir bien, ¿verdad? Dale un abrazo y un beso de mi parte».

Ya había oscurecido cuando el Air Force One comenzó a volar por encima de las luces de Washington, tomando posiciones para aterrizar en la Andrews Air Force Base. El avión tocó tierra a las 17:59 h, según el horario del Este.

Les di las gracias a los auxiliares de vuelo por haberme conseguido una máquina de escribir, me puse la gabardina y comencé a bajar por la escalerilla delantera. Roberts y yo nos quedamos debajo de un ala y vimos cómo toda la sección de porteadores de las Fuerzas Armadas bajaba el ataúd, por la parte trasera del avión, y lo metía en el coche fúnebre. Vimos a la señora Kennedy y al hermano del presidente, el fiscal general Robert F. Kennedy, situarse dentro del coche al lado del féretro.

El nuevo presidente repitió su nueva declaración pública para los medios de comunicación, estrechó la mano de algunos líderes gubernamentales y diplomáticos que habían acudido a recibir al avión, y se dirigió hacia su helicóptero.

A Roberts y a mí nos asignaron asientos en otro helicóptero con destino al césped de la Casa Blanca. En el compartimento contiguo al nuestro, en una gran butaca situada al lado de la ventanilla, se sentó Theodore C. Sorensen, uno de los colaboradores más cercanos a Kennedy, que ostentaba el título de consejero especial del presidente. No había viajado a Texas con su jefe, pero se encontraba en la base aérea para su regreso.

Sorensen estaba totalmente abatido en su gran butaca, y lloraba en silencio. La dignidad de su dolor profundo parecía aunar toda la tragedia y la tristeza de las seis horas anteriores.

A medida que nuestro helicóptero sobrevolaba la serena oscuridad, preparándose para aterrizar en el césped de la parte sur de la Casa Blanca, parecía increíble que, tan sólo seis horas antes, John Fitzgerald Kennedy todavía fuera un hombre entusiasta, sonriente, activo y lleno de vida.

# Caza del hombre

## Premio Pulitzer de Crónica Local en 1967

AUTOR
Robert V. Cox

CABECERA
*The Chambersburg Public Opinion*

Traducción de Sara Álvarez Pérez

# El miedo y la desconfianza atormentan todavía a la pequeña comunidad de montaña

Por Bob Cox
8 de abril de 1966

«Todavía está ahí... Lo sé, puedo sentirlo...». Ned Austin Price, de R. R., Shade Gap, pronunció estas palabras, pero todos, en el pintoresco pueblo de montaña del condado de Huntingdon, se hacen eco de ellas en el aniversario de la última aparición del francotirador de Shade Gap, también llamado «Hombre de la montaña».

Fue en el Viernes Santo del año pasado. El marido de la señora Price salía por la puerta trasera de su casa de campo y fue alcanzado, en la pierna izquierda, por un impacto procedente del rifle calibre 30-30 del francotirador. La pierna de Price resultó gravemente herida, hasta el punto de que sólo se mantuvo unida a la parte superior de la articulación mediante un ligamento. Esa misma noche le fue amputada la parte inferior de la pierna mediante cirugía, en el J. C. Blair Hospital, Huntingdon.

El lunes será el segundo aniversario del primer ataque del francotirador, que sucedió el 11 de abril de 1964. Ese día el francotirador disparó varias balas hacia la casa de madera de Viola C. Jacka, de R. R., Orbisonia, rozando a la mujer y haciendo añicos una ventana.

Intercalados entre ambos tiroteos, tuvieron lugar, el 30 de agosto de 1964, el ataque a Christine Devinney, que abandonó el pueblo, mudándose a Fayetteville; el ataque a Ruth Arnold, de Shade Gap, que fue golpeada con la culata de un arma el 1 de junio de 1964; las balas disparadas contra Martha L. Yohn, y su hijo pequeño, de Blairs Mills, el 1 de julio de 1964; el tiroteo, el 6 de septiembre de 1964, en la casa de Robert Miller, de cerca de Shade Gap; y la agresión del francotirador a plena luz del día a Geraldine Devon, de R. R., Shade Gap, cerca de su caravana, en la tercera semana de septiembre de 1964; y el tiroteo, el 30 de abril de 1965, en la casa de Nellie McVey, de R. R., Blairs Mills.

En cualquier caso, desde el suceso de Price y de McVey nadie ha vuelto a ver al francotirador.


## Cambios en el modo de vida

Este pistolero fantasma tiene atemorizada a una comunidad de mil personas. Ha cambiado su modo de vida, que ha pasado de la agradable convivencia a la casi total desconfianza.

La oleada de crímenes individuales ha obligado a los vecinos a huir, dejando atrás casas y trabajos, hacia nuevas ubicaciones. Ha inducido a algunos a establecerse con parientes en otras localidades, volviendo a la zona de Shade Gap sólo para trabajar. Ha enfrentado a vecinos y amigos, y en algunos casos incluso a parientes. En casi todas las casas se pueden encontrar armas, listas para ser usadas.

Los agentes de la ley ostentan una actitud defensiva, ya que ahora no pueden esperar —y, de hecho, no reciben— ningún apoyo por parte de los desconfiados vecinos.

Los crímenes están siendo constantemente investigados, con dos inspectores dedicados en exclusiva al caso, y otros colaborando en misión especial. Han sido objeto de seminarios de policía, y están siendo examinados por algunos de los mejores investigadores del estado.

El capitán John Thomson, policía del estado, afirmó acerca del Departamento de Investigación de Huntingdon: «No estamos en absoluto más cerca de resolver los crímenes hoy que hace dos años. Hemos pasado muchas horas de trabajo ocupados en esta investigación. El fracaso en la investigación es algo que no podía suceder, pero ahí está. Lo hemos intentado con todos nuestros medios, pero aún no tenemos la menor idea de quién es el "Hombre de la montaña". Diferentes investigadores se han ocupado del caso, después de que los responsables iniciales se toparan contra un muro de piedra, pero no han tenido mayor éxito.

«Es tan frustrante como intentar detener una corriente de agua que ya ha reventado un dique», observó el capitán Thomson. «El hecho de no haber sido capaces de resolver los crímenes después de tanto tiempo no ha ayudado a la imagen que se tiene de nosotros en la zona... Los habitantes de Shade Gap han perdido la fe y la confianza que tenían en nosotros», añadió.

La pérdida de la fe y la confianza no se ha producido tan sólo en lo tocante a la policía. Los vecinos desconfían los unos de los otros... La amistad, en muchas ocasiones, se ha convertido en antipatía o incluso en odio.

Un vecino, que fue declarado no sospechoso tras la investigación, se vio obligado a dejar su trabajo como conductor del autobús escolar y a buscar otro empleo. Los niños se negaban a subir en su autobús. De igual modo, varios transportistas y repartidores de leche fueron declarados no sospechosos por la policía, a pesar de lo cual tienen que vivir bajo la presión de imprudentes rumores.

Las víctimas del francotirador han creado un nuevo modo de vida: se han mudado a otras localidades, han abandonado sus casas, vendido sus propiedades... Han dejado sus casas deshabitadas durante un año y medio, e incluso han comprado perros para que ladren si alguien se acerca. Uno de ellos incluso ha comenzado a usar la pistola, y ahora está en boca de todos después del ataque a Price.

Los Price le han vendido su casa a su sobrino, Max Devlin, y han adquirido una caravana. Su nueva casa estará situada cerca de la anterior, pero estará más cerca de la carretera, y hay más gente viviendo alrededor. Los Devlin tienen cinco chicos, los cuales estarán en la casa durante la noche para proteger a la familia. Al anunciar la venta de su casa, la señora Price dijo: «Simplemente no puedo pasarme otro verano sola... Con los Devlin cerca, al menos me sentiré más protegida cuando Ned esté trabajando de noche».

El señor Price, que volvió al trabajo en octubre, dijo que se está manejando bastante bien con su pierna artificial, aunque añadió que en ocasiones le da problemas.

«Me obligará a cambiar mis hábitos de pesca... Voy a tener que utilizar gusanos como cebo, en lugar del lanzamiento de mosca, ya que tengo problemas para caminar. A no ser que haga bastante calor, me imagino que me perderé el primer día de la pesca de la trucha. El frío y la humedad hacen que me duela, y en esos días simplemente no salgo de casa», dijo Price.

La señora Price reprueba sus propios sentimientos: «Ya debería haber superado mis miedos, pero soy incapaz. Todavía no puedo salir al patio trasero por la noche, e incluso durante el día lo utilizo lo menos posible. A pesar de que instalamos una nueva farola después del ataque, todavía dejo las persianas y las cortinas bajadas por la noche. Por la mañana temprano, mientras preparo la comida de Ned, no puedo encender las luces de la cocina».

## Una mujer se compra un perro

La señorita Arnold, que fue atacada hace dos años en su casa de Shade Gap, adquirió un perro en septiembre y siempre lo lleva consigo. Hasta hace dos semanas era incapaz de pasar la noche en su casa. Ha estado quedándose con familiares durante el último año y medio. «El perro es una gran tranquilidad... Me avisa con sus ladridos cuando alguien se acerca, de día y de noche», ha declarado.

La señora McVey, quien hace un año creyó «hacerle algún rasguño» al francotirador con una ráfaga de disparos en la parte trasera de su casa, también se ha aficionado al revólver: «Soy bastante buena, he estado todo el invierno practicando y, al menos, ahora soy capaz de disparar a lo que estoy apuntando».

La señora Jacka, la primera víctima del francotirador, se mudó de su casa hace dos años, y no ha vuelto por allí.

La señora Devinney, la primera persona a la que disparó el francotirador, se mudó a Fayetteville hace más de un año y vive con sus padres. Su marido ha encontrado un empleo en Chambersburg.

Muchas otras pasan las horas de oscuridad con familiares y amigos en otras localidades cuando sus maridos están en el trabajo.

Una señal histórica en el extremo noroeste del pueblo lo dice todo: «Sombras de Muerte». Esta zona era denominada así hace doscientos años, pero este nombre es tan apropiado hoy como lo era hace un siglo.

Los habitantes de la zona no son los únicos que creen que el francotirador no ha dejado de merodear. Los investigadores sospechan que un pervertido sexual ha estado actuando durante el último año, pero no ha sido sorprendido espiando, o nadie ha tenido noticia de sus aventuras.

## Cientos de interrogados

La policía estatal y el FBI han buscado hasta debajo de las piedras. Cientos de personas han sido interrogadas y muchas se han presentado voluntarias para someterse al detector de mentiras. El detective A. M. Broscius, del cuartel general del regimiento de la policía estatal, Harrisburg, dijo que la investigación le ha llevado a él y a otros investigadores a Maryland, Nueva Jersey, Nueva York, Pittsburgh, Filadelfia y otros lugares.

Las sospechas recayeron sobre miles de personas que poseen un Chevrolet del 59 registrado a su nombre. Un coche de este modelo y esta marca fue visto en la zona de uno de los ataques. Cada uno de los dueños de este coche, sin importar dónde viva, ha sido investigado.

En las últimas semanas, un mirón fue visto en las inmediaciones de Shade Gap en varias ocasiones... Un vecino refirió que su coche fue bloqueado por otro en un camino rural... Había troncos de árbol atravesados en mitad de un camino sin pavimentar... Todas estas declaraciones están siendo comprobadas por la policía.

La policía dice que la investigación no quedará cerrada hasta que no se encuentre al francotirador.

# Se intensifica la búsqueda de la chica desaparecida

Por Bob Cox
12 de mayo de 1966

Los rumores acerca del cuerpo encontrado en las inmediaciones del túnel de Tuscarora Mountain, en la autopista de peaje de Pensilvania, y del descubrimiento de ropa interior perteneciente a Peggy Bradnick, la estudiante de diecisiete años desaparecida el miércoles, han demostrado ser falsos.

Más de doscientos voluntarios, además de los sesenta y cinco policías estatales, y al menos un agente del FBI, colaboraron esta tarde para acelerar la búsqueda de la joven estudiante del Southern Huntingdon County High School, desaparecida poco después de bajarse del autobús escolar, cerca de su casa, en Shade Gap. Un sabueso y dos helicópteros han sido utilizados por los equipos de rastreo, mientras el destino de la atractiva escolar permanecía en el aire.

En cualquier caso, los investigadores negaron el rumor de que los buscadores hubieran encontrado un cuerpo esta mañana. La prenda de ropa interior encontrada en Dry Run Hollow

Road, identificada como un camisón, no es propiedad de la chica secuestrada.

La chica desapareció casi inmediatamente después de bajarse del autobús escolar, aproximadamente a un kilómetro de su casa, el miércoles por la tarde. La policía baraja la posibilidad de que la chica sea la última víctima del «francotirador» u «Hombre de la montaña» que ha llevado a este pequeño y pintoresco pueblo de montaña a un estado de miedo, conmoción e ira.

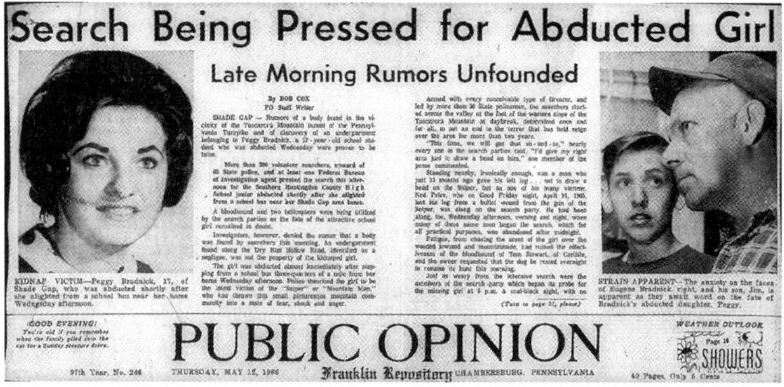

# Search Being Pressed for Abducted Girl

## Late Morning Rumors Unfounded

By BOB COX
PO Staff Writer

SHADE GAP — Rumors of a body found in the vicinity of the Tuscarora Mountain tunnel of the Pennsylvania Turnpike and of discovery of an undergarment belonging to Peggy Bradnick, a 17-year-old school student who was abducted Wednesday were proven to be false.

More than 200 volunteer searchers, upward of 85 State police, and at least one Federal Bureau of Investigation agent pressed the search this afternoon for the Southern Huntingdon County High School junior abducted shortly after she alighted from a school bus near her Shade Gap area home.

A bloodhound and two helicopters were being utilized by the search parties as the fate of the attractive school girl remained in doubt.

Investigators, however, denied the rumor that a body was found by searchers this morning. An undergarment found along the Dry Run Hollow Road, identified as a negligee, was not the property of the kidnaped girl.

The girl was abducted almost immediately after stepping from a school bus three-quarters of a mile from her home Wednesday afternoon. Police theorized the girl to be the latest victim of the "Sniper" or "Mountain Man," who has thrown this small picturesque mountain community into a state of fear, shock and anger.

Armed with every conceivable type of firearm, and led by more than 50 State policemen, the searchers started across the valley at the foot of the western slope of the Tuscarora Mountain at daybreak, determined once and for all, to put an end to the terror that has held reign over the area for more than two years.

"This time, we will get that son-of-a-so," nearly every one in the search parties said. "I'd give my right arm just to draw a bead on the Sniper," one member of the posse commented.

Standing nearby, ironically enough, was a man who just 11 months ago gave his left leg . . . not to draw a bead on the Sniper, but as one of his many victims. Ned Price, who on Good Friday night, April 31, 1965, lost his leg from a bullet wound from the gun of the Sniper, was along on the search party. He had been along, too, Wednesday afternoon, evening and night, when many of these same men began the search, which for all practical purposes, was abandoned after midnight.

Fatigue, from chasing the scent of the girl over the wooded lowland and mountainside, had ruined the effectiveness of the bloodhound of Tom Stewart, of Carlisle, and the owner requested that the dog be rested overnight to resume its hunt this morning.

Just as weary from the intensive search were the members of the search party which began its probe for the missing girl at 5 p.m. A coal-black night, with no

(Turn to page 31, please)

KIDNAP VICTIM—Peggy Bradnick, 17, of Shade Gap, who was abducted shortly after she alighted from a school bus near her home Wednesday afternoon.

STRAIN APPARENT—The anxiety on the faces of Eugene Bradnick, right, and his son, Jim, is apparent as they await word on the fate of Bradnick's abducted daughter, Peggy.

'GOOD EVENING! You're old if you remember when the family piled into the car for a Sunday pleasure drive.

## PUBLIC OPINION

**Franklin Repository** CHAMBERSBURG, PENNSYLVANIA

97th Year, No. 246    THURSDAY, MAY 12, 1966    40 Pages, Only 5 Cents

WEATHER OUTLOOK Page 14 SHOWERS

Armados con cualquier tipo de arma de fuego imaginable, y dirigidos por más de cincuenta policías estatales, los rastreadores comenzaron atravesando el valle al pie de la ladera oeste de Tuscarora Mountain al amanecer, decididos a acabar de una vez por todas con el terror en que la zona ha estado sumida durante más de dos años.

«Esta vez conseguiremos atrapar a este hijo de su madre», afirmaron casi todos los equipos de rastreo. «Daría mi brazo derecho sólo por tenerlo a tiro», comentó un miembro de la comitiva.

Cerca de allí, irónicamente, estaba un hombre que sólo hace trece meses perdió su pierna izquierda, pero no para tener a tiro al francotirador, sino como una más de sus muchas víctimas. Ned Price, quien, en la noche del 16 de abril de 1965, Viernes Santo, perdió la pierna a causa de una herida producida por una bala del francotirador, estaba participando en la búsqueda; al igual que había hecho en la tarde y la noche del miércoles, cuando muchos de estos mismos hombres comenzaron el rastreo, el cual fue interrumpido a medianoche por motivos prácticos.

El cansancio, a fuerza de perseguir el rastro de la chica por la zona boscosa y la ladera de la montaña, había dado al traste con la efectividad del sabueso de Tom Stewart, de Carlisle, y el propietario solicitó que el perro descansase durante la noche, para reanudar la búsqueda por la mañana.

Igual de agotados por la intensiva búsqueda estaban los equipos de rastreo, que habían comenzado la exploración a las 17 h. La noche cerrada, sin luz de luna que iluminase el terreno, también iba en detrimento de los rastreadores, pues dejaba pocas posibilidades de encontrar al fantasma del valle.

Aunque la policía y un pequeño número de rastreadores continuaron la búsqueda durante la noche, no se pudo hacer más que vigilar la zona. La mayor parte de los residentes se marcharon a dormir durante unas pocas horas, con la intención de estar frescos para la búsqueda de la mañana siguiente.

El francotirador, que atacó hace dos años y un mes, el 11 de abril de 1964, cuando tiroteó la casa de madera de Viola Jacka, fue más atrevido y descarado en este último ataque. Esta vez, muchos, incluyendo a algunos de los investigadores, sienten que el francotirador ha sobrepasado los límites... Ha cometido el error de secuestrar a una persona que lo ha acompañado el tiempo suficiente como para ser capaz de identificarlo. Porque, si la joven Bradnick no se ha convertido ya en la primera víctima mortal del francotirador, la chica ha estado con él durante varias horas.

Tan atrevido ha sido el último ataque del francotirador, que ha secuestrado a una chica a plena luz del día, a las 16:05 h, sólo unos pocos segundos después de que la chica, en compañía de sus cinco hermanos y hermanas, bajara del autobús. De hecho, su hermano Jim, de dieciséis años, dijo que todavía podían ver el autobús cuando el francotirador se acercó desde un pinar cercano a la parada del autobús.

Al describir el secuestro, Jim dijo que él y sus hermanas y hermanos se dieron cuenta de que el francotirador se acercaba cuando empezaron a caminar hacia su casa, situada aproximadamente a un kilómetro, por un camino agrícola. No sintieron miedo, sin embargo, ya que aún era de día y, de lejos, parecía ser un vecino. «Vino caminando hacia nosotros directamente desde los pinos. Cuando estaba cerca del camino, sacó un rifle que tenía guardado en una funda en el hombro, y nos apuntó con él. Dijo: "No quiero que os paséis de listos", entonces agarró a Peggy por el brazo izquierdo y dijo: "Tú te vienes conmigo". Comenzó hablándonos con voz profunda y ronca, pero su tono cambió y fue mucho más suave al final», dijo Jim Bradnick.

A continuación, el chico declaró: «Cogió el arma, que era uno de esos rifles de cerrojo, con la mano derecha, mientras que con el brazo izquierdo sujetaba a mi hermana. Comenzó a tirar de ella, que estaba tan asustada que sólo podía gritar un poco. Después, tiró de ella más fuerte y desaparecieron por el bosque.

»Entonces corrimos a casa... Fui el primero en llegar, y llamé a mi padre. Le dije lo que había pasado y volvimos los dos al lugar donde el francotirador se había llevado a Peggy».

El padre de Peggy, Eugene Bradnick, declaró: «Cogí una escopeta de la cocina y conduje hasta la parada del autobús. Jim y yo buscamos a Peggy por la zona, pero había desaparecido. Sólo quedaban sus libros y sus apuntes del colegio. Estaban esparcidos por el camino que se adentra en el bosque. Estaba tan nervioso que, hasta que no paré para llamar a la policía, no me di cuenta de que la escopeta que había cogido no estaba cargada. Ni siquiera llevaba los cartuchos conmigo».

Jim —que estaba acompañado por sus hermanas, Mary Louise, de once años; Carol Jean, de ocho años; Debra Marie, de nueve años, y su hermano gemelo, Don Warren, de nueve años, cuando Peggy desapareció— describió al francotirador como alto, cerca de un metro ochenta, y delgado. Iba vestido de gris, con un abrigo también gris, una gorra naranja y botas por la rodilla.


## Llevaba máscara

«Llevaba gafas oscuras y una especie de máscara negra debajo de las gafas. El negro de la máscara se veía alrededor de las gafas, pero no le cubría el resto de la cara», dijo el chico, y añadió: «Iba bien afeitado, aunque la ropa que llevaba puesta estaba muy sucia. Llevaba la pernera del pantalón metida por dentro de las botas. Parecía tener cerca de cuarenta años. Creo que estaba intentando camuflar su voz, porque cuando empezó a hablar su voz era profunda y ronca, pero, antes de acabar, su voz era normal, como la de cualquiera».

Tanto él como sus hermanos y hermanas dijeron que nunca habían visto al francotirador antes.

La policía estatal, bajo la dirección del lugarteniente Edward Mitarnowski, se puso a la cabeza de los equipos de rastreo poco después de las 17:00 h. Estos equipos siguieron el camino que se cree que tomaron el francotirador y su víctima. El camino conduce hacia un bosque al este, hacia el Dry Run Hollow Road, que transcurre en paralelo a la ladera oeste de Tuscarora Mountain.

Durante cinco horas no se ha hallado ni rastro del francotirador ni de Peggy. Sin embargo, a las 22:15 h, un miembro de los equipos de rastreo, James McMullen, de Blairs Mills, refirió que había oído un grito procedente de la ladera este de la montaña en Dry Run Hollow Road. El grito, dijo, procedía de un camino maderero que transcurre por la parte alta de la ladera.

El sabueso, trasladado urgentemente al lugar por la policía estatal, identificó inmediatamente lo que se creyó que era el rastro de la chica, y condujo a los rastreadores montaña arriba. Sin embargo, el perro perdió el rastro y condujo a los rastreadores al punto de partida, en la parte baja de la montaña. Una segunda búsqueda con el perro concluyó del mismo modo.


**Lugar conocido**

Sea o no por casualidad, el lugar donde el perro encontró la pista del francotirador y la estudiante es exactamente el mismo donde el francotirador bloqueó la carretera con troncos, deteniendo el coche de Martha L. Yohn, de Blairs Mills, con su hijo pequeño, el 1 de julio de 1964.

En ese momento, el francotirador disparó más de seis balas con un rifle de calibre 30-30 hacia el vehículo, esparciendo cristales y restos de metal por el interior del coche. Una de las balas destrozó el biberón del niño. La señora Yohn y su hijo escaparon con sólo algunos cortes producidos por los cristales rotos.

No está claro si hace dos años el francotirador detuvo el vehículo de la señora Yohn a propósito, o si simplemente ella fue la primera en pasar por allí. De igual modo, se desconoce si, el miércoles, el francotirador simplemente estaba en la zona donde los jóvenes Bradnick se bajaron del autobús o si su aparición estaba planeada.

Sin embargo, Isaac Frehn, de Shade Gap, conductor del autobús donde iban los jóvenes Bradnick, recordó que muchas veces deja a los Bradnick en casa de su abuela, la señora Goldie Bradnick, a medio kilómetro de distancia.

También se une a la casualidad el informe redactado el pasado viernes, según el cual una prima de los Bradnick, la señorita McMullen, de veinte años, residente en Shade Gap, escapó de un merodeador cerca de su casa, por la noche. La señorita McMullen, que vive por la zona de la Ruta 35, al noroeste de Shade Gap, dijo que mientras caminaba hacia el porche de su casa, un hombre la asaltó desde el interior del porche y le agarró un tobillo. Consiguió soltarse y corrió hacia el interior de la casa, cerrando después la puerta con llave. Para el momento en el que pudo pedir ayuda, el malhechor ya había escapado. La policía está estudiando el informe.

Esta zona, que durante los últimos trece meses ha vivido en un relativo estado de calma, ya que, después del tiroteo a Ned Price, sólo se ha tenido conocimiento de pequeños incidentes de mirones, está de nuevo en pie de guerra. Hombres adultos y jóvenes, y algunas mujeres, portan armas. Y aquellos que no las llevan, tienen a su alcance rifles, escopetas y pistolas.

## Contra la noche, luz artificial

Bien pasada la 1:00 h del jueves, había luces encendidas en casi todas las casas del valle, que testimonian que el miedo vuelve a reinar en esta comunidad de dos mil habitantes. Muchos automóviles, con hombres armados en su interior, patrullan las carreteras y los caminos rurales.

Durante las horas que preceden a la medianoche, a lo largo de un tramo de más de diez kilómetros alrededor de la casa de los Bradnick, hombres armados con rifles, escopetas y otras armas se apostaron a no más de seis kilómetros de distancia unos de otros. No había un solo hombre a lo largo del sinuoso camino rural que no pudiera ser visto por otro.

Nada ni nadie se movió en el pueblo, si no era con el conocimiento de los hombres apostados en la zona. Se instalaron controles policiales en las entradas y salidas del pueblo, con tropas estatales al mando de los controles.

Y, sin embargo, el francotirador, como en otras ocasiones, aparentemente había desaparecido, pero esta vez lo hizo con un rehén. Además de los cientos de hombres de la zona, los cuarteles generales del regimiento de la policía estatal de Harrisburg, Chambersburg, Hanover, Lewistown, McConnellsburg, Hollidaysburg, Carlisle y Gettysburg fracasaron en la búsqueda del rastro del francotirador.

Esta vez la policía y los vecinos confían en que el francotirador será llevado ante la justicia.

# La policía pone fin a la búsqueda colectiva, pero permanece en la zona de Shade Gap

Por Bob Cox
16 de mayo de 1966

«No hemos abandonado la búsqueda, y no la abandonaremos hasta que atrapemos al secuestrador y encontremos a Peggy Bradnick», dijeron hoy agentes de la policía estatal y del FBI.

Esta declaración se hizo para disipar los temores de que el gran equipo de especialistas que investiga la desaparición de Peggy Bradnick, de diecisiete años, de R. R., Shade Gap, abandone la infructuosa búsqueda después de cinco días. Sin embargo, la minuciosa exploración colectiva de los sesenta y cinco kilómetros cuadrados de la zona del municipio de Dublin, en el condado de Huntingdon, fue interrumpida el pasado domingo.

Al solicitar la interrupción del rastreo de la zona, llevado a cabo por miles de voluntarios en busca de cualquier rastro de vida, el lugarteniente Edward P. Mitarnowski, del destacamento de la policía estatal de Hollidaysburg, dijo: «Estamos muy agradecidos a todos esos hombres que entregaron su tiempo y su esfuerzo de manera desinteresada para intentar localizar a Peggy.

Todo lo que se diga es poco... Algunos comenzaron a trabajar al mismo tiempo que nosotros, y han dado lo mejor de sí mismos. Sin embargo, no podemos pedirles a estos voluntarios que continúen a nuestro ritmo: tienen que regresar a sus trabajos. Pero la búsqueda continuará desde hoy y hasta que Peggy haya sido encontrada, y el secuestrador llevado ante la justicia. Además de la policía estatal y los agentes del FBI, otros profesionales, como guardabosques e ingenieros forestales, continuarán explorando la zona. No vamos a rendirnos».

El lugarteniente Mitarnowski dijo hoy que «no se han hecho progresos... No tenemos ninguna información nueva acerca de la búsqueda de Peggy o del secuestrador. Estamos comprobando muchas pistas dadas por personas bienintencionadas, aunque ninguna de ellas nos ha llevado hasta el sospechoso. Creemos que el secuestrador reside en la zona, aunque no descartamos a ningún sospechoso».


**Posible sospechoso**

Aun así, desde finales de la semana pasada se busca a un residente de la zona, conocido como «Pete el de la bici». Este hombre, que encaja con la descripción general del secuestrador hecha por los Bradnick, falta de su casa desde el miércoles. Nadie se ocupa ni da de comer a los varios perros que hay en su domicilio.

Ha trascendido que el sospechoso, que vive en Neelyton, Shade Gap, no sabe conducir; sin embargo, ha sido visto en muchos puntos de la localidad cargando objetos pesados en su bicicleta.

Se han encontrado numerosos trozos de tela y prendas de ropa a lo largo del rastreo colectivo, que en ocasiones mantuvo a setecientas personas peinando la zona al mismo tiempo. Incluso se encontró un trozo de tela roja con una cremallera, parecida a la sudadera que Peggy llevaba cuando desapareció. En cualquier caso, la familia ha negado que las prendas encontradas pertenecieran a Peggy.

La familia, que está soportando una gran presión desde la desaparición de su hija, se ha mantenido lejos del alcance de la prensa y de los curiosos. Sólo familiares y amigos cercanos pueden visitar a la familia Bradnick en su domicilio, que está siendo vigilado desde la desaparición.

El domingo, los hijos de los Bradnick jugaron al béisbol con familiares en un terreno cercano a su casa, el único tiempo de ocio del que los niños han disfrutado desde la desaparición de su hermana. Un médico se está encargando de la salud de la señora Bradnick, debido a la conmoción sufrida el miércoles.

Sin embargo, el camino rural que lleva a la casa de los Bradnick no ha estado bloqueado durante el fin de semana, y vehículos de turistas y curiosos han estado transitando constantemente por las inmediaciones del hogar de los Bradnick. Algunos de los coches tenían matrículas de Maryland, Nueva Jersey y Ohio, además de Pensilvania.

El secuestro, que ha llamado la atención de periódicos, televisiones y radios de todo el país, no ha sido relacionado con el secuestro, hace un año, de una joven estudiante que iba hacia su casa desde la escuela en Tyrone. El lugarteniente Mitarnowski dijo que no relacionaba aquel secuestro con el suceso en Shade Gap. Tyrone está a aproximadamente sesenta y cinco kilómetros al noroeste de Shade Gap, cerca de la frontera entre los condados de Huntingdon y Blair.

No se ha encontrado rastro de la chica secuestrada en Tyrone.


**Fuerzas Especiales**

Junto con la policía, los guardabosques y los ingenieros forestales, hoy se han lanzado a la búsqueda miembros de la Guardia

Nacional, y un helicóptero. Además, dos miembros de la 11.ª división de las Fuerzas Especiales de los Estados Unidos, desde Steubenville, Ohio, han sido designados para participar en la búsqueda. Estos hombres son el sargento Robert McLamara y el capitán Richard Hoagland. Ambos acaban de prestar servicio en África, y son expertos en explorar cuevas y pozos, además de experimentados paracaidistas.

Por otro lado, miembros del Departamento de Bosques y Aguas han colaborado en las labores de búsqueda, y se han traído cuatro perros más, con el fin de localizar algún rastro dejado por el secuestrador.

Un sabueso participó el miércoles y el jueves. El viernes, un pastor alemán, procedente de Kennett Square, participó también en el rastreo. El perro, llamado Rin Tin Tin, es famoso por encontrar pistas «frías», pero no consiguió encontrar ningún rastro de la chica.

Durante el fin de semana, dos pastores alemanes vinieron en avión desde El Dorado, Arkansas, para unirse a la búsqueda. Estos perros han colaborado decisivamente con la policía para practicar ciento setenta arrestos en todo el país, y se quedarán en el lugar durante el resto del fin de semana.

El lugarteniente Mitarnowski dijo el domingo que el puesto de mando permanecería en el merendero de Shade Gap durante el resto de la semana.

Se han recibido cientos de llamadas de confidentes, incluyendo más de cincuenta en la subdelegación de la policía estatal de Chambersburg. Todas han sido remitidas al puesto de mando.

Dos eventos, sucedidos durante el fin de semana, supusieron avances fallidos en la investigación. El sábado por la noche, la policía y numerosos rastreadores equipados con radios de onda corta convergieron en una zona cercana a la casa de los Bradnick, cuando se informó de que el francotirador había sido visto en la zona boscosa cercana. La policía suspendió la búsqueda cuando algunos rastreadores usaron descuidadamente sus armas. La policía temió que alguien resultase herido por algún rastreador bienintencionado, por culpa del nerviosismo reinante.

La policía convocó a voluntarios y a una unidad de iluminadores desde Shipensburg antes de suspender el rastreo. Sin embargo, se solicitó por radio el regreso de la unidad antes de que ésta completase un recorrido de cincuenta y cinco kilómetros.


**Falso rumor**

El domingo por la noche, llegó la noticia del posible hallazgo de una fosa en la zona de Shade Gap. Lo que resultó no ser más que otro falso rumor.

Los policías dijeron que estaban enormemente contentos de que ninguno de los rastreadores hubiese sufrido un ataque al corazón al ascender por la escarpada zona montañosa. Algunos de los rastreadores eran hombres mayores, que insistieron en unirse a la búsqueda de Peggy.

El domingo, algunos rastreadores encontraron y mataron serpientes del tipo «cabeza de cobre» en las horas de más calor, por lo que se emitieron avisos a todos los miembros de los equipos de rastreo para que estuvieran atentos a las serpientes.

Muchos coches oficiales y de la policía secreta mantienen la zona bajo una constante vigilancia durante la noche desde el momento del secuestro. Desde el tiroteo a Ned Price, de R. R., Shade Gap, en abril de 1965, agentes especiales de la policía estatal vigilan la zona las veinticuatro horas del día.

# El francotirador mata a un agente del FBI

Por Bob Cox
17 de mayo de 1966

Un agente del FBI que participaba en la búsqueda de Peggy Ann Bradnick murió a última hora de esta mañana, tras haber sido disparado por el conocido francotirador de Shade Gap. El fallecido agente del FBI fue identificado como Terry Anderson, de cuarenta y dos años, agente especial encargado de la oficina de Harrisburg. Fue disparado y herido de muerte mientras se encontraba, junto con un inspector de la policía estatal, en un claro cercano al lugar donde Bradnick, de diecisiete años, fue secuestrada el pasado miércoles.

La policía estatal dice que la chica ha sido vista con vida.

Se cree que el francotirador se encuentra cercado y rodeado por la policía y agentes del FBI. El cerco se ha ido estrechando esta tarde, en un esfuerzo por atrapar al escurridizo «Hombre de la montaña».

El agente fallecido fue identificado en Washington poco después del mediodía, en el cuartel general del FBI. Murió a los pocos minutos, antes de la llegada del equipo médico.

La policía estatal también ha referido la muerte de dos perros rastreadores que han participado en las labores de búsqueda a lo largo de toda la semana, a causa de los disparos del desconocido francotirador. Un tercer perro está herido.

De acuerdo con los informes iniciales, Anderson se estaba dirigiendo hacia la zona boscosa donde se cree que el secuestrador de Bradnick está escondido. Mientras cruzaba un claro junto con un agente estatal, se oyó un disparo, y el agente del FBI cayó al suelo, con una herida en el pecho.

Este último suceso provocó el repliegue forzoso de la policía estatal. Se reclamó la inmediata disponibilidad de los efectivos de todas las subdelegaciones de la zona centro de Pensilvania, para intensificar el cerco al francotirador. Fue un gran despliegue, para el que incluso se reclutaron policías que estaban fuera de servicio. Se ordenó a las unidades policiales que cercaran la zona situada cinco kilómetros al norte de Burnt Cabins, al sur de Shade Gap, donde el francotirador fue visto por última vez. A primera hora de la tarde, había en la zona más de cien policías estatales. Se enviaron igualmente vehículos de rescate y ambulancias.

Llegaban informaciones contradictorias de la zona, según las cuales la joven Bradnick y su secuestrador habrían muerto. Sin embargo, el reportero de *Public Opinion* Kenneth L. Peiffer Jr., desde el lugar de los hechos, informó de que algunos testigos decían haber visto a Bradnick y al misterioso «Hombre de la montaña». Según se informa, está oculto en una choza al oeste de la Ruta 522, entre Shade Gap y Burnt Cabins, en el condado de Fulton.

Esta tarde, policías armados, miembros del FBI y otros agentes patrullan en bloque la Ruta 522. Se han instalado controles policiales en muchas de las intersecciones de caminos rurales.

El agente del FBI fallecido, que vivía en Camp Hill, cerca de Harrisburg, fue agente especial encargado de la oficina de Harrisburg durante diez años. Su hermano John es agente especial del FBI en Omaha, Nebraska. Anderson deja mujer y cuatro hijos.

**Aumenta la recompensa**

La recompensa por «aportar información conducente al arresto y condena de la persona o personas que secuestraron a Peggy Bradnick» aumentó el lunes en 1.000 dólares, según informó esta mañana el lugarteniente de la policía estatal Edward P. Mitarnowski, desde los barracones de Hollidaysburg. La recompensa total ahora asciende a 2.000 dólares.

A la recompensa de 1.000 dólares ofrecida la semana pasada por el Community State Bank of Orbisonia hay que añadirle los 1.000 dólares que aporta Donald Cullen, de la Boot and Shoe Workers Union n.º 777, de Mount Union, en nombre de su asociación.

El padre de Peggy, Eugene, asediado desde el secuestro de su hija por la policía, los medios de comunicación, amigos y personas benevolentes, ha dicho hoy que no sabe durante cuánto tiempo «podrá soportarlo». Añadió que agradecía la atención generalizada que había suscitado el caso de su hija, pero ha declarado que preferiría que en un futuro las preguntas fuesen dirigidas a los investigadores.

La madre de Peggy está siendo tratada por un médico, a causa del trauma vivido tras la desaparición.

**Regreso a la escuela**

Hoy los hijos más pequeños de los Bradnick regresaron a la escuela, por primera vez desde la desaparición. Fue su padre quien los llevó, en lugar de acudir en el autobús escolar que los recoge a un kilómetro de su casa. James, el hermano mayor de la chica secuestrada, no ha vuelto al instituto porque todavía colabora en las labores de búsqueda, al igual que el señor Bradnick.

John Yetter, el director del Southern Huntingdon County High School, al que asiste Peggy, dijo que la desaparición de Peggy alteró completamente el ritmo de las clases del jueves y el viernes. Se dieron días libres a los estudiantes, para que colaborasen en la búsqueda colectiva. Sin embargo, el lunes las clases habían recobrado casi completamente la normalidad, declaró Yetter. Los estudiantes todavía se reúnen para hablar acerca de los numerosos rumores relacionados con la desaparición, dijo, pero por lo general las cosas han vuelto a la normalidad.

Hay más familias que han decidido llevar a sus hijos al colegio en su propio coche. Sin embargo, no se han observado mayores cambios en la rutina del autobús escolar. Los niños siguen bajándose en el sitio habitual, sin importar la distancia que haya hasta sus remotas casas de esta zona rural y montañosa. En cualquier caso, hay vehículos de policía patrullando constantemente la zona, tanto de día como de noche.


**40.000 horas de trabajo**

Se estima que las horas de trabajo consagradas por los rastreadores voluntarios supera las 40.000. Esta cifra se basa en el número medio de personas que ha participado en la búsqueda desde el miércoles por la noche. Esta estimación no incluye los servicios del personal de la policía estatal y del FBI, de las patrullas de la Guardia Nacional ni de los pilotos.

Desde el inicio, el pasado miércoles por la noche, de la acción colectiva, más de dos mil novecientas personas han registrado más de sesenta y cinco kilómetros cuadrados de la escarpada zona de Shade Gap.

El Ejército de Salvación, que se ha ocupado del avituallamiento, ha recibido la ayuda de numerosas mujeres residentes en la zona de Shade Gap. En estos días, los participantes de los equipos de rastreo han consumido, literalmente, toneladas de comida.

# Una bala acaba con el reinado del terror

Por Bob Cox
18 de mayo de 1966

El reinado del terror impuesto durante dos años por el franco-tirador de Shade Gap concluyó felizmente y de manera espectacular esta mañana, cuando una bala procedente del rifle de un adolescente y certero tirador acabó con la vida de William Diller Hollenbaugh.

Hollenbaugh, un trastornado de cuarenta y cuatro años nativo del municipio de Dublin, en el condado de Huntingdon, murió tal y como había vivido durante los dos últimos años... un hombre perseguido que vivió a punta de rifle y murió del mismo modo.

Sus delitos durante la última semana incluyen el secuestro de la joven de diecisiete años Peggy Ann Bradnick el pasado miércoles, el asesinato a sangre fría del agente del FBI Terry Ray Anderson el jueves por la mañana, y los disparos a Francis Sharpe, de cincuenta y siete años, el ayudante del sheriff del condado de Blair, esta mañana.

# PUBLIC OPINION

Franklin Repository  CHAMBERSBURG, PENNSYLVANIA

97th Year. No. 251        WEDNESDAY, MAY 18, 1966        32 Pages, Only 5 Cents



# Bullet Ends Reign of Terror

## 'Extremely Light' Voting Marks Election in County

Extremely light voting characterized Tuesday's primary election in Franklin County, with only 31 per cent of the eligible Democrats and 21 per cent of the eligible Republicans going to the polls.

A total of 3,287 out of 17,744 registered Democrats and 5,471 out of 25,904 registered Republicans cast ballots in the gubernatorial contests.

County Democrats gave their support to State Sen. Robert P. Casey, who was defeated statewide in his bid for the gubernatorial nomination. Locally, Casey received 2,723 votes to 2,439 for state winner Milton Shapp. The third Democratic [illegible]

### Demos Pleased

Robert Drawbaugh, county Democratic leader, said today that he was "quite satisfied with the results of the primary election."

"We are real pleased with the results. The voting showed a revitalization of the Democratic party in the county. While I supported Casey, I will now throw my full support to Shapp. We feel that he is a good man and will be good for our party," Drawbaugh said.

[illegible] candidate, State Rep. Erwin L. Murray, received only 277 votes.

On the Republican ballot, county voters gave a landslide victory to party-backed candidate Lt. Gov. Raymond P. Shafer in his successful bid for the gubernatorial nomination. Shafer tallied 4,592 votes. State [illegible]

[illegible] E. Storm was second with 964 and George J. Broll followed with 404.

### Local Battle

The primary battle of local interest was the race for the Democratic State Committee, won by incumbent Paul Harrison, of R. R. 4, who is supported by the county committee, defeating "Demo" candidate Roy M. McLaughlin, of 36 W. Washington St., by nearly 1,000 votes.

The second position on the statewide slate, for Democratic governor, was captured by party-backed candidates on both tickets.

Walter Alessandroni, who was killed in a plane crash May 4, defeated Ralph F. Guenter, 3,067–3,361, in the Re-

(Turn to page 4, please)

## Franklin County Vote

The unofficial count of the vote cast on Tuesday in Franklin County during the primary election:

### GOVERNOR

| Republicans | Democrats |
| --- | --- |
| Rumph — 964 | Murray — 277 |
| Shafer — 4,592 | Shapp — 2,439 |
| Broll — 404 | Casey — 2,723 |

### LT. GOVERNOR

| | |
| --- | --- |
| Gaither — 2,361 | Kelley — 2,181 |
| Alessandroni — 3,067 | Rainey — 1,338 |

### INTERNAL AFFAIRS

| | |
| --- | --- |
| Tabor — 2,896 | Blatt — 4,815 |
| Neal — 1,260 | |

### SUPERIOR COURT

| | |
| --- | --- |
| Watkins — 4,528 | Palmer — 1,562 |
| Spaulding — 1,871 | Beal — 1,705 |
| | Spaulding — 1,286 |
| | Watkins — 1,373 |

### CONGRESS

| | |
| --- | --- |
| Whalley — 3,428 | Bonn — 4,397 |

### STATE SENATE

| | |
| --- | --- |
| Hoobaker — 4,326 | Oakman — 1,348 |

### STATE COMMITTEE

| | |
| --- | --- |
| Broyles — 3,954 | McLaughlin — 2,228 |
| | Harrison — 3,192 |

### AMENDMENTS

| I — A | |
| --- | --- |
| Yes — 3,465 | No — 1,956 |
| II — A | |
| Yes — 3,662 | No — 3,028 |

## Shapp vs. Shafer in Race For State Governorship

PHILADELPHIA (AP) — It will be Milton Shapp vs. Raymond P. Shafer for governor of Pennsylvania.

Democrat Shapp, a Philadelphia industrialist, successfully challenged the party organization in Tuesday's primary to defeat state Sen. Robert P. Casey in a close contest.

Shafer, the present lieutenant governor, easily won the Republican nomination.

Not since Gifford Pinchot won the GOP nomination in 1922 has an organization choice for governor failed to get the nomination in Pennsylvania.

Shapp, the first Jew to win a major party nomination for governor in this state, carried 41 of the state's 67 counties.

The upset forein heavily in the campaign, pointing all his opposition as a businessman and organization creatures. Casey, a Roman Catholic, was described by Shapp as being backed by the party bosses.

[illegible] Shapp also emphasized Casey was supporting his first term as senator.

Pennsylvania Republicans were nominated the late Walter E. Alessandroni for lieutenant governor, although he was killed last May 4 in a plane crash. The Republican state committee will pick his successor.

The primary was also notable for the nomination of two Negroes for statewide office, the first of their race to be so honored on a major party ticket.

The contest pitted two constitutional amendments — the first to raise any amendments and ever appeared on primary ballots and also picked nominees for all 27 congressional seats, for state senate seats and 203 state house seats.

Shafer's election, and the election of Alessandroni, the attorney general, apparently assured Gov. William W. Scranton of strong state support should the next two Republican [illegible]

[illegible] that termination two years before Gov. Scranton was on as a foe to Axis.

With 3,361 of 9,390 precincts reported, Shapp had 472,832 votes while Casey had 444,579. A third candidate, Rep. Erwin Murray of Cameron County had no[illegible]

State Sen. Leonard States of Tunkannock, the organization candidate for lieutenant governor, won easily. With 4,360 precincts in, he had 442,302 votes to 334,399 for Shapp's running mate, James E. Kelley, a Greensburg lawyer.

On the Republican side for governor, with 8,168 precincts reporting, Shafer had 776,421 votes to 160,150 for former Miss 34,164 for Dr. George J. Broll, a Lancaster dentist. Shafer had won an earlier write-in [illegible]

(Turn to page 4, please)

## Rebels Down U. S. Plane In Viet Nam

SAIGON (AP) — Rebels shot down a U.S. spotter plane over Da Nang late today, U.S. Marines quickly took over a Da Nang River bridge disputed between rebel and government troops in that hotbed of nationalist dissidence.

Premier Nguyen Cao Ky's government poured 100 more anti-government infantrymen into the city. And 200 men from a detachment of rangers already based there switched to the government side. Their boosting the rebel ranks to more than 1,000 regulars against the 1,500 Vietnamese marines and paratroopers Ky sent in Sunday.

Government forces, supported by rebel tanks, started to close in on one of Da Nang's three rebel-held pagodas. But they withdrew after fighting moved set Ky to a machine gun they had erected there and threatened to blow up the advance continued.

Ky had visited Da Nang briefly to fully support and swear in his new military commander for the five northern provinces comprising the agitation-ridden [illegible] area.

## Sniper Meets Death Early Today; Girl Freed Unharmed

By DOE COX

SHADE GAP — The two-year reign of terror of the Shade Gap sniper came to a bang with spectacle and the slaying when a bullet from a powerful Sharpshooter's rifle ended early the life of William Glenn Hollenbaugh.

Hollenbaugh, the deranged hermetic recluse of Dublin Township, Huntingdon County, died in the manner in which he lived the past two years — hunted man who had lived by the gun and died by the gun.

His crimes over the past week included the kidnapping of 17-year-old Peggy Ann Bradnick last Wednesday, the cold-blooded murder [illegible]

der of Federal Bureau of Investigation agent Terry Ray Anderson on Tuesday morning, and the shooting of Francis Sharpe, 27, a Blair County deputy sheriff, this morning.

Sharpe, of Conemaugh, was underwent emergency surgery in mid-morning at the Chambersburg Hospital after he was transferred from the Fulton County Medical Center, McConnellsburg, is expected to survive a gunshot wound of the abdomen.

After a four-hour operation, Sharpe was taken to the hospital's intensive care unit shortly before noon. His condition was listed as satisfactory. Hospital authorities reported the bullet had ruptured his liver and left kidney, punctured his stomach, and lacerated his small intestine.

Peggy Bradnick, who was kidnapped a week ago, a short distance from her home after alighting from a school bus, was rescued from the clutches of her abductor and is in a good condition at the Medical Center in McConnellsburg. After she was safely returned by her captor, she was a nearly heartbroken bundle of horror and rage, with cracked and pale. Woodrow W. Bittin, administrator of the Medical Center, said.

Her only visible injuries are blisters on her feet from her amazing forced treks over the mountains of the Shade Gap area while police were in pursuit of her abductor. She was forced to wear clothing and night's boots supplied by the Sniper.

Hollenbaugh, a former mental patient who had spent 12 years in the Farview State Mental Hospital, had also spent from five to 15 years in Western State Penitentiary on charges of burglary, larceny and breaking and entering. He was released from the mental institution in 1964 where he was committed in 1948.

Hollenbaugh, dead on arrival at the Medical Center, was felled by a high-powered rifle shot at 7 o'clock this morning some miles south of Burnt Cabins, a mile and a half north of Fort Littleton, on Route 522. He fell where he was caught in a fusillade of gunfire at the farm of Harold Euberk.

Euberk, 23, was credited with killing the Sniper as he sat by a window in the youth's home. Using a pumpkin ball bullet in the family shotgun, the youth fired from inside his home, through a window and killed the madman.

The bullet entered Hollenbaugh's right shoulder, penetrated the body and passed through his back, exiting on the right side. Death was almost instantaneous.

### Bizarre Ending

The events of the last two years, which had the remote area in a constant state of terror, had a more bizarre ending than any writer could have dreamed up in fiction. With hundreds of FBI agents, State police, National Guardsmen and other law enforcement officers at his end, it was a youth who downed the slayer.

However, reports leading up to the fatal shooting of the Sniper, Mountain Man of the Cove Flat, as he was known, were equally unbelievable.

Deputy Sheriff Sharpe, of Blair County, who was on patrol for many hours and exhausted, left the patrol during the night hours and made his way to his cabin in the Burnt Cabins area, where he had stopped to catch a nap before the hunt resumed in daybreak.

During the early morning hours prior to daylight, however, the Sniper broke into the cabin and shot the deputy sheriff as he lay in his bed. Sharpe suffered a severe abdominal wound, with the bullet from the Sniper's high-powered rifle passing through his body from right to left.

In severe pain and bleeding profusely, the deputy was forced, under threat of further injury, to drive the Sniper and his kidnaped victim in the deputy's car south toward Fort Littleton from near Burnt Cabins. Along the way, the wily Sharpe at the wheel and the Sniper and Peggy Bradnick in the rear seat of the car, passed hundreds of armed men stationed along the roadside.

With Hollenbaugh's gun pointed directly at his back, however, Sharpe could not give warning and continued to drive toward what he assumed would be his [illegible]

However, a roadblock put up by police within sound of David Eubeck's home was the only thing that would halt the car. Sharpe was directed by Hollenbaugh to leave the vehicle and open a wooden [illegible]

William D. Hollenbaugh
Peggy's Kidnaper

Peggy Bradnick
Terrified Seven Days

SNIPER'S SECOND VICTIM — Francis Sharpe, 27, of Conemaugh, a Blair County deputy sheriff, was critically wounded in the abdomen by William D. Hollenbaugh early this morning. States underwent four-hour surgery at the Chambersburg Hospital.

TRANSPORT BODY OF SLAIN FBI AGENT — FBI agents and police remove the body of Agent Terry Anderson from the back of a jeep and place it in the waiting car.

Se espera que Sharpe, de Conemaugh, que ha sido sometido a cirugía de urgencia a media mañana en el Chambersburg Hospital, donde fue trasladado desde el centro médico del condado de Fulton, en McConnellsburg, sobreviva a la herida de bala que tiene en el abdomen. Tras la operación de cuatro horas, Sharpe fue trasladado a la unidad de cuidados intensivos poco después del mediodía. Su estado es calificado de satisfactorio. Las autoridades del hospital informaron de que la bala le ha dañado el hígado y el riñón izquierdo, le ha perforado el estómago y le ha herido el intestino delgado.

Peggy Bradnick, secuestrada hace una semana cerca de su casa después de bajarse del autobús escolar, fue liberada de las garras de su secuestrador y se encuentra en buen estado de salud en el centro médico de McConnellsburg. Tras ingresar sin incidentes en el centro médico, tomó un abundante desayuno compuesto por huevos, beicon, cereales y zumo, según informó el administrador del centro, Woodrow W. Strait. Los únicos daños visibles son unas ampollas en los pies, provocadas por las enormes caminatas que se vio obligada a hacer por las montañas de Shade Gap, mientras la policía perseguía incesantemente a su secuestrador. También se vio obligada a llevar ropa y botas de hombre, proporcionadas por el francotirador.

Hollenbaugh, un antiguo paciente psiquiátrico que pasó trece años en el Farview State Mental Hospital, también había cumplido de cinco a diez años de condena en el centro penitenciario de Western State, por delitos de robo, hurto y allanamiento de morada. En 1959 salió del centro psiquiátrico, en el que había sido confinado en 1946. Llegó muerto al centro, tras ser alcanzado por el disparo de un rifle de gran calibre a las 7:00 h, tres kilómetros al sur de Burnt Cabins, dos kilómetros y medio al norte de Fort Littleton, en la Ruta 522. Cayó tras verse atrapado en un tiroteo en la granja de David Rubeck. Se le atribuye a Larry Rubeck, de quince años, la muerte del francotirador, que le disparó mientras éste pasaba corriendo por delante de una ventana de la casa del joven. Usando una bala recubierta de cobre de la escopeta familiar, el joven disparó desde el interior de la casa, a través de una ventana, y mató al perturbado.

La bala se introdujo por el hombro izquierdo de Hollenbaugh, penetró en su cuerpo y cruzó su cuello, hasta que salió por el lado derecho. La muerte fue casi inmediata.


**Extraño final**

Los sucesos de los dos últimos años, que han tenido a esta remota localidad en constante estado de alerta, tuvieron el final más extraño que nadie hubiera podido imaginar. Con cientos de agentes del FBI, policía estatal, la Guardia Nacional y otros efectivos policiales siguiéndole el rastro, fue un muchacho quien consiguió poner fin a la historia.

Sin embargo, los sucesos que antecedieron al disparo que provocó la muerte del conocido como francotirador, Hombre de la Montaña u Hombre de la Bici son igualmente increíbles.

Sharpe, el ayudante del sheriff del condado de Blair, agotado tras haber patrullado durante horas, abandonó la tarea durante la noche y se dirigió a su cabaña situada en la zona de Burnt Cabins, donde intentó echar una cabezada antes de retomar la búsqueda al amanecer. Sin embargo, en las horas que preceden al alba, el francotirador irrumpió en la cabaña y disparó al ayudante del sheriff mientras éste descansaba en su cama. Sharpe resultó gravemente herido en el abdomen, a causa de la bala del potente rifle del francotirador, que atravesó su cuerpo de derecha a izquierda. Con fuertes dolores y sangrando abundantemente, el ayudante fue obligado, bajo la amenaza de ser disparado de nuevo, a llevar en su coche al francotirador y a la chica secuestrada hacia el sur, desde las inmediaciones de Burnt

Cabins hacia Fort Littleton. Durante el trayecto, el vehículo, con Sharpe al volante y el francotirador y Peggy Bradnick en el asiento trasero, pasó por delante de cientos de hombres armados y apostados a lo largo de la carretera.

## Encañonado por el francotirador

Con la pistola de Hollenbaugh apuntándole por la espalda, Sharpe no pudo dar aviso y continuó circulando hacia el sur, con la intención aparente de liberar al francotirador. Pero el control de carretera establecido por la policía, aproximadamente a cincuenta metros de la casa de David Rubeck, obligó al ayudante a detener el coche. Hollenbaugh ordenó a Sharpe que se bajara del coche y abriera una puerta de madera que conducía al interior de la vivienda de Rubeck.

Sin embargo, un agente de la policía estatal, que estaba de guardia, vio la mancha de sangre en la camisa del ayudante del sheriff, y avisó inmediatamente a sus colegas. Mientras Sharpe estaba fuera del vehículo, Hollenbaugh salió por la otra puerta del coche. Inmediatamente después de oír al agente dar la voz de alerta, Hollenbaugh abrió fuego. Pero nadie resultó herido. La patrulla, asimismo, abrió fuego contra el francotirador, que echó a correr entre el granero y la casa de los Rubeck. Mientras pasaba por delante de una ventana, el chico, del que se dice que tiene gran puntería, descargó la bala mortal. El francotirador se tambaleó durante más de tres metros y cayó al suelo, mientras oficiales de policía acudían al lugar. Otros oficiales de guardia ayudaron a Peggy y la situaron detrás del granero, donde quedó a salvo de la línea de fuego. Una ambulancia acudió al lugar de los hechos y trasladó a Peggy, a Sharpe y al francotirador al centro médico.

## Sin signos de violencia sexual

Hollenbaugh fue declarado muerto a la llegada al centro médico por Russell McLucas, juez de instrucción del condado de Fulton. Sharpe recibió tratamiento médico de urgencia y fue trasladado inmediatamente al Chambersburg Hospital. La chica fue sometida a una revisión, tomó alimento y fue sedada en el centro médico. Su médico, el doctor Robert Fry, dijo que no encontró signos de que la joven de diecisiete años hubiese sido agredida sexualmente. El doctor dijo que estaba muy cansada, aunque su estado físico general era bueno; a pesar de la traumática experiencia de la última semana, durante la cual tuvo que acompañar al perturbado asesino, su estado mental es excelente, según declaró el médico.

Durante una entrevista en el centro médico, los padres de Peggy declararon que la joven fue muy prudente y «no intentó escapar del francotirador». Según los padres, cuando le informaron de la muerte de Hollenbaugh reaccionó con un signo de alivio. Peggy declaró mediante sus padres que Hollenbaugh y ella estuvieron moviéndose constantemente desde el momento del secuestro. Hollenbaugh fue agresivo verbalmente, aunque no físicamente. Se alimentaban básicamente de comida enlatada robada de las casas de la zona, en las que Hollenbaugh irrumpía, y chocolatinas. Se encontraron envoltorios de chocolatinas en el lugar del secuestro hace una semana.

La chica, a través de sus padres, declaró que no había recibido amenazas de agresión en ningún momento durante toda su aterradora odisea.

El señor Bradnick, quien, junto con su mujer y su hijo Jimmy, se trasladó rápidamente al centro médico para estar con Peggy, declaró a los periodistas que «estamos muy contentos de que Peggy esté a salvo. Ha sido una semana muy dura». La madre de Peggy sólo dijo: «Gracias a Dios ha vuelto». La emoción y la tensión tras el calvario de la última semana se reflejaban en el rostro de los padres.

Otros extraños incidentes sucedidos durante el desenlace esta mañana eclipsaron la más intensa persecución que jamás haya tenido lugar en el estado. A escasa distancia del lugar donde el francotirador perdió la vida durante el tiroteo, cinco guardias nacionales estaban patrullando con las armas descargadas. Se hallaban en la parte sur de la granja de Rubeck, con el objetivo de lanzar una ofensiva hacia el bosque y crear una avanzadilla para acabar con el francotirador.

«Cuando comenzaron los disparos, estos soldados comenzaron a caer al suelo como moscas, y quedaron cuerpo a tierra», dijo Andrew Hartman, de McConnellsburg, que se hallaba en el lugar para colaborar en la búsqueda. «Estaban completamente indefensos, con las armas descargadas», añadió.


**Versión de un testigo**

Otro testigo de la muerte del francotirador y de los acontecimientos en el control policial es Harper Cline, que vive en una granja contigua. Cline declaró a la prensa: «Ese hombre (Hollenbaugh) cruzó la carretera corriendo y se metió en un pinar cercano a la casa de Rubeck. Entonces, el ayudante del sheriff, que estaba herido, apuntó al francotirador, y descargó varios disparos. Uno de ellos mató al francotirador», afirmó Cline.

Acerca de la herida de Hollenbaugh, Cline dijo: «El agujero del cuello era tan grande como una moneda de un dólar por donde entró la bala, y más grande aún por donde salió. Tenía todo el pecho de la camisa cubierto de sangre».

De acuerdo con informaciones procedentes del lugar de los hechos, el capitán de la policía estatal Grant Mixell, de la sub-delegación de Carlisle, que se encontraba en el control policial, pudo haber sido el hombre que disparó a Hollenbaugh, en lugar del joven. Según ha trascendido, el policía estatal declaró que estaba seguro de haber alcanzado a Hollenbaugh con una bala de su arma reglamentaria. En espera de la autopsia, que se realizará esta tarde en la funeraria de Kelso, en McConnellsburg, la policía se ha negado a atribuir la autoría del disparo.

Cuando su cuerpo fue trasladado al centro médico, se pudo observar que Hollenbaugh tenía barba de varios días, ya que le había sido imposible afeitarse durante la última semana. Además del arma que empleó en el tiroteo con la policía, un rifle del calibre 30-30, llevaba enganchada en un lateral una pequeña funda de pistola vacía. La pistola de la funda no ha sido localizada.

Hollenbaugh, un ermitaño, vivía solo en una casa de campo de dos habitaciones situada dos kilómetros y medio al norte de Burnt Cabins. Dos perritos eran su única compañía.


**Poco conocido**

Los habitantes de la zona declararon que apenas conocían a este hombre. Usaba una bicicleta como único medio de transporte y fue visto en numerosas ocasiones en los condados de Huntingdon, Franklin y Fulton. Incluso cuando se le veía en Chambersburg, a más de cincuenta kilómetros de su casa, siempre iba acompañado por uno de sus perros, o por los dos. Fueron, precisamente, los perros los que permitieron la identificación de Hollenbaugh. En su ansia por esconderse tras el secuestro de Peggy Bradnick el pasado miércoles, Hollenbaugh dejó a los perros en su cabaña situada al borde de la carretera. La policía recibió aviso de que nadie había dado de comer a los perros durante unos cuantos días, y la cabaña fue puesta bajo vigilancia.

Sin embargo, el domingo, a pesar de la vigilancia de la cabaña, el hombre regresó y se llevó a sus dos perros delante de las narices de la policía. Una pista más, según la cual Hollenbaugh tenía una segunda cabaña en las profundidades de la escarpada cordillera de Tuscarora Mountain, condujo a la policía hasta su escondite.

El descubrimiento del escondite también condujo a la muerte de Anderson, agente del FBI. El jueves, Anderson, en compañía de otro agente del FBI, Joe Jamieson, y del mayor Frank McKetta, inspector de la policía estatal, tomaba parte en la búsqueda del francotirador junto con un adiestrador y dos pastores alemanes, siguiendo el rastro del hombre en una pequeña cordillera al oeste de su casa, en la Ruta 522. Anderson fue disparado por sorpresa y asesinado a sangre fría cuando los cuatro miembros del equipo de rastreo alcanzaron la cima de la cordillera en Black Log Mountain. El francotirador, un siniestro pistolero siempre con el rifle a cuestas, descargó seis disparos, sin desperdiciar ninguno. En un pinar tan denso que la visibilidad se limitaba a aproximadamente quince metros, Hollenbaugh disparó dos veces al abdomen del agente del FBI, provocándole la muerte casi de forma inmediata. Disparó y mató a uno de los dos perros, con tres descargas de su rifle, e hirió de gravedad a otro perro, alcanzándole en el cuello mientras el animal saltaba para abalanzarse sobre él.


## Equipos de rastreo

La emboscada tuvo lugar a las 10:00 h, y en pocos minutos, cientos de oficiales de policía, agentes del FBI y otros efectivos policiales se congregaron en la zona. Algunos equipos de rastreo, enviados a la escarpada zona montañosa, avistaron al francotirador a las 13:30 h, aunque se abstuvieron de abrir fuego, ya que la chica secuestrada estaba junto a él. Tras ser vistos, ambos desaparecieron en el espeso bosque. A las 17:30 h, el francotirador fue visto por segunda vez en su cabaña-escondite, en la zona de Black Log Mountain, junto con Peggy Bradnick. Ésta fue la última vez que se les vio antes de la muerte de Sharpe, víctima del ataque del francotirador, esta mañana temprano.

Al caer la noche, la policía suspendió la búsqueda en la zona de la cabaña del francotirador, y cerró el círculo en torno a la zona, colocando a doscientos cincuenta agentes del FBI, seiscientos veinticinco policías estatales y otros quinientos efectivos policiales y voluntarios. El círculo de rastreadores armados llegó a abarcar una zona de alrededor de treinta y cinco kilómetros de diámetro, en la que cada uno de los hombres quedaba a la vista del siguiente.

Hoy, al amanecer, el círculo comenzó a cerrarse gradualmente. La llegada de perros adiestrados por la policía estatal, y algunos incluso procedentes de otros estados, aumentó la confianza en que el francotirador no podía usar el bosque como escondite. Los perros, entrenados para matar, encontrarían al francotirador, dondequiera que se escondiese.

El cielo encapotado y la repentina tormenta eléctrica, que se desató tras la muerte del francotirador, no consiguieron ocultar el evidente alivio de los habitantes de la zona. A pesar de los rayos y de la fuerte lluvia, los vecinos de todo el valle empezaron a sonreír; algunos, por primera vez en una semana, otros, por primera vez en dos años, a medida que se fue extendiendo la noticia de la muerte del francotirador. Hubo vecinos que fueron a casa de otros vecinos, sin sombrero, paraguas ni impermeable, para comunicarles la maravillosa noticia de que ahora, finalmente, podían dormir en paz. Una atmósfera de tranquilidad invadió el valle, situado entre las cordilleras de Neelyton y Shade.

El parte meteorológico no pronosticó sol para hoy, pero el valle quedó iluminado por los rostros de sus habitantes. Se ha recobrado la confianza en los investigadores, que cumplieron la promesa, hecha el lunes por la noche, de capturar al francotirador.

Sin embargo, muchos de los habitantes lamentaron que un agente del FBI hubiera muerto intentando lograr lo que llevaban dos años persiguiendo.

Muchos creen que no fue suficiente el empeño demostrado por la policía estatal hace dos años, cuando el francotirador comenzó a sembrar el pánico. En cualquier caso, no había cometido crímenes tan graves como los del pasado miércoles y días sucesivos.

Durante esta época, los residentes de la zona temieron seriamente por sus vidas. En el mismo periodo, muchos habitantes llegaron a desconfiar de sus vecinos, al no haberse encontrado rastro del francotirador después de dos años de investigación. Sin embargo, cuando la policía le puso nombre al francotirador el pasado martes, se recobraron antiguas amistades y se olvidaron las sospechas.

Cuando aún no había sido detenido, el FBI presentó una acusación de asesinato contra Hollenbaugh en la comisaría general de Bellefonte. La promesa de nuevas acusaciones y de conseguir atrapar al francotirador, antes de abandonar la zona, provocaron la reconciliación de los habitantes con la policía.

# Reconstrucción de las últimas horas del francotirador

Por Bob Cox
19 de mayo de 1966

La reconstrucción de los acontecimientos conducentes a la espectacular muerte del demente francotirador de Shade Gap el miércoles por la mañana comenzó esta tarde en la montañosa zona del condado de Huntingdon, cerca de la frontera con el condado de Fulton. Excepto Peggy Bradnick, el ayudante del sheriff Francis Sharpe y el francotirador, William Diller Hollenbaugh, todos los participantes en la extraña sucesión de acontecimientos estaban presentes, para reconstruir la violencia de los últimos instantes de la vida de este enfermo mental de infausta memoria, que ha mantenido la zona en constante estado de alerta durante más de dos años.

Ahora se afirma que Hollenbaugh fue abatido por un único disparo del arma del capitán de la policía estatal, Grant Mixell, de la subdelegación de Carlisle. Los investigadores refirieron a última hora de ayer que las armas del secuestrador no habían sido localizadas todavía. Se expresó el temor de que, tras la confusión durante el tiroteo con la policía, las armas hubieran sido robadas.

Al hacer un llamamiento para reconstruir los últimos acontecimientos, a los que se puso fin de manera frenética la semana pasada —un final esperado desde hace más de dos años—, el FBI y la policía esperaban aclarar la confusión generada por la gran variedad de informaciones diversas, demandas y conjeturas.

Comenzando por el momento, el miércoles por la mañana temprano, en el que el francotirador irrumpió en una cabaña ocupada por el ayudante del sheriff y le disparó mientras éste intentaba dormir un poco antes de continuar la persecución, la reconstrucción debería aclarar cómo el francotirador, acompañado por la chica secuestrada, evadió los controles policiales desde el asiento trasero del vehículo del que se había apropiado.

El francotirador cometió un error definitivo, que lo condujo a la muerte, a las 6:45 h del miércoles, en una pequeña cabaña situada a cuatrocientos metros de la Ruta 522, en la zona de Burnt Cabins y Fort Littleton. Antes de tener visibilidad suficiente en aquella brumosa mañana, el disparo del rifle usado por el francotirador para herir al ayudante del sheriff fue oído por miembros de los equipos de rescate y guardias nacionales, apostados en torno al perímetro sur de la zona cercada. Se solicitó entonces el apoyo de otras unidades. También se solicitó que el control policial revisase todos los vehículos que circulasen por la zona, ya que se sospechaba que el francotirador se haría con un vehículo, con la intención de escapar del cerco policial.

Quince minutos después de que el francotirador hiriese al ayudante del sheriff y lo obligase a conducir su coche hacia Fort Littleton, el francotirador estaba muerto. Había salido del coche del ayudante del sheriff y había intentado irrumpir por la parte trasera de la casa de Larry Rubeck, de quince años, quien más tarde se atribuyó haber disparado la bala que mató al francotirador. Cuando Hollenbaugh pasaba por delante de una ventana lateral de la casa de los Rubeck, Larry disparó una escopeta cargada con una bala recubierta de cobre. Dijo que el francotirador cayó inmediatamente, y murió a los pocos minutos. Hollenbaugh estaba muerto a la llegada al centro médico del condado de Fulton, McConnellsburg, poco tiempo después.

## Bala utilizada

La autopsia, realizada por el doctor W. E. B. Hall, médico del Waynesboro Hospital, reveló que la bala que mató al francotirador impactó en la base del omóplato izquierdo, provocando una pequeña abertura al entrar en el cuerpo. Siguiendo una trayectoria ascendente, la bala atravesó el cuerpo de Hollenbaugh, y salió por la clavícula izquierda, dejando un gran agujero. La bala, al salir del cuerpo del hombre, le desgarró la piel de la parte delantera del cuello y de la barbilla. La muerte fue inmediata, apuntó el doctor Hall. La causa de la muerte fue hemorragia masiva. La trayectoria de la bala y el tamaño del agujero que provocó la bala al entrar en el cuerpo de Hollenbaugh descartaron la posibilidad de que el impacto mortal procediera de una bala recubierta de cobre, dijo hoy Russell C. McLucas, coronel del condado de Fulton. «Estamos seguros de que fue una bala de alta velocidad. Podría proceder de una pistola o de un rifle de calibre 30. El cuerpo no tenía otras heridas», dijo McLucas.

Cuando fue trasladado al centro médico del condado de Fulton, el cuerpo de Hollenbaugh estaba ataviado con una chaqueta gris, debajo de la cual llevaba una chaqueta guateada de puño vuelto. También llevaba una camisa de uniforme de trabajo, de color verde, y dos pares de pantalones, marrón el de fuera, verde oscuro el de dentro, de tejido resistente. Llevaba un par de botas de caza, de goma verde, y tenía barba de varios días. Tenía el pelo negro con motas grises. Era un hombre pequeño, medía en torno a un metro sesenta, y pesaba apenas sesenta kilos. Le faltaban varios dientes delanteros. A pesar de su corta estatura, Hollenbaugh mantuvo atemorizada a toda el área de Shade Gap, Burnt Cabins y Neelyton durante los últimos dos años. Un antiguo paciente psiquiátrico con antecedentes criminales, Hollenbaugh había sido puesto en libertad de la institución penitenciaria para delincuentes con problemas psiquiátricos en 1959. Fue descrito por sus escasos conocidos como una persona silenciosa y tranquila. Hablaba lentamente y casi nunca levantaba la voz. Amaba a los perros, y tenía dos en el momento del secuestro, hace una semana. Tan grande era su amor por los animales que se arriesgó a que lo capturaran el domingo, al volver a su cabaña, en la zona donde mil hombres estaban llevando a cabo la intensiva búsqueda, para llevarse a los perros, delante de los investigadores.


**Propietarios de la cabaña**

La cabaña en la que habitó Hollenbaugh con sus perros durante casi tres años es propiedad de los señores Ryder, residentes en el 503 al oeste de la calle Queen. El francotirador había alquilado la cabaña de dos habitaciones por quince dólares mensuales, y una vez fue en bicicleta hasta Chambersburg, a una distancia de más de cincuenta kilómetros, para pagar el alquiler. La señora Ryder declaró hoy que sus padres, los señores Fogal, de Shade Gap, a veces iban a recoger el alquiler de Hollenbaugh. La cabaña de dos habitaciones estaba equipada con electricidad, aunque Hollenbaugh nunca la usaba, y prefería las lámparas de queroseno y las velas.

Una segunda cabaña, en las profundidades de Black Log Mountain, en la cordillera de Tuscarora Mountain, al oeste de Shade Gap, fue construida por Hollenbaugh a solas, quien transportó madera en su bicicleta para poner en pie su morada. Fue en la cabaña de la montaña donde escondió a Peggy durante algunos de los siete días que duró el secuestro.

Por la noche, Hollenbaugh ataba a la joven de diecisiete años poniéndole una cadena de perro en torno al cuello. Según parece, sólo usaba la cadena, que tenía un collar de perro, mientras dormía. Durante las largas caminatas por aquellas escarpadas zonas la chica no iba atada, pero nunca le permitía alejarse de él.

Peggy, que se encuentra en buen estado de salud en el centro médico del condado de Fulton, permanece ingresada. El ayudante del sheriff, que fue disparado en el abdomen por el francotirador, también está ingresado en el Chambersburg Hospital, en la unidad de cuidados intensivos.

El cuerpo de Hollenbaugh permanece en la funeraria de Kelso, en McConnellsburg, donde al mediodía de hoy el director todavía no había ultimado los detalles del entierro. Se ha sabido que un hermano de Hollenbaugh, en Shade Gap, se niega a aceptar responsabilidades por el entierro.

*En mayo de 1966, en el momento de su muerte, William D. Hollenbaugh tenía cuarenta y cuatro años y su biografía estaba casi por completo contenida en informes policiales y partes hospitalarios. A los dieciséis años afrontó, junto a su hermano, el primer juicio por robo, seguido en breve por otros dos: todas las veces había robado herramientas de trabajo, como sierras y martillos, y acabó siendo condenado a siete años de cárcel. Después viene un periodo en el cual no se sabe nada de él, hasta que, en 1954, fue internado en un hospital psiquiátrico. Cuando sale, en 1959, William Hollenbaugh había pasado más de la mitad de su vida en una celda.*

# Universidad del Estado de Kent: cuatro muertos y once heridos

## Premio Pulitzer de Crónica Local en 1971

AUTORES

Helen Carringer, James Herzog, Sanford Levenson,
Lacy McCrary, Ray Redmond, Jeff Sallot,
Bob Schumacher, Abe Zaidan

CABECERA

*The Akron Beacon Journal*

Traducción de Fernando Pérez Fernández

**White Radicals Fall In Behind Panthers—Page A-25**
(On Page B-6: Arnie Got The Call, Jack The $20,000)

Complete Latest New York And American Stocks On Pages A-22 To A-24

# AKRON BEACON JOURNAL

Monday, May 4, 1970    No. 20, 132nd Year    Ohio's Complete Newspaper    64 Pages · Ten Cents

# 4 DEAD, 11 WOUNDED AS GUARD FIRES INTO RIOTERS AT KSU

KENT — Four persons were killed and at least 11 others shot as National Guardsmen fired into a group of rock-throwing protesters at Kent State University today.

THREE OF the dead were tentatively were identified as: William Schneider, Jeffery Miller and Allison Krause.

The fourth was an unidentified girl.

Injured were:

Dean Kahler, Thomas Grace, Joe Lewis, John Cleary, Alan Canfora, Robert Stamp, Dennis Breckenridge, Doug Wrentmore, and Bill Herabier. Two of the nine are National Guardsmen.

Six of those taken to Robinson Memorial Hospital suffered gunshot wounds. Three were in critical condition. Two of those taken to the hospital were identified as Guardsmen suffering from shock. One of the Guardsmen was released this afternoon.

(Telephone communications between Akron and Kent were severed at about 1 p.m.

(A call to the Ohio Bell Telephone Co. in Kent brought this recorded message: "Due to the martial law in effect in Kent, the telephone company is closed.")

GUNSHOTS rang out about 12:30 p.m., half an hour after Guardsmen fired tear gas into a crowd of 500 on the commons, behind the university administration offices. Demonstrators hurled rocks and tear gas grenades back as they scattered.

Police are holding a man who said he used a gun he was carrying when he was attacked by demonstrators. The man reportedly had press credentials and carried a camera.

The Highway Patrol reported earlier they were looking for a sniper reported atop Johnson Hall which is on the edge of the campus commons.

A NEWSPAPERMAN, an eyewitness to the shooting, said the gunshots rang out after one student hurled a rock at Guardsmen who were trying to move away after clearing the Commons.

"One section of the Guard turned around and fired and then all the Guardsmen turned and fired," he said.

According to the witness, some of the Guardsmen were firing in the air while others were firing straight ahead. Guardsmen and police immediately sealed off all buildings on campus, permitting no one to enter or leave. One National Guardsman collapsed during the melee complaining of chest pains. He was rushed by ambulance to a hospital.

THE WOUNDED were taken to Robinson Memorial Hospital in Ravenna.

The wounded were unconscious and covered with blood. At least one was shot in the leg and two others were shot in the abdomen.

The shooting broke out after students had rallied on the commons at the center of campus in defiance of an order not to assemble.

An officer in a jeep ordered them over a loud speaker to disperse. He begged to break up "for their own good." The protesters laughed and jeered. The troops, wearing gas masks, then began to launch canisters of tear gas.

The troops were en route back to their original positions when about 20 students, both boys and girls, ran toward them from behind Taylor Hall.

Stones and sticks fell on the troops and obscenities filled the air.

APPARENTLY without orders the Guardsmen turned and aimed their M-1 rifles at the charging students and began firing.

Students in the emergency room at Robinson Memorial Hospital who would not give their names said they wanted to get on commons to discuss demands.

They said as they started gathering the Guardsmen started throwing "pepper" gas at them, and the students started throwing rocks.

Then, they said, the firing started.

One non-student with a gun mustache and long hair said: "They'll pay for it. It's not the radicals. It's the most conservative groups on campus who will bring the university down now."

One youth said the most conservative kids are out screaming to save as the long-hair kids.

With National Guardsmen now patrolling all of Kent, schools were dismissed, classes were closed, and traffic was blocked from either entering or leaving Kent.

More than 1,000 anti-war demonstrators, many of them students, clashed with Guardsmen and police Sunday night before they were driven back with bayonets and tear gas.

Nine persons were reported injured in the rioting, including three Guardsmen. More than 100 were arrested, the majority for violations of an 8 p.m.-to-down curfew imposed by Kent city officials.

MILITANTS in the three nights have burned the university's Army ROTC building, smashed 36 downtown store windows, and threatened Kent businessmen.

National Guard Brig. Gen. Robert Canterbury said the Guard will remain as long as necessary.

Sunday's demonstrations began about 8 p.m. when students massed around the student union near where the ROTC building was leveled by flames the night before.

Police from 13 communities and four counties were called in.

GUARDSMEN first fired tear gas at 8 p.m. in an abortive attempt to scatter the crowd as it marched behind Dunbar Hall, a men's dormitory.

At about the same time, a door window was broken in the Music and Speech Building and a scrub fire set inside. The blaze was extinguished quickly and damage was slight.

Guardsmen read the Ohio Riot Act at 9:12 p.m. but it

See PLAN, Page A-5

*Students Come To The Aid Of A Shooting Victim*

---

—At A Glance

## DJ Dives Deeper As Asian Worries Mount

NEW YORK (AP) — The stock market made a brief, weak attempt today to erase a sharp early loss, which was attributed to growing concern over the Southeast Asian situation. While awaiting Soviet Premier Alexei N. Kosygin's comments on the U. S. thrust into Cambodia, the market took a steep setback. Then, when his statement was not as strong as had been expected on Wall Street, the market produced a brisk rally. The 16-point decline by the Dow Jones industrials average during the morning was whittled to about 8, but this market barometer was down 16.62 to 717.91 shortly before closing.

## British Labor Rips U. S.

LONDON (AP) — Left-wing Laborites in the British Parliament today forced an emergency debate Tuesday on the Indochina crisis with demands that Britain denounce the American drive into Cambodia and the resumption of air raids on North Vietnam. Members of Prime Minister Harold Wilson's Cabinet did not resist the move, led by leftist Michael Foot.

## 13 Die In Plane Crash

HAMILTON AIR FORCE BASE, Cal. (AP) — Thirteen persons were killed today in the fiery crash of a T-29 Convair transport shortly after takeoff from Hamilton AFB. About eight miles northeast of the base, rescuers found the one survivor was in shock near the burning plane and that the 13 others aboard were killed.

## They'll Meet With Nixon

WASHINGTON (AP) — The Senate Foreign Relations Committee agreed today to attend a White House briefing Tuesday on U. S. operations in Cambodia — but still seeks a private conference with President Nixon. The committee recommended as many as possible of its 15 members attend the Tuesday meeting, to which members of the House Foreign Affairs Committee also were invited. "I don't interpret this as a response to our letter requesting a meeting," said Sen. J. W. Fulbright (D-Ark.) the chairman.

---

*An Editorial*

## School Levies Are Essential

A few dozen candidates have a lot at stake in the balloting Tuesday. At the same time, 58,000 boys and girls in Akron and thousands in nearby communities are deeply concerned.

Riding on the outcome of the vote on two tax levies in Akron and levies and bond issues in numerous other school districts is the difference between quality education and "make-do" operations.

★

The Beacon Journal has strongly endorsed the two propositions being submitted to Akron voters:

ISSUE 10 — Renewal of an 18.36 mill levy and addition of 3.5 mills, a total of 21.86 mills for operating expenses.

ISSUE 11 — Renewal of 1.96 mills and addition of 2 mills, a total of 3.96 mills for construction.

Passage of these levies is essential if the Akron schools are to maintain their present high standards.

Likewise necessary are the levies, in varying amounts, being submitted in other districts.

★

Property owners can justifiably say that the growing tax burden should be more widely shared. They can and should join in asking the Ohio legislature to levy other taxes to help support schools.

Until the legislature acts — next year, we hope — there is no practical alternative but to vote the necessary local taxes for school operation and construction.

Rejection can only lead to the sad plight experienced by some of our neighbors — crowded classrooms, double sessions, loss of good teachers, and a serious decline in property values because families don't want to move into a community with inferior schools.

So, let's pass the levies and tell the legislature that an overhauling of school financing is overdue.

---

## Say Nixon OKs War Expansion To Increase Aerial Raids

By JAMES McCARTNEY
*Beacon Journal Washington Bureau*

WASHINGTON — President Nixon has approved a broad program to step up military pressure against the Communists in Indochina, Knight Newspapers reporters have learned.

It involves tough new moves on several fronts.

The new approach includes an "upgrading" of the aerial war against North Vietnam — which has already begun.

It also includes plans for the more raids on the ground against additional Communist

On Page A-4:
U. S. halts bomb raids In North Vietnam.
War moves at a glance.

"sanctuaries" in Cambodia — and could eventually involve new action in Laos.

MORE U. S. troops may be involved in attacks on Communist sanctuaries, but as far as is known, no other new U. S. combat missions are planned.

Nor does the administration plan to change its announced schedule of Vietnam troop withdrawals.

In general, the President's program is designed to put heavy new military pressure on the Communists in the hope of driving them to the negotiating table in Paris.

ONE massive bombing raid — involving more than 500 U. S. planes — has now been admitted by U. S. officials.

It was witnessed in North Vietnam by Robert Boyd, chief of Knight Newspapers Washington Bureau.

More large-scale aerial attacks are expected to follow as part of the President's new pressure policy.

The full extent of the President...

See All, Page A-5

### 'Provocation Against China'

TOKYO (AP) — Communist China declared today U. S. operations in Cambodia are a "provocation against the Chinese people and peoples of Southeast Asia and the world."

Radio Peking said the declaration came in an official statement issued by the Chinese government.

### Today's Chuckle

Scientists have discovered so many substitutes that it's hard to remember what was originally needed.

---

## Truck Traffic Picking Up

By DON FERMOYLE

Truck traffic started returning to normal in the Akron area today, but a key issue in a back-to-work proposal by dissident Teamster members still was unresolved.

The Akron Trucking Association has made no decision on union members fired because of their activities during the wildcat walkout. When dissident Teamster members of Local 24 voted Friday night, they agreed to return to work only at terminals which rehire all strikers.

The association called a meeting for this afternoon to discuss the issue.

POLICE said small groups of dissident Teamsters were seen this morning in the Atchewood av. and Kelly av. areas and at the Clearview Tavern near the Richfield terminals, but there was no trouble.

Cleveland Local 407 voted,

On Page B-1:
Plasterers strike, second building trade union to go out.

953 to 319 Sunday to return to work. Another Local 407 meeting ended in confusion Saturday after a rumor had spread that Akron Teamsters had rejected the back-to-work proposal drafted in Washington between William Presser, Ohio Teamsters boss, and Robert E. Sweeney, labor negotiator and Democratic candidate for governor.

THE RESULT of the Akron vote also was confused after a member of the dissident group, Charles Mantopolous, sent a telegram claiming inaccuracies in the Beacon Journal's coverage of the meeting. Mantopolous was unavailable for clarification of the message during the weekend.

But today Mantopolous said he challenged his role in the strike as reported by the Beacon Journal, not the result of the Friday night vote.

Mantopolous objected to an observation in the story in which he was identified as "chief spokesman" for the dissidents. Mantopolous said he and two other members of Local 24 who accompanied Sweeney to Washington were merely observers at the talks.

The three of them hold no elective office in the Teamsters, he said. He merely repeated Presser's comments at the Friday night meeting, Mantopolous said.

---

## Teachers Go On Strike

YOUNGSTOWN (UPI) — All 1,600 city school teachers today began a boycott of classes to back demands for a salary increase.

The members of the Youngstown Education Association voted to "withhold their services by boycotting classes" after contract negotiations with the school board broke down.

The strike affects 25,500 students in 64 elementary, junior high and high school. The school board is expected to seek an injunction against the teachers.

Negotiations had narrowed the differences between the board and the association to $400 before talks were called off.

---

## The Weather

Partly cloudy and cool tonight, a 30 pct. chance of rain and a low of 46. Partly sunny and cooler Tuesday, 10 pct. chance of rain and a high of 66. Wednesday fair and mild. Sunday's high 73°; overnight low 46. Records for this date: 86, 1952; 30, 1961. Sunset 8:25, sunrise Tuesday 6:19.

---

## Race Results

Entries and Selections On Page B-10

Pimlico
Aqueduct
Garden State
Churchill Downs

---

## On The Inside

# La Guardia Nacional dispara contra los manifestantes en la KSU: 4 muertos y 11 heridos

Por Ray Redmond, Jeff Sallot, Bob Schumacher
y James Herzog
4 de mayo de 1970

Cuatro personas murieron ayer y al menos otras once resultaron heridas cuando los soldados de la Guardia Nacional abrieron fuego sobre un grupo de manifestantes que lanzaban piedras contra la Universidad del Estado de Kent (KSU).

La identidad de tres de los fallecidos ha sido establecida de forma provisional. Aunque los datos estén pendientes de confirmación, podría tratarse de William Schneider, Jeffrey Miller y Allison Krause. La cuarta víctima es una joven que todavía no ha podido ser identificada.

Entre los heridos se encuentran: Dean Kahler, Thomas Grace, Joe Lewis, John Cleary, Alan Canfora, Robert Stamps, Dennis Brackenridge, Doug Wrentmore y Bill Hersler. De estos nueve, dos son soldados de la Guardia Nacional.

Seis de los que fueron trasladados al Robinson Memorial Hospital presentaban heridas de bala, y tres de ellos se hallaban en estado crítico. Dos de los internos eran soldados que se encontraban en estado de *shock*. Uno de ellos ha recibido el alta esta misma tarde.

(En torno a la una de la tarde se interrumpieron las comunicaciones telefónicas entre Akron y Kent. Cuando llamamos a la Ohio Bell Telephone Co. sólo pudimos obtener por respuesta el siguiente mensaje pregrabado: «Debido a la declaración de la ley marcial en Kent, la compañía telefónica no puede ofrecerle sus servicios»).

Los disparos comenzaron cerca de las 12:30 h. Media hora antes, la Guardia Nacional había lanzado bombas lacrimógenas contra la multitud de quinientas personas que se congregaba en los jardines centrales del campus, detrás de las oficinas de la administración universitaria. Mientras se dispersaban, los manifestantes les habían contestado arrojándoles piedras y lanzándoles las bombas de vuelta.

La policía retiene a un hombre que declaró haber usado su pistola cuando los manifestantes lo atacaron. En el momento de ser detenido, se comprobó que las credenciales de prensa que llevaba eran auténticas y que se encontraba en posesión de una cámara fotográfica.

Antes de que todo esto ocurriera, los agentes de la patrulla de carreteras habían dado aviso de que estaban persiguiendo a un francotirador. Éste había sido visto sobre la azotea del Johnson Hall, un edificio anexo a los jardines centrales del campus.

Un periodista, testigo ocular del tiroteo, nos ha informado de que los disparos comenzaron cuando un estudiante les lanzó una piedra a los soldados que, por su parte, ya se retiraban después de haber desalojado los jardines centrales.

Éstas han sido sus palabras: «Una de las secciones dio media vuelta y empezó a disparar, y entonces el resto de la Guardia hizo lo mismo». Según sus afirmaciones, algunos soldados dispararon al aire, mientras que otros dispararon directamente al frente.

En ese momento, los soldados y la policía acordonaron todo el campus impidiendo la entrada y salida de personas. En medio de la refriega, un soldado se desplomó quejándose de fuertes dolores de pecho. Fue trasladado de urgencia al hospital.

Los heridos fueron conducidos al Robinson Memorial Hospital de Ravenna. Todos se encontraban inconscientes y cubiertos de sangre. Al menos uno de ellos presentaba heridas de bala en la pierna y otros dos en el abdomen.

Los disparos empezaron a escucharse después de que los estudiantes se concentraran en los jardines centrales, a pesar de la prohibición de formar grupos.

Un agente que circulaba en un todoterreno les dio por altavoz la orden de dispersarse. Les pidió que disolvieran la concentración «por su propio bien». Los manifestantes se burlaron riéndose. Fue entonces cuando las tropas de soldados, protegidos con máscaras antigás, empezaron a lanzar botes de gas lacrimógeno.

En el momento en que las tropas se estaban retirando a sus posiciones iniciales, unos veinte jóvenes, chicos y chicas, salieron de detrás del Taylor Hall y se lanzaron hacia ellas a la carrera.

Una lluvia de piedras y palos cayó sobre las tropas, y se escucharon toda clase de insultos y obscenidades.

Los soldados, sin haber recibido órdenes claras al respecto, dieron entonces media vuelta y, apuntando con sus rifles M-1 hacia los estudiantes que cargaban contra ellos, empezaron a disparar.

Algunos estudiantes que se encontraban ingresados en la sala de urgencias del Robinson Memorial Hospital, que se negaron a revelar sus nombres, dijeron que se habían congregado en los jardines centrales del campus para discutir sus reivindicaciones.

También añadieron que cuando ellos empezaron a agruparse los soldados les atacaron con gas pimienta, y que ellos les respondieron a pedradas. Fue entonces, según han declarado, cuando empezaron a dispararles.

Un individuo que no forma parte del alumnado, con el pelo largo y bigote de gurú, dijo: «Pagarán por esto. Ya no se trata de los radicales, ahora serán los grupos más conservadores del campus los que acaben por hundir la universidad».

Un muchacho dijo que los chicos de ideas más conservadoras han salido a la calle a gritar las mismas consignas que los melenudos.

Con la Guardia Nacional patrullando por todas partes en Kent, se suspendieron las clases, las tiendas cerraron y se prohibió la entrada o salida de tráfico.

El domingo por la noche, más de mil manifestantes en contra de la guerra, muchos de ellos estudiantes, se enfrentaron a las fuerzas de la Guardia Nacional y de la policía hasta que éstas forzaron su retirada con bayonetas y gas lacrimógeno.

Durante los disturbios se produjeron, que se tenga constancia, nueve heridos; entre ellos había tres soldados. Hubo más de cien detenidos, la mayoría por violar el toque de queda —de 8 de la noche hasta el amanecer— declarado por la administración local.

En el curso de las tres últimas noches, los militantes han incendiado el edificio del ROTC[1], han reventado los escaparates de cincuenta y seis tiendas del centro y han amenazado a los comerciantes de Kent.

El sargento brigada Robert Canterbury afirmó que la Guardia Nacional permanecería en las calles tanto tiempo como fuese necesario.

Las manifestaciones del domingo comenzaron en torno a las 20:00 h, cuando se congregó una masa de estudiantes alrededor de la sede de su sindicato, próxima al solar que había dejado el ROTC tras ser reducido a cenizas la noche anterior.

---

[1] Reserve Officer Training Corps, es decir, «Cuerpo de adiestramiento de oficiales de reserva»: se trata de un cuerpo del Ejército en el que se alistan los estudiantes universitarios para seguir un programa de entrenamiento paralelo al ciclo normal de estudios. Una vez completado dicho programa, que dura de tres a cuatro años, obtienen el rango de oficiales (N. del T.).

Se solicitó la intervención de la policía de trece barrios y cuatro condados. La Guardia Nacional realizó sus primeros ataques con gas lacrimógeno a las 21:00 h, en un intento frustrado de disolver la multitud que marchaba detrás del Dunbar Hall, una residencia de estudiantes sólo para chicos.

Sobre esa misma hora, alguien rompió el cristal de una puerta del salón de actos y prendió un pequeño fuego en el interior. Las llamas fueron sofocadas rápidamente y no se produjeron daños de consideración.

A las 21:12 h los soldados de la Guardia Nacional realizaron una lectura pública de las leyes del estado de Ohio que prohíben los disturbios, pero los manifestantes estuvieron burlándose sin prestar atención. A continuación la multitud se dirigió en dirección a la calle Principal, mientras los soldados volvían a lanzar gas lacrimógeno contra ella.

La policía y los soldados de la Guardia Nacional se apostaron junto al Kent Motor Inn al mismo tiempo que la multitud se detenía en la intersección de la calle Principal con la calle Lincoln.

Los helicópteros de la Guardia Nacional y de la policía local sobrevolaban la zona, iluminándola con sus reflectores.

Al menos doscientos manifestantes se sentaron en medio de la intersección mientras varios cientos más permanecían a sus espaldas, de pie sobre el césped del campus. Algunos estudiantes, que se habían autoproclamado portavoces de la manifestación, intentaron establecer «negociaciones» con la policía, solicitando la presencia del alcalde de Kent, Leroy Satrom, y del rector de la KSU, Robert I. White. Un policía les contestó que Satrom y White estaban dispuestos a reunirse con ellos, a condición de que regresaran al perímetro del campus.

Más tarde, Satrom declaró no haber dado autorización a nadie para aceptar en su nombre la propuesta de diálogo de los estudiantes. Los funcionarios de la universidad han afirmado que tampoco White tuvo en ningún momento intención de reunirse con los estudiantes.

Entre las exigencias de los estudiantes se encontraban la suspensión del programa de la ROTC, una rebaja en el precio de la matrícula, la amnistía de los cuarenta y siete estudiantes detenidos durante los disturbios del viernes y del sábado y la retirada de la Guardia Nacional.

A las 23:00 h, la Guardia Nacional disparó una vez más gases lacrimógenos contra la multitud, dispersando a los estudiantes en dirección al campus. Media hora después, la multitud se disolvió por completo.

Dos estudiantes sufrieron heridas de bayoneta y un soldado de la Guardia Nacional resultó herido por el impacto de un adoquín.

Se estima que los desperfectos producidos en el edificio del ROTC alcanzan un valor cercano a los 50.000 dólares y que el del resto de los daños relacionados con los disturbios es de 36.000 dólares.

Los comerciantes de Kent han declarado que a lo largo de la jornada del sábado recibieron una avalancha de llamadas telefónicas, amenazándoles con la quema de sus tiendas si no colgaban en ellas carteles en contra de la guerra. Dichos carteles fueron puestos a la vista en gran cantidad de negocios que habían sido dañados la noche del viernes.

El gobernador Rhodes, que el domingo visitó el campus para valorar los daños causados por los disturbios de las dos noches precedentes, ha declarado que se ha puesto en contacto con la legislatura de Ohio, para que ésta incluya el lanzamiento de objetos contra la policía o los bomberos entre los actos susceptibles de punición penal, y para que decrete la expulsión automática de todo estudiante, profesor o miembro del cuerpo administrativo que resulte condenado por haber tomado parte en los disturbios de cualquier universidad del estado.

Los responsables de los disturbios son, según el gobernador, «un puñado de subversivos que actúan siguiendo un plan preconcebido para destruir la educación superior, una banda de militantes de la que ahora sabemos que se encuentra activa desde hace tiempo y que ha estado moviéndose de un campus a otro».

El consejo estudiantil aprobó el domingo una resolución en la que se condenaba a Rhodes por haberse servido de los disturbios con fines propagandísticos, dentro de la campaña por el Senado que lo enfrenta a Robert Taft Jr.

Veintitrés profesores han firmado un comunicado reprobando el uso de la violencia.

Las unidades de la Guardia Nacional que intervinieron en los disturbios —el primer batallón del 145.º regimiento de infantería y el 2.º batallón del 107.º regimiento de la caballería pesada, ambos con base en Akron— habían recibido la orden del gobernador Rhodes. El 2.º batallón ocupó posiciones el domingo por la noche. Hasta ese momento muchos de los soldados se encontraban de servicio controlando la huelga del Teamsters[2]. Disponían de carros blindados.

Los disturbios del viernes estallaron al día siguiente de que el presidente Nixon hiciera público un comunicado oficial informando del inminente envío de tropas a Camboya. Tales disturbios culminaron una jornada de manifestaciones contra la guerra que también quedó marcada por la quema de una copia de la Constitución de los Estados Unidos.

[2] Uno de los mayores sindicatos de Estados Unidos (N. del T.).

# La Guardia Nacional acusa a Rhodes de haber asumido el control total en el conflicto de la KSU

Por Abe Zaidan
8 de mayo de 1970

Fuentes internas de la Guardia Nacional han comunicado al *Beacon Journal* que la mañana del domingo el gobernador Rhodes asumió el control total de la situación, que ya era bastante tensa, y al parecer impartió sus órdenes sin consultar a la Guardia Nacional ni a los oficiales de la universidad.

De acuerdo con la información proporcionada por una de las fuentes, entre dichas órdenes impuestas a los soldados se encontraba la de disolver todos los grupos de gente —aun cuando fuesen pacíficos— que se formaran en el campus y la de permanecer en él durante todo el año si fuera necesario.

El gobernador expuso su estrategia para tratar con los manifestantes en el curso de una reunión mantenida con los representantes de las fuerzas del orden, estatales y locales, así como del sistema universitario. Dicha reunión tuvo lugar en la estación de bomberos de Kent.

«Lo único que sabíamos de antemano», dijo la fuente interna de la Guardia Nacional, «era que el gobernador iba a mantener una reunión con nosotros y que después concedería una breve conferencia de prensa antes de visitar el campus».

Por aquel entonces, explicó, la Guardia no había sido informada de que iba a recibir la orden de disolver los grupos que se formaran.

«Nuestra misión era proteger la vida y las propiedades de la gente, no perder el tiempo persiguiendo a unos críos. Pero el gobernador convirtió la reunión del domingo en su circo privado. No se plantearon objeciones, nadie quiso discutirle nada: habría sido inútil. El gobernador ya había tomado una decisión».

Aunque Rhodes se ha negado a atender a los periodistas, su brazo derecho, John McElroy, ha desmentido que el gobernador diera la orden de disolver los grupos pacíficos.

«No se realizó ningún tipo de especificación a ese respecto», declaró.

Cuando le preguntaron si era cierto que el gobernador había amenazado con investigar a los miembros de la facultad que simpatizasen con los disidentes, primero dijo: «No», y a continuación añadió: «Lo que sucedió estando allí el gobernador sólo lo saben él y el resto de los que estaban presentes».

Fue en esa misma reunión, como ya informó con anterioridad el *Beacon Journal*, cuando el gobernador rechazó la petición del fiscal del condado de Portage, Ronald Kane, de cerrar el campus inmediatamente para evitar una posible confrontación violenta con los estudiantes más radicales. En un momento dado, Kane solicitó a Rhodes que mantuvieran una conversación privada en otra habitación, y le aconsejó clausurar la universidad y enviar a los estudiantes a casa. Según Kane, Rhodes rechazó su propuesta «porque le parecía que de ese modo estaría siguiéndoles el juego a los de la SDS y a los Weathermen», grupos de estudiantes de extrema izquierda.

De acuerdo con la misma fuente, los oficiales de la Guardia Nacional parecieron sorprendidos por la orden de disolver los grupos pacíficos, protegidos por la Constitución. Otro de los datos que aporta es que Rhodes prometió investigar a todos los miembros de la facultad que animaran o estuvieran de acuerdo con los jóvenes disidentes y asegurarse de que «no volvieran a dar clases».

Asimismo, ha expresado el descontento de muchos soldados de la Guardia, a los que les pesa el sentimiento de hostilidad hacia ellos que se ha extendido por algunos lugares, «puesto que ninguno de nosotros quería enfrentarse a los estudiantes».

«Nosotros estábamos allí», ha dicho, «porque se nos ordenó acudir para cumplir nuestra función de miembros del Ejército con equipamiento militar enviados a una situación civil para actuar como apoyos de las fuerzas de policía».

La misma fuente ha explicado que los soldados de la Guardia estaban igual de asustados que los estudiantes, y ha afirmado: «Sólo llevábamos el uniforme y el casco, no llevábamos corazas ni ninguna otra cosa que nos protegiera de las piedras y las botellas. Hasta un jugador de béisbol tiene su guante para atrapar la bola. Nosotros disponemos de equipamiento de la Segunda Guerra Mundial, las latas de gas lacrimógeno puede recogerlas cualquiera y volver a tirárnoslas, no son como las nuevas bombas que explotan al entrar en contacto con el suelo. Usar las nuestras es como tirarles rollos de papel higiénico».

La fuente también se ha mostrado crítica con el hecho de que en la Guardia vayan armados con rifles M-1, armas «con una increíble velocidad de tiro» que están diseñadas para matar. «Son armas que traspasan un árbol: con una bala pueden atravesar un árbol o a cuatro personas».

El lunes cuatro estudiantes murieron y otros once resultaron heridos cuando los soldados de la Guardia Nacional dispararon sobre un grupo que estaba lanzando piedras.

El portavoz de la Guardia Nacional ha declarado que cuando el lunes se congregó el grupo de estudiantes para llamar a la huelga, los agentes de la patrulla de carreteras intentaron dispersar a la multitud en dos ocasiones. Cuando éstos fracasaron se produjo la intervención de los soldados, y entonces tuvo lugar el tiroteo.

# Tres días de violencia y luego la tragedia

Por Helen Carringer, James Herzog, Stanford Levenson,
Lacy McCrary y Jeff Sallot
10 de mayo de 1970

Todo empezó el primero de mayo, *May Day*, que es también la clave usada en todo el mundo cuando se produce un caso de emergencia.

Parecía uno de esos días perfectos del Medio Oeste, con el sol primaveral derramándose sobre las suaves pendientes de un campus cualquiera; pero había algo que no encajaba en todo aquello…

La noche anterior, el presidente había anunciado a la nación que se iban a enviar tropas a un país para apresurar el final de la guerra que estaba teniendo lugar en otro. ¿Iniciar una guerra para apresurar el final de otra? Aquella mañana, ése era el principal tema de conversación en la Universidad del Estado de Kent.

Y éste fue el detonante de la reacción en cadena que, setenta y dos horas después, ha sacudido el mundo entero. Lo que tuvo lugar durante esas setenta y dos horas es materia de investigación y conjetura pero ¿por qué ocurrió?

¿Acaso injerencias externas soliviantaron a la multitud durante tres noches seguidas hasta que ésta escapó a su control?

¿Se dejaron adormecer las autoridades municipales y universitarias en la creencia de que la Guardia Nacional de Ohio era la panacea para todos los desórdenes?

Y, sobre todo, ¿por qué se ordenó la intervención de personal militar entrenado y armado, cuando tan sólo un año antes habían bastado las fuerzas de la policía local para controlar unas manifestaciones similares?


**Viernes 1.º de mayo**

El comienzo de toda esta historia se sitúa el viernes a mediodía, cuando los estudiantes convocaron una concentración en el campus central de la Universidad de Kent para protestar por la invasión de Camboya ordenada por el presidente Nixon. Entre los grupos involucrados en esa manifestación de protesta se encontraban la Nueva Liga Universitaria y los Estudiantes Religiosos Progresistas (autodenominados sucesores de los SDS, «Estudiantes por una Sociedad Democrática»).

Frente a un público de alrededor de quinientos estudiantes, el graduado Steven Sharoff dio el siguiente discurso: «Anoche Nixon liquidó la Constitución al hacernos entrar en una guerra no declarada contra Camboya. La Constitución ha muerto y hoy nosotros vamos a enterrarla».

Tres horas más tarde los Black United Students convocaron otra manifestación en la que participaron trescientos cincuenta estudiantes, cuarenta y siete de ellos de raza negra. Se leyó un documento reclamando más becas de estudio y facilidades de matrícula para los estudiantes de color.

El resto de la jornada el campus permaneció en calma.

Sin embargo, estaban a punto de dar las doce de la noche cuando en una calle del centro, a poco más de un kilómetro de distancia, se prendió una hoguera.

«Desde el primer momento, el Departamento de Policía de Kent se dio cuenta de que en el área urbana se perfilaba una situación potencialmente peligrosa», ha declarado el alcalde Leroy Satrom. «Tan pronto como se produjeron las primeras alteraciones del orden, recibí el aviso por teléfono. Yo me encontraba fuera de la ciudad, en Aurora, y regresé a toda prisa a Kent».

Los estudiantes surgieron de los bares de la zona para ver qué era lo que estaba pasando en medio de la calle South Water y se encontraron con una hoguera, el tráfico interrumpido y gente que agitaba carteles llenos de eslóganes contra el presidente Nixon. Les debió de parecer un buen plan para el viernes por la noche.

La multitud se arremolinó alrededor, aguardando a que alguien tomase la iniciativa. La policía hizo lo mismo.

«Cuando llegué al lugar de los hechos, el Departamento de Policía de Kent había considerado conveniente pedir refuerzos a la oficina del sheriff del condado de Portage», ha dicho Satrom. «Hasta que no llegaron los hombres del sheriff, la policía de Kent no emprendió acción alguna contra los estudiantes y el resto de personas involucradas en las manifestaciones del centro de la ciudad».

Llegados a ese punto, la multitud, formada por quinientas personas, ya se había desplazado de la calle Water a la calle Principal reventando escaparates y lanzando botellas a su paso. Las cristaleras de quince negocios, muchos de ellos oficinas financieras, quedaron destrozadas.

Finalmente, cerca de las 3:00 h, sesenta y cinco ayudantes del sheriff y veinticuatro agentes de la policía de Kent arrojaron gas lacrimógeno contra la masa de estudiantes que en ese momento estaba llegando a la calle Lincoln, el punto de entrada al campus central de la universidad. Los estudiantes huyeron hacia el interior del campus, refugiándose algunos de ellos en las residencias. Catorce fueron arrestados por alteración del orden público.

El alcalde y el jefe de policía Roy Thompson declararon el toque de queda, desde las ocho hasta el amanecer, durante el resto del fin de semana. «Informé inmediatamente de la situación a los agentes de la policía estatal de Columbus», ha dicho el alcalde.

Con quien habló fue, de hecho, con John McElroy, el ayudante ejecutivo del gobernador Rhodes.

«Satrom estaba en medio del alboroto», ha explicado McElroy. «Dijo que necesitaban refuerzos, que los estudiantes habían invadido la ciudad y estaban rompiendo escaparates y aterrorizando a los comerciantes. Dijo que había estado intentando imponer orden durante horas, empleando los recursos de la policía y el sheriff, pero que había sido en vano».

«No estoy del todo seguro, pero creo que entonces llamé al general Canterbury. Recuerdo haber llamado al oficial de servicio [el coronel John Simmons] en los cuarteles generales de la Guardia Nacional en esta zona. Le informé de la llamada del alcalde y le dije que un oficial de enlace de la Guardia Nacional debería hablar con Satrom y comprobar el estado de la situación.

Un oficial acudió de hecho al lugar, e informó que la violencia parecía estar remitiendo y que no parecía probable que llegara a ser necesaria la intervención de la Guardia».


**Sábado, 2 de mayo**

El sábado por la mañana la KSU estuvo en calma.

El rector, Robert I. White, seguía en Iowa en una reunión del American College Testing Program[1]. El vicerrector Ronald Roskens llevaba fuera desde el viernes.

---

[1] Organización no gubernamental, sin ánimo de lucro, dedicada al diseño de pruebas de evaluación de futuros estudiantes para diversas instituciones y a la orientación académica. Son los creadores del «ACT», o American College Test, una de las pruebas de admisión más empleadas en las universidades norteamericanas (N. del T.).

La universidad quedaba en manos de Robert Matson, vicerrector de Estudiantes, y de Richard Dunn, vicerrector de Asuntos Económicos. Matson y su asistente, el doctor David Ambler, convocaron a veintiocho docentes y a entre treinta y cuarenta estudiantes para formar una especie de «asamblea para la distensión del ambiente».

«Establecimos un centro que actuase como foro de opinión, gestionado tanto por profesores como por estudiantes, con el objetivo de recoger toda la información disponible en relación con lo que estuviera ocurriendo y contrastarla», nos ha contado Ambler. «También quisimos colaborar con el Consejo de Residencias de Estudiantes: organizamos fiestas en las residencias e invitamos a tocar a un par de bandas. Hasta donde sé, las fiestas recibieron bastante afluencia. Además de eso, mantuvimos abiertos los locales del Sindicato de Estudiantes».

La ciudad estaba fortificada, y la universidad tenía proyectado ofrecer refrigerios mientras el toque de queda estuviera vigente en el centro de la ciudad. Otra de las medidas fue servir el almuerzo en las residencias durante el fin de semana, «cosa que no hacemos a menudo», en palabras de Ambler.

Entretanto, al alcalde le siguieron llegando informes de nuevos disturbios que iban ocurriendo durante la noche.

«A las cinco de la tarde volví a llamar por teléfono a Columbus, solicitando esta vez que la Guardia Nacional enviase tropas de apoyo para ayudar a los policías a proteger la vida y las propiedades de los habitantes de la ciudad de Kent», ha dicho el alcalde.

El general de estado adjunto Sylvester del Corso ya se encontraba en Kent junto con el general Canterbury, su segundo al mando de las tropas.

«Del Corso me llamó desde Kent y me dijo que ya tenía movilizadas algunas tropas para solucionar el tema del Teamsters», ha declarado Satrom. «Dijo que convenía desviar algunas hacia Kent como medida de precaución. Yo le contesté que parecía una buena idea, así que desplazó algunas tropas de la Guardia Nacional que hasta entonces se encontraban detenidas en Akron».

El 1.ᵉʳ batallón del 145.º regimiento de infantería abandonó el Rubber Bowl, el estadio de fútbol de Akron, para dirigirse a Kent. Las tropas llegaron a la escuela primaria de Walls sobre las 19:00 h. Eran en torno a las 19:30 cuando alertaron a la estación de la patrulla de carreteras.

«Solicitas la intervención de la policía cuando la situación se ha vuelto tan grave que no te queda más remedio», ha explicado el vicerrector Dunn. «Si le pides que intervenga en cuanto aparecen los primeros signos de tensión, lo único que vas a conseguir es inflamar los ánimos de los estudiantes».

Las patrullas de carretera iniciaron el transporte de unidades a Ravenna, mientras la universidad enviaba autobuses para recogerlos.

En el campus se estaban formando concentraciones de gente. Eran en torno a las 21:00 h. «De pronto», ha dicho Dunn, «esos grupos empezaron a moverse y a congregarse en los jardines. Desde ahí comenzaron una marcha en torno a las residencias de estudiantes, incorporando nuevos grupos más pequeños. Alcanzaron una velocidad impresionante y aparecieron sobre la colina que hay junto al Taylor Hall, bajando a la carrera directos hacia el edificio del ROTC».

Dunn ha descrito a las personas que formaban las primeras líneas de la multitud como «desagradables y feroces. Ninguno de nuestros guardias de seguridad pudo reconocer a nadie. Eran caras extrañas».

Los veinticuatro guardias de seguridad que se encontraban protegiendo el edificio del ROTC no fueron capaces de contener a la multitud, compuesta por trescientas personas. El primer intento de prenderle fuego fracasó, se apagaron las llamas. La multitud retrocedió. A continuación intentaron prenderle fuego de nuevo, alimentando esta vez las llamas con trapos empapados en gasolina y bengalas de ferroviario.

Durante los primeros diez minutos que siguieron a la llegada de la multitud frente al edificio del ROTC, las autoridades estuvieron discutiendo la pertinencia de solicitar la intervención de la Guardia Nacional, puesto que la policía aún no había llegado y que los guardias de seguridad del campus no se encontraban en condiciones de proteger a los bomberos de las pedradas de los estudiantes, que llegaron a partir en dos una de las mangueras contra incendios.

La llamada de auxilio a la Guardia Nacional no llegó a realizarse. Tanto los soldados como la policía llegaron antes de que fuera posible tomar esa medida.

«La Guardia Nacional entró en el campus como una avalancha, y con ellos Del Corso, en respuesta a la destrucción del edificio del ROTC y atendiendo a las informaciones proporcionadas por la policía de que el peligro afrontado era concreto e inminente», ha dicho McElroy.

El 16 de abril de 1969 una manifestación parecida había sido protagonizada por los «Estudiantes por una Sociedad Democrática» (SDS).

Siete miembros de esa organización iban a recibir un expediente disciplinario a resultas de haberse enfrentado a la policía frente a las oficinas de la administración universitaria ocho días antes.

Una concentración convocada a las 16:00 h frente al Sindicato de Estudiantes derivó en una marcha hasta el salón de actos en el que iba a producirse, a puerta cerrada, la vista del expediente. Los manifestantes gritaron: «¡O entramos todos o no entra nadie!», forzaron la entrada del edificio e irrumpieron violentamente. A continuación se personó un contingente de treinta agentes de la patrulla de carreteras y, con la ayuda de la policía y de los agentes del sheriff, consiguió dispersar a los estudiantes, deteniendo a cincuenta y ocho de ellos por allanamiento.

Si la Guardia Nacional no intervino en esa ocasión, a pesar de haber sido alertada, entonces ¿por qué lo hizo en ésta?

«No había suficientes hombres disponibles», ha declarado Robert Hart, decano de la Facultad de Derecho. «Por esta razón, el alcalde llamó a la Guardia. La necesidad de refuerzos es el único supuesto bajo el que se puede hacer intervenir al Ejército».

«Noventa y seis de los casi ciento treinta agentes con los que cuenta la patrulla de carreteras», ha seguido diciendo Hart, «estaban haciendo la ronda por la Universidad del Estado de Ohio, que había sido el escenario de los disturbios ocurridos la semana anterior».

McElroy ha dicho que «cuando recibo una solicitud de intervención para la Guardia Nacional, lo primero que hago es avisar al gobernador. Pero en este caso concreto, cuando le avisé, ya habíamos dado vía libre a la operación. Tengo autoridad para hacerlo».

Roskens ha declarado: «No existía una secuencia de decisiones a seguir. La decisión de solicitar o no la intervención de la Guardia Nacional no la tomamos nosotros. El gobernador había anunciado el domingo que ellos asumían el control. Nosotros acatamos sus decisiones y ellos nos respaldaron».

«Una vez puesta la ciudad bajo el control de la Guardia Nacional, la universidad entraba en su jurisdicción», ha afirmado Dunn. «Cuando el ambiente del campus empezó a caldearse, los soldados simplemente aparecieron».

«La llegada de la Guardia Nacional, que tuvo lugar en torno a las 21:00 h, fue acogida con alivio», ha añadido Dunn. «Aceptaron de buena gana la cooperación de nuestros oficiales. Les indicamos los lugares más expuestos a un ataque: los depósitos de agua, las antenas de radio y los generadores eléctricos».

Numerosos alumnos residentes advirtieron de la presencia de extraños en el campus. Se averiguó la identidad de uno de ellos, Andy Pyle, descubierto en varias ocasiones. Se trata de un conocido líder de la izquierda radical, y ha sido visto sacando fotografías del equipamiento militar en el interior de la universidad y tomando parte en diversos actos teñidos por la controversia, entre los que se encuentra un congreso sobre la situación política de Asia. También se encontraba en las escaleras del edificio de la administración el 8 de julio de 1969, el día que los miembros de la SDS se enfrentaron a la policía.

Cuatro miembros de la SDS, condenados por aquel episodio, habían sido puestos en libertad tres días antes de que comenzasen los primeros disturbios de la semana pasada.

Tras el incendio del ROTC, los soldados de la Guardia Nacional evitaron una nueva invasión de las calles del centro formando un cordón de defensa a lo largo de la calle Principal hacia el este. La confusión remitió cerca de las 23:30 h. La policía arrestó a treinta y tres personas por violar el toque de queda.


## El pasado domingo

El pasado domingo el gobernador Rhodes se trasladó a Kent.

«Llegó en torno a las siete y media de la mañana con el superintendente de la patrulla de carreteras Robert Chiaromonte y se encontraron en el ayuntamiento con Del Corso, Satrom, el fiscal del condado Ronald Kane y algunos representantes estudiantiles. También aprovechó su visita para hacer un recorrido por la ciudad y por el campus». En el curso de esas discusiones se decidió que el campus no sería clausurado. Kane, sin embargo, quería cerrar las puertas de la universidad, y se dirigió al tribunal de apelación para obtener un recurso.

«Había que hacer algo», ha declarado.

Entretanto el rector White regresó de Iowa. Tuvo un rápido encuentro con Rhodes antes de que el gobernador regresara a Columbus. «Ningún funcionario de la universidad ha establecido conversación privada alguna con el gobernador», ha afirmado Roskens, que regresó al campus el sábado por la tarde.

El domingo por la tarde se produjeron nuevos disturbios. Entre la multitud congregada en el exterior del Sindicato de Estudiantes se podía ver a gente con cintas rojas anudadas a los brazos y a la frente, y pañuelos y flores del mismo color.

De pronto el grupo empezó a moverse, pasando junto a los restos del incendio del ROTC para subir a la colina que separa el Prentice del Taylor Hall.

Alrededor de doscientos manifestantes se sentaron en medio del cruce de la calle Principal con Lincoln, en la entrada del campus. La Guardia Nacional los dispersó empleando gas lacrimógeno. Sesenta y dos de ellos fueron arrestados por violar el toque de queda. ¿Quiénes eran los que se manifestaron?

«No me cabe la menor duda de que la convocatoria frente al edificio del ROTC la realizaron revolucionarios ajenos a la universidad, y que también fueron ellos los que planearon la estrategia de atacar al amanecer y, acto seguido, replegarse, antes de que pudiéramos ponernos en movimiento», ha manifestado un oficial de alto rango. Señala como culpables a los pequeños grupos formados en el interior del campus que entonces convergieron frente al edificio.

Se sospecha que parte de la acción podría haber sido planeada en el curso de los últimos seis meses, mientras cuatro de los líderes de la SDS estaban en prisión por haber tomado parte en los disturbios de la pasada primavera.

Las autoridades han hecho hincapié en que el papel desempeñado por los líderes radicales, ajenos a la universidad, fue determinante en el desarrollo de los acontecimientos, pero que la situación en Camboya actuó como una especie de llamada a las armas, atrayendo también a muchos que no eran estudiantes.

Según un funcionario de la administración, el numeroso grupo de extraños presentes en el campus pareció esfumarse en cuanto se desató el conflicto.

Nadie pone en duda que, desde el momento en que llegaron las tropas, era la Guardia Nacional la que mandaba en todo aquello.

Según el testimonio de McElroy: «Todo se coordinó desde el puesto de mando establecido por Canterbury en el interior del campus».

Joseph Hegedus, sheriff del condado de Portage, dice haber «participado en algunas reuniones, pero yo no las calificaría de informes de estrategia». A Kane no le dieron parte de las maniobras previstas hasta la reunión del domingo por la mañana. «Mantuvimos conversaciones con la gente de la universidad, pero el comandante en jefe de la Guardia Nacional era el que ostentaba la autoridad suprema», ha concluido Canterbury.

El sábado por la tarde se puso al mando del 2.º escuadrón del 107.º regimiento de caballería pesada, con base en el aeropuerto de Akron-Canton.

Tanto dicha unidad como la del 1.ᵉʳ batallón del 145.º de infantería —que ya se encontraba ocupando posiciones— llevaban activas desde el miércoles 29 de abril por la mañana, ambas encargadas de proteger a los conductores de camiones en la huelga del Teamsters.

La Guardia Nacional tenía a su disposición un total de mil trescientos hombres, si bien no empleó a más de ochocientos soldados cada vez.

«Entre las tropas no había reclutas», ha aclarado el teniente coronel Charles Fassinger, comandante del 2.º escuadrón. «Todos estos hombres han cumplido como mínimo seis meses de servicio activo dentro del ejército regular. Todos han recibido entrenamiento específico para el control de los disturbios. Pudimos verlos en acción en Hough, Glennville, Youngstown, Akron y Geneva-On-The-Lake».

Según el teniente coronel Harold M. Finley, comandante en jefe del 2.º escuadrón, «adiestramiento no nos falta. Ya habíamos afrontado situaciones de este tipo, pero nunca habíamos tenido que soportar tanta presión como en este caso». «Las tropas actuaban por turnos», ha informado Finley. A los que les llegaba el momento de intervenir, los llamaban «carne fresca».

También tenían presentes las palabras que les dirigió el general Del Corso durante la misión de la Teamsters: «Respondan al fuego con el fuego».

«En la Guardia Nacional tenemos un manual que especifica los protocolos de actuación», ha dicho el general Canterbury. «Si alguien dispara contra nosotros, estamos obligados a dispararle». La Guardia Nacional entró en acción cumpliendo lo prescrito por las leyes de Ohio en relación con los disturbios, que prohíben la formación de grupos de más de tres personas una vez declarado el estado de emergencia.

No se produjeron arrestos masivos en ningún momento. Matson y Ambler han dicho que esto fue motivo de discusión entre la patrulla, los guardias de seguridad del campus y la Guardia Nacional, pero que, al final, se decidió que la universidad y las calles de la ciudad eran propiedad pública. Estuvieron de acuerdo en que si se producían arrestos sin que nadie hubiera incurrido en delitos de gravedad, sólo se lograría enfurecer a la muchedumbre.

Sin embargo, el jefe de seguridad del campus, Donald L. Schwartzmiller, es de otra opinión: si se hubiera arrestado en masa a los manifestantes que hicieron la sentada en el cruce de la calle Lincoln con la calle Principal el domingo por la noche, se habrían evitado posteriores incidentes. «Los tenían a todos allí, juntos», ha declarado.


**Lunes, día de la tragedia**

Y llegó el lunes. «Nuestras fuentes afirmaban que en la ciudad todo iba a estar tranquilo y que la Guardia Nacional controlaba la situación», ha dicho el alcalde Satrom.

En cuanto a la Guardia Nacional… «Cada vez que tomas parte en una situación así, se produce cierta tensión», ha comentado el general Canterbury. «No sirve de nada intentar engañarse». «Cada vez que un hombre permanece lejos de su casa, da igual por cuánto tiempo, tiene que soportar un cierto grado de estrés», ha completado el coronel Finley.

Mientras el sol salía sobre los árboles llenos de flores, el frío era cortante.

Y al mediodía se oyeron los tañidos de la Campana de la Victoria[2] convocando a los estudiantes a los jardines centrales del campus.

Noventa y ocho soldados del 2.º escuadrón, los que se encontraban más cerca del lugar, se dirigieron hacia allí. Al llegar, se encontraron frente a frente con una muchedumbre de quinientas personas.

Los estudiantes empezaron a lanzarles piedras y los soldados avanzaron disparando gases lacrimógenos. Cuando los estudiantes escaparon, ocultándose detrás del Taylor Hall, los soldados tomaron posiciones en un aparcamiento.

Diez minutos más tarde, los militares regresaron a los jardines para peinar la zona.

Entonces volvieron a lanzarse piedras y ladrillos, y más tarde llegaron las balas…

---

[2] Se trata de una campana de hierro que, siguiendo la tradición, se usa en la KSU para anunciar las victorias en los partidos de fútbol (N. del T.).

# El FBI dice que la Guardia Nacional disparó contra los estudiantes injustificadamente.
## Seis militares podrían ser procesados

23 de julio de 1970

El FBI ha determinado que el empleo de armas de fuego en el campus por parte de la Guardia Nacional de Ohio, que provocó la muerte de cuatro estudiantes de la Universidad del Estado de Kent, fue «innecesario y contrario al reglamento».

Y según ha podido saber el *Beacon Journal*, el Departamento de Justicia ha notificado a las autoridades de Ohio que seis soldados de la Guardia Nacional podrían tener que ir a juicio.

El FBI sostiene que los soldados de la Guardia Nacional no estaban rodeados, no habían agotado las reservas de gas lacrimógeno y podrían haberse hecho con el control de la situación sin necesidad de disparar contra los manifestantes.

Más de cien agentes del FBI han tomado parte en la investigación de los disparos producidos en el campus de la Universidad del Estado de Kent el 4 de mayo. Los resultados a los que han llegado figuran en un informe de siete mil quinientas páginas y en un resumen del mismo que ocupa catorce.

Según las informaciones a las que ha tenido acceso el *Beacon Journal*, en dicho informe se hace constar lo siguiente:

• El uso de armas de fuego fue «innecesario y contrario al reglamento».

• Los casi doscientos manifestantes que estaban provocando a los soldados podrían haber sido dispersados recurriendo a los arrestos o al uso de más gases lacrimógenos.

• Ningún soldado había resultado herido por el impacto de una piedra o cualquier otro tipo de proyectil y ninguno de ellos se encontraba en peligro de muerte en el momento de abrir fuego. Hasta ese momento nadie había lanzado piedras contra ellos.

• Un soldado disparó a un estudiante que estaba haciendo un gesto obsceno; otro disparó a un estudiante que se disponía a arrojar una piedra.

Un portavoz del Departamento de Justicia[1] informó a la redacción del *Beacon Journal* en Washington de que el documento constituía un memorándum dirigido a las autoridades de Ohio, elaborado por la oficina de derechos civiles del Departamento de Justicia y firmado por Jerris Leonard, jefe de dicha oficina.

De acuerdo con las afirmaciones de este mismo portavoz, el memorándum contiene diversos indicios recogidos por el FBI durante la investigación que serían susceptibles de ser empleados como argumentos ante un gran jurado. El documento también plantea una serie de estrategias alternativas a adoptar por las autoridades de Ohio en función de los diversos escenarios que pudieran presentarse.

El Attorney General[2], John Mitchel, todavía no ha estudiado el documento, según afirmó su portavoz. Ha añadido que

[1] El Justice Department es el equivalente del Ministerio de Justicia (N. del T.).
[2] Equivalente del ministro de Justicia (N. del T.).

el departamento sigue aplazando el momento de emprender acciones legales de carácter federal, con el fin de que las autoridades de Ohio puedan mantener su autonomía en la toma de decisiones.

El *Beacon Journal* ha podido averiguar que el informe incluye una lista con el nombre, la graduación, la unidad a la que pertenece y el domicilio de cada uno de los seis soldados que podrían tener que ir a juicio.

También ha tenido noticia de cómo el informe pone en cuestión que el comportamiento de los estudiantes frente a la Guardia Nacional pueda entrar en la categoría de disturbios. Puesto que, de acuerdo con lo establecido durante la investigación, los estudiantes no representaron en ningún momento una amenaza que pusiera en riesgo inmediato la vida de personas o la integridad de sus propiedades, los manifestantes presentes en la KSU no estaban produciendo disturbios por más que recibieran la orden de dispersarse.

La cuestión de si se dieron o no las condiciones precisas para poder calificar de disturbios el comportamiento que mostraron los manifestantes podría acarrear consecuencias importantes. Conforme dicta la ley, de concluirse que en aquel momento estaban produciéndose disturbios, los militares evitarían tener que ir a juicio. En caso contrario, si se determinara la ausencia de disturbios, los soldados podrían tener que enfrentarse a una causa penal.

Durante el tiroteo murieron Allison Krause, de diecinueve años y procedente de Pittsburgh; Sandra Scheuer, de veinte años, de Youngstown; William Schroeder, de diecinueve años, de Lorain; Jeffrey Miller, veinte años, de Plainview, en el estado de Nueva York. Otros nueve estudiantes resultaron heridos.

Los investigadores del FBI sostienen que los disparos duraron once segundos y en su informe se establece con exactitud la distancia que separaba a las víctimas de los soldados. También indica que cuatro de los estudiantes fueron alcanzados en la parte frontal del cuerpo, el resto en el costado o por la espalda. Fueron trece en total las personas alcanzadas por los proyectiles.

En el informe se recoge el testimonio de un soldado que afirmó haber visto «un trozo de madera de seis o siete centímetros de largo» volando hacia él justo antes de empezar a disparar. El FBI afirma que se desconoce si fue eso lo que aquel mediodía provocó el inicio del tiroteo frente al Taylor Hall.

Otro miembro de la unidad que inició los disparos reconoció haber gastado un cartucho entero de munición, pero, citando sus propias palabras, «no vi caer a nadie […]. No pensé que pudiera estar dándole a nadie».

Dos soldados sostienen haber disparado sólo al aire. Según la reconstrucción elaborada por los investigadores, otro fue visto corriendo de acá para allá mientras gritaba histérico: «¡He dado a dos chavales, he dado a dos chavales!».

Un portavoz del FBI en Washington ha declarado que debe ser el Departamento de Justicia, y no el FBI, el que decida si plantea una denuncia, y con qué imputaciones efectúa su acusación.

«Ahora es cosa suya», ha afirmado.

Una fuente distinta del FBI dio a entender que su agencia continúa investigando los hechos de la Universidad de Kent y que el caso todavía sigue abierto.

Se espera que las conclusiones a las que ha llegado el FBI sean usadas por la Comisión contra los Desórdenes en la Universidad, presidida por el ex gobernador de Pensilvania William Scranton.

La Comisión planea enviar a la KSU un grupo de investigación formado por seis personas. Dicho grupo revisará los informes disponibles y expondrá ante la Comisión las diversas estrategias de actuación que podrían adoptarse. Ésta empezará a recabar testimonios acerca de lo ocurrido en el mismo lugar de los hechos el próximo 10 de agosto. En la actualidad está participando en una serie de audiencias en Washington.

Un portavoz de la Comisión Scranton comunicó al *Beacon Journal* que la comisión no había solicitado ni tampoco recibido informe alguno, del FBI o de cualquier otra agencia, en relación con el tiroteo de la Universidad de Kent.

El informe del FBI también podría ser utilizado como argumento en caso de tener lugar en el condado de Portage una investigación penal ante un gran jurado. El fiscal jefe del condado, Ronald Kane, se halla a la espera de la concesión de un presupuesto de 100.000 dólares por parte del estado de Ohio para poder poner en marcha dicho proceso judicial.

El martes pasado el gobernador Rhodes anunció que tomaría en consideración la propuesta de nombrar a Kane colaborador especial del estado a fin de que pueda tener acceso a esos fondos. El jefe del Departamento de Justicia de Ohio, Paul Brown, ha confirmado que la ley prohíbe la financiación por parte del estado de cualquier tipo de investigación penal abierta por las instituciones de un condado.

# Young afirma que la Guardia Nacional se lo inventó: no existía peligro mortal alguno en la KSU

23 de octubre de 1970

Washington. El senador demócrata de Ohio Young dijo en un discurso que la Guardia Nacional «se inventó» el peligro que supuestamente habría amenazado la vida de los soldados.

«La mayor parte de los soldados de la Guardia Nacional que abrieron fuego no alega de forma explícita que lo hiciera porque su vida corriese peligro», dijo Young, afirmando que citaba las conclusiones finales del FBI.

Según Young, las conclusiones finales a las que ha llegado el FBI entrarían en contradicción con el veredicto del gran jurado especial de carácter estatal encargado de investigar los disturbios del campus de la KSU, que el 4 de mayo condujeron a la muerte por disparos de cuatro estudiantes.

Las declaraciones de Young aparecieron en el contexto de un discurso que pronunció ante el Senado el pasado 13 de octubre. En aquel momento no fueron reproducidas por la prensa, pero quedaron registradas en las transcripciones de la sesión.

El gran jurado estatal, en el momento de anunciar que veinticinco personas habían sido acusadas de los disturbios producidos en el campus, dijo lo siguiente acerca del papel desempeñado por la Guardia Nacional:

> Consideramos que los soldados de la Guardia Nacional presentes el 4 de mayo en la colina [la Blanket Hill] adyacente al Taylor Hall dispararon con la firme y honesta convicción —y en circunstancias que les permitían creer en ello— de que su integridad física peligraba en caso de no hacerlo.

Ésta es la parte del discurso de Young en la que cita parte de las conclusiones del FBI:

> La mayor parte de los soldados de la Guardia Nacional que abrieron fuego no alega de forma explícita que lo hiciera porque su vida corriese peligro. Más bien, lo que a grandes trazos puede deducirse de sus testimonios es que dispararon al oír que otros disparaban. Tenemos razones para creer que la tesis sostenida por la Guardia Nacional, según la cual los estudiantes habrían puesto en peligro la vida de los soldados, sería una excusa inventada *a posteriori*.
>
> El hecho de que algunos soldados declarasen *motu proprio* que sus vidas no estuvieron en peligro arroja algunas dudas sobre el caso. Un soldado admitió que su vida no corría peligro y que disparó contra la multitud de forma indiscriminada. Además declaró que los soldados se reunieron después de disparar y que decidieron inventarse la historia de que los estudiantes habían puesto en peligro su integridad física.
>
> Los hombres de la Guardia Nacional no estaban rodeados. Dejando de lado los estudiantes que tenían a sus espaldas, había muy pocos estudiantes entre la Guardia Nacional y los jardines centrales del campus. Ningún soldado afirmó haber sido golpeado por una piedra justo antes de los disparos.

Young no ha querido añadir comentarios al respecto, pero un portavoz de su oficina en Washington ha dicho que el senador estaba citando literalmente parte de un informe del FBI al que había tenido acceso.

Hoy, sin embargo, un portavoz del FBI ha comunicado a la redacción del *Beacon Journal* en Washington que «el senador Young no ha tenido acceso a ningún tipo de informe o material de investigación del FBI, lo que es más: el FBI no ha extraído ninguna conclusión ni se ha formado ningún juicio de inocencia o de culpabilidad, nunca lo ha hecho y nunca lo hará».

El portavoz ha añadido: «No tenemos ningún comentario que hacer sobre esto. No estamos autorizados a realizar comentario alguno en relación con las pruebas recogidas por el FBI».

Un portavoz del Departamento de Justicia ha contestado: «No podemos decir nada al respecto».

Parece que el senador Young dio aquel discurso en el Senado para rebatir las afirmaciones sobre los disparos en la Universidad de Kent hechas por un estudiante de veinte años, James Young, de White River Junction, en Vermont.

El senador dijo haber escuchado una entrevista radiofónica en la que James declaraba que los soldados de la Guardia Nacional «habían tenido que disparar para salvar la vida». Afirmó que el estudiante mantenía haber sido testigo de la confrontación desde la ventana de una residencia, a cincuenta metros de donde se hicieron los disparos. Al decir del senador, para aquel estudiante, los que se habían congregado en el campus de la KSU constituían una multitud enfurecida y los soldados tuvieron que disparar para defender sus propias vidas.

Según Young, el estudiante aventuró que si los soldados hubieran intentado salir de allí empleando la fuerza física, la multitud les habría golpeado hasta matarlos y que a los soldados no les había quedado otro remedio que disparar.

El senador calificó de «absurda» la reconstrucción del estudiante.

De acuerdo con la Comisión contra los Desórdenes en la Universidad, presidida por el ex gobernador de Pensilvania William Scranton: «Justo antes de que comenzasen los disparos, las primeras filas de la muchedumbre se encontraban a no menos de veinte metros de los soldados, mientras que el grueso de los manifestantes se encontraba a entre cincuenta y sesenta metros de distancia».

Young citó también otros pasajes del informe de conclusiones del FBI. El primero en revelar tales conclusiones fue el *Beacon Journal*, en la exclusiva que publicó el pasado 23 de julio. Young constató que entre lo destacado de dichas conclusiones se encuentran:

Los disparos que realizó la Guardia Nacional fueron innecesarios e iban en contra del procedimiento establecido.

Ningún soldado había resultado herido por el lanzamiento de piedras y tampoco corría peligro la vida de ninguno de ellos cuando empezaron a disparar.

Los soldados no habían agotado las reservas de gas lacrimógeno, tal y como fue ampliamente difundido en su momento, y podrían haberse hecho con el control de la situación empleando ese gas o realizando arrestos.

Un soldado disparó contra un estudiante que estaba haciendo gestos obscenos. Otro disparó contra un estudiante que se disponía a lanzar una piedra. No obstante, la distancia que separaba la primera línea de soldados de ése y del resto de estudiantes era tan importante que una piedra lanzada no habría golpeado con fuerza suficiente para provocar heridas.

Se ha sabido que un tercer soldado de la Guardia estuvo corriendo de un lado para otro inmediatamente después del incidente mientras gritaba histérico: «Les he dado a dos chavales, les he dado a dos chavales».

El memorándum del FBI notificaba a las autoridades de Ohio
que seis soldados podrían ser considerados culpables por haber tomado parte en el tiroteo. Y daba una lista con el nombre, rango,
unidad y domicilio de todos ellos.

Tras producirse el viernes pasado la publicación de las conclusiones suministradas por el gran jurado especial, el senador
Young pronosticó que pronto sería convocada la reunión de un
gran jurado de carácter federal para profundizar en el esclareci-
miento de los disturbios de Kent.

Young definió el trabajo del gran jurado como un «lavado de
imagen».

Un portavoz del Departamento de Justicia ha dicho que las
conclusiones a las que llegó el gran jurado especial están siendo
objeto de estudio en este momento, y ha dejado abierta la posibilidad de convocar un gran jurado de carácter federal.

El gran jurado especial, haciendo inventario de las razones por las que los soldados involucrados en los incidentes no
eran susceptibles de ser sometidos a un procedimiento penal,
declaró:

«Cincuenta y ocho soldados de la Guardia Nacional resultaron heridos por piedras y otros objetos lanzados contra ellos,
mientras atravesaban los jardines centrales del campus en dirección a la colina del Taylor Hall y descendían hacia el campo de
fútbol, debido a lo cual se vieron forzados a retirarse.

Es evidente que, desde el momento en que alcanzaron el campo de fútbol, los soldados adoptaron una postura defensiva, y
que por lo tanto tenían razones para temer por su propia integridad física.

Las circunstancias en las que tuvo lugar la acción indican
que setenta y cuatro hombres, rodeados por varios centenares
de alborotadores violentos, se vieron forzados a replegarse, as-
cendiendo de vuelta colina arriba junto al Taylor Hall, bajo una

lluvia de piedras y otros objetos, en medio de un río de insultos y de consignas como: "Muerte, muerte, muerte"».

# Los Ángeles de la Muerte

Premio Pulitzer de Crónica Local en 1991

AUTORES

Christine Evans, Sydney P. Freedberg, Donna Gehrke,
Carlos Harrison, Patrick May

CABECERA

*The Miami Herald*

Traducción de Carmen Torres García

# Asesinato en el Templo del Amor

Por Sydney P. Freedberg
8 de julio de 1990

Presunto delito: ejecución pública.

Lugar: Templo del Amor, Liberty City, Miami-Dade, Florida.

Testigos oculares: de treinta a cincuenta personas, discípulos Yahweh.

Víctima: Leonard Dupree, veintidós años, ex campeón estadounidense de kárate.

Fecha: otoño de 1983.

Proceso penal: no.

Las fuerzas y cuerpos de seguridad de Miami —el Departamento de Homicidios de la policía del Metro-Dade[1], el FBI, el fiscal federal y el fiscal del condado de Miami-Dade— conocían el episodio desde hacía años. Ninguno de ellos quiere contar

[1] El Miami-Dade Police Department (MDPD) es el Departamento de Policía del condado de Miami-Dade, anteriormente conocido como el Metro-Dade Police Department, nombre con el que aún hoy se le sigue denominando, o más comúnmente, la Metro (N. de la T.).

demasiado en público. Oficialmente, las autoridades ni siquiera quieren reconocer que se cometiera un crimen.

Sin embargo, tanto un documento legal obtenido de la Fiscalía del Condado de Miami-Dade, como una entrevista con un disidente Yahweh, que afirmaba haber sido testigo ocular, y una declaración jurada de ciento veintinueve páginas, presentada en un juicio civil no relacionado con el caso, daban fe de que se había cometido un sangriento homicidio en el Templo del Amor.

Extracto de la declaración jurada: «Los demás hermanos se le echaron encima y lo mataron a golpes».

El *Herald* ha tenido conocimiento de que varias fuerzas del orden público han tomado declaración a un número de supuestos testigos oculares. Algunos describieron a una muchedumbre enardecida con armas: un palo de escoba, un cayado de pastor y un gato hidráulico.

«No voy a hacer ninguna declaración», dijo la fiscal de Miami-Dade Janet Reno. «No hago declaraciones… No voy a hacer ninguna declaración sobre por qué no voy a hacer ninguna declaración».

Dos detectives que trabajan en el caso, Rex Remley y John King, tampoco quisieron hacer comentarios, y su superior al mando, Wayne McCarthy, sólo mencionó que la policía está investigando «informes» y «testimonios» de una paliza mortal en el templo.

El fiscal federal Dexter Lehtinen se negó a contestar llamadas telefónicas sobre este asunto.

El abogado Ellis Rubin, que representa a los Yahweh, todos ellos vestidos completamente de blanco, afirmó no saber nada del caso Dupree. «No creo que hubiese ninguna ceremonia oficial en el Templo», dijo.

El caso Dupree es uno de los catorce homicidios y desapariciones acaecidos desde 1981 que los investigadores sospechan que están vinculados con los Yahweh. «Si eso es verdad y pasó realmente, ¿dónde están las denuncias?», preguntó Rubin. Casi la totalidad de las víctimas eran pobres. Siete de ellas eran negras y siete blancas. Sus muertes, por lo general, pasaron desapercibidas. Dos fueron enterradas en un cementerio de pobres. La mayoría de los casos no se llevó a juicio.

Yahweh ben Yahweh, de cincuenta y cuatro años, autoproclamado «hijo de Dios» y líder de la secta, es un carismático predicador negro con poder e influencia. Está al mando de una cartera de bienes inmuebles en Miami-Dade, valorados en ocho millones de dólares, y un pequeño ejército de voluntarios religiosopolíticos. Predica a los desencantados un mensaje de esperanza y autarquía contra las drogas.

Según explicó el abogado Rubin, en estos momentos el líder de la secta está de gira —de «peregrinación»— dando conferencias para «mantener el contacto» con sus seguidores.

El año pasado, en un juicio civil, Yahweh testificó que no tenía ningún conocimiento de que alguien hubiese sido víctima de una paliza en el Templo. Negó haber azotado alguna vez a un seguidor o haber ordenado una ejecución. «Jamás», declaró Yahweh.

«Algunos de sus seguidores están perturbados», prosiguió Rubin. «¿Significa eso que Yahweh ben Yahweh es responsable de lo que hacen? Será un jurado quien conteste a esa pregunta».

Las fuerzas de seguridad de Miami son conscientes de que cualquier acusación formal desencadenaría de inmediato, como contrapartida, una denuncia en la que se alegaría persecución por motivos de raza y religión. «Cada vez que se investiga una organización, ya sea de carácter racial, político o religioso, hay que andar con pies de plomo», aseguró McCarthy, jefe del Departamento de Homicidios.

Estos casos, a los que durante mucho tiempo se ha dado poca prioridad, están plagados de problemas. Localizar a los testigos, que cambiaron sus nombres reales por nombres Yahweh cuando entraron en la secta, no es tarea fácil. Muchas veces tienen miedo de hablar. Otras, «no recuerdan» sus nombres o sus lugares de nacimiento. «El estado de Florida no cuenta con los medios suficientes para hacer frente a este tipo de organizaciones», afirmó el ayudante del fiscal, Michael Band. «Carece de recursos. El gobierno federal está más capacitado para abordar este tipo de casos».

Ninguno de ellos es tan extraño como el «Caso del karateca», cuyo número de posibles testigos oscilaba entre treinta y cincuenta. Leonard Dupree, un chico alto, atractivo, influenciable y criado en Nueva Orleans, era hijo de baptistas practicantes. A los catorce años, se apuntó a clases de kárate con el instructor Ferdinand Bigard. Entrenaba tres horas al día, seis días a la semana, en el centro social Desire Community Center. A los veinte, ganó el campeonato de la Asociación de Kárate de Estados Unidos. «Cuando daba una patada descendente, era como si una tonelada de ladrillos te cayese en la cabeza», aseguró Eric O'Neal, que entrenaba con Dupree.

Más tarde, después de pasar una temporada en el Ejército, el campeón de kárate cambió su cinturón negro por vestiduras blancas. «Sábanas»: así denominó Lartius Dupree, su padre, el atuendo Yahweh. «Dijo que iba a Miami para ver al Mesías Negro en una fiesta. Se suponía que iba a volver en dos semanas», añadió. «Teníamos la esperanza de verlo entrar de nuevo en el gimnasio algún día», apuntó el entrenador Bigard. Sin embargo, Leonard Dupree nunca regresó a casa.

En septiembre de 1983 pidió prestados doscientos dólares, metió su uniforme de kárate y unas sábanas blancas en una mochila azul, se colgó al cuello una cadena con la estrella de David y puso rumbo a Miami. Un par de meses después, Lartius y Mary Dupree tenían al Ejército de Salvación comprobando si Leonard estaba en el Templo del Amor. No se encontraba allí.

Hasta tres años más tarde, la familia Dupree no tuvo noticias de su hijo. Un día, el detective de homicidios de la Metro, John

King, llamó a su puerta. «Algo iba mal» declaró el padre. «El detective mencionó la palabra "crimen"… Dijo que pensaba que los Yahweh estaban involucrados… Refirió algo sobre cincuenta personas. No nos dio muchas esperanzas. Le entregamos fotos de Leonard y su ficha dental. Nos sugirió que no hablásemos mucho del asunto porque se había abierto una investigación».

En un juicio civil celebrado en 1987, la abogada de oficio Barbara Malone tomó una declaración jurada de ciento veintinueve páginas a Lloyd Clark, un antiguo miembro del consejo Yahweh, y el episodio pasó a ser de dominio público. «Mataron a otro tipo justo en el local», declaró Clark. «Era experto en kárate. Decían que lo habían enviado para matar a Yahweh ben Yahweh».

El asunto también salió a relucir ese mismo año en un proceso penal. El abogado defensor, Jeffrey Weinkle, declaró en una petición al tribunal, obtenida de la Fiscalía del Condado, que «varios testigos independientes, entre los que se hallaban tanto civiles como agentes de la ley», habían corroborado la versión de un homicidio en el Templo.

Recientemente, el *Herald* ha intentado identificar a posibles testigos para averiguar lo que dijeron. El FBI pidió al *Herald* que no publicase ningún nombre. «Revelar los nombres de testigos actuales o potenciales podría suponerles una sentencia de muerte», aseguró el portavoz Paul Miller.

Un disidente Yahweh, [nombre eliminado], que vive en otro estado, ha declarado que estaba en el cuarto dedicado a la costura del Templo del Amor, en el número 2766 al noroeste de la calle 62, donde podrían haberse congregado unas cincuenta personas. Entre ellas había alrededor de una docena de niños.

Ocurrió el Día Yahweh de la Expiación, el día sagrado en que los judíos del mundo piden perdón por sus pecados. El testigo refirió que un as del kárate llamado «Dupree» y Yahweh ben Yahweh tuvieron unas palabras. Según su testimonio, éste fue el diálogo que mantuvieron:

—¿Quieres hacerme daño? —le preguntó Yahweh a Dupree.

—No, sólo quiero besarle los pies —respondió Dupree.

—Así que eres experto en kárate, ¿eh? —continuó Yahweh—. Muy bien, nosotros también tenemos uno.

En su declaración, Clark, el ex miembro del consejo, aseguró que, aunque no vio el enfrentamiento, el nombre del experto en kárate de Yahweh era «Amri». «Entonces mantuvieron ese gran duelo en la otra parte del Templo, en la calle 62, y golpeó a Amri, lo noqueó en dos puñetazos». Más tarde, según la petición al tribunal, Yahweh ben Yahweh dio instrucciones a uno de sus seguidores: «A por él».

Aunque algunos detalles de los tres relatos se contradicen, todos coinciden en retratar al campeón de kárate como un enemigo de Yahweh. La petición lo describía como un «agente secreto del FBI». El disidente dijo que era un «infiltrado musulmán». Clark declaró que el experto en kárate «había sido enviado para matar a Yahweh ben Yahweh».

Los padres de Dupree aseguraron que no era ni espía ni musulmán, ni tampoco un asesino.

El que sigue es el relato del disidente. El *Herald* ha eliminado los nombres.

«[Nombre eliminado] lo golpeó con un cayado. [Nombre eliminado] se acercó y empezó a golpearle en la cabeza con un gato hidráulico. [Nombre eliminado] tenía un palo de escoba y le sacó el ojo derecho.

»Una mujer se sintió tan horrorizada que se fue corriendo. Alguien la trajo de vuelta y la hizo golpear a Dupree. Otro cerró las puertas con llave. La muchedumbre estaba histérica.

»Algunos gritaban: "Se lo merece por ser tan hipócrita"».

Según declaró Clark: «Yahweh ben Yahweh hizo que todo el mundo —niños, madres, viejos y jóvenes— le pusiera las manos encima a ese tipo... Así, si alguien se iba de la lengua, se implicaba a sí mismo».

«Dupree murió en el suelo, con el cuerpo mutilado», constató el disidente. Luego, cuatro discípulos se quitaron sus colgantes con la estrella de David y cambiaron sus vestiduras blancas por ropa de calle, conocida en la secta como «ropas de Jacob muerto», según el desertor. «Envolvieron el cuerpo en dos bolsas grandes de plástico, lo pusieron en la parte trasera de una furgoneta *beige* y se dirigieron hacia el oeste por la autopista Alligator Alley. Se llevaron cañas de pescar para simular que iban de pesca», añadió.

La petición mencionaba que «se deshicieron del cuerpo en un lugar indeterminado de la zona pantanosa de los Everglades». Según el disidente, uno de los cuatro miembros del «equipo de limpieza», [nombre eliminado], tiene cuarenta y nueve años y reside en la localidad de Opa-Locka.

Otros posibles testigos que se cree que fueron miembros de la secta en el momento de los hechos:

• Un tipo del Medio Oeste [nombre eliminado]: «Pasaron muchas cosas malas... me han citado... Entiendo que haya gente que piense que les van a cortar la cabeza, pero yo sé cómo protegerme».

• Varón [nombre eliminado], ahora en la cárcel: «No tengo nada que ver y no quiero saber nada de ellos», le comentó a un guardia de la cárcel, que transmitió el mensaje.

• Varón [nombre eliminado], dieciocho años, prometedor as del atletismo: «Recuerdo que abroncaron al tipo de Jamaica de lo lindo... Planeé mi fuga... Perdí mi niñez».

• Varón [nombre eliminado], veintidós años, padre, en libertad condicional por problemas con las drogas: «Sencillamente me harté y me largué... Ojalá pudiera retroceder diez años y empezar de nuevo... No me fío de nadie... No les conté mucho (a la policía)... Ya tengo bastantes problemas como para querer más».

• Varón [nombre eliminado], veintiún años, conserje a tiempo parcial con busca y camiseta Yahweh: «Fue genial, y eso es lo único que voy a decir».

• Varón [nombre eliminado], cuarenta y tres años, antiguo *crime fighter*[2]. Se mudó, no dejó ninguna dirección donde localizarlo.

• Varón [nombre eliminado], veinte años, víctima de abusos infantiles. En la dirección que él dejó, alguien informó de que no quería hablar con nadie.

Es demasiado tarde para que la acusación tome declaración a algunos testigos. Seth Adam Israel, de treinta y un años, cuyo nombre real era Willie Livingston, murió de un disparo en la espalda durante una disputa por drogas en el Turf Motel, en el número 700 al noroeste de la avenida 27, el 20 de diciembre de 1987. Enoch Israel, un discípulo de ciento treinta y seis kilos, se halla en paradero desconocido y se le da por muerto.

Además de los problemas con los testigos, la acusación y la policía se encuentran con otras trabas. «No tenemos pruebas de que... alguien con un nombre concreto muriera en ese lugar», confesó el agente de la Metro McCarthy. «Y, lo que es peor, no tenemos ningún cuerpo», añadió.

No obstante, de vez en cuando, la fiscalía intenta solucionar este tipo de casos. El más famoso ocurrió en Florida: el caso de asesinato de Chillingworth. Un jurado declaró culpables a dos asesinos por haber ahogado en el mar a un juez del Tribunal del Distrito de Palm Beach y a su esposa. Sus cuerpos, a los que pusieron lastre y que arrojaron a la corriente del Golfo, nunca fueron recuperados.

En el caso Dupree, la policía creyó por un momento estar cerca de recuperar el cuerpo. Un testigo intentó llevarlos al lugar en cuestión. No fue capaz de encontrarlo.

Con cuerpo o sin él, el padre de Leonard Dupree cree que su hijo está muerto. «El detective no quiso contarme mucho», afirmó recientemente Lartius Dupree. «Parece como si estuvieran

---

[2] Persona que se ofrece voluntaria para hacer respetar la ley, en general en el barrio en el que vive o trabaja (N. de la T.).

dándole largas al asunto y no sé por qué. Por alguna razón, todo esto es ultrasecreto».

En la petición al tribunal presentada en otro caso Yahweh, el letrado Weinkle insinuó que los seguidores habían aprendido una lección del homicidio del karateca: «Cerrad el pico o seréis "pasto de los caimanes"».

# Un arresto de madrugada en Nueva Orleans desencadena batidas del FBI en siete estados

Por Carlos Harrison
8 de noviembre de 1990

A las 5:00 h del miércoles, veinticinco equipos de arresto de los cuerpos de élite del FBI aporrearon puertas en siete estados diferentes, instando a seguidores de Yahweh ben Yahweh a comparecer ante la justicia. Minutos antes, el teléfono había sonado en la *suite* de 390 dólares la noche de un hotel de Nueva Orleans, despertando al líder de la secta: «FBI», le dijeron. «Tenemos una orden de arresto contra usted».

Para cuando el FBI lanzó su ataque en otras siete ciudades, Yahweh ben Yahweh —conocido por sus seguidores como el «Dios Verdadero», y por el FBI como Hulon Mitchell Jr.— ya estaba esposado. Si hubiese conseguido escabullirse de algún modo, las demás redadas habrían sido suspendidas hasta que hubieran encontrado a Mitchell.

Durante seis semanas, incluso antes de que un gran jurado federal de Miami hiciese pública el acta de acusación contra diecisiete miembros Yahweh por crimen organizado, el FBI había estado planificando al detalle las redadas nocturnas. Las operaciones fueron un éxito en cuatro estados.

Habían estado siguiendo la pista de Mitchell en Nueva Orleans desde el lunes, día en que bajó de un avión procedente de Miami y se registró en una *suite* de dos habitaciones en el decimocuarto piso del hotel Monteleone en el barrio francés, a una manzana de la calle Bourbon.

Cuando el teléfono sonó el miércoles de madrugada, fue él mismo quien contestó.

Mitchell pidió unos minutos para vestirse. El FBI accedió y le pidió que ordenase a los dos guardaespaldas apostados fuera de la puerta de su habitación que no se resistieran. Mitchell aceptó.

Cuando salió al vestíbulo ataviado con su toga y su turbante blancos, fue recibido por un equipo de arresto de diez hombres.

Más tarde, un agente llamó por teléfono a la oficina central del FBI en Miami, el centro de mando de la batida Yahweh, y dijo que Mitchell estaba detenido. El resto de redadas siguió adelante.

Los agentes del FBI pensaban hacer frente a lo peor que la combativa secta de blanca indumentaria era capaz de ofrecer; pensaban «neutralizar cualquier tipo de ataque armado» con el que pudieran encontrarse, según afirmó un agente.

Para llevar a cabo las redadas en el condado de Miami-Dade, el Gobierno envió agentes del FBI y del Departamento de Fuerzas de Seguridad de Florida y equipos SWAT[1] de la policía de Miami y de la Metro fuertemente armados. Asimismo, los dos departamentos locales enviaron a detectives de homicidios que habían investigado los catorce casos de asesinato de que constaba el acta de acusación. En total, cerca de trescientos efectivos de las fuerzas del orden público atacaron sus objetivos en el sur de Florida en el momento indicado.

---

[1] Special Weapons and Tactics (SWAT). Unidades especializadas en intervenciones de gran riesgo de diferentes cuerpos policiales de Estados Unidos (N. del T.).

Minutos antes de que comenzase la redada en la sede de la «Nación Yahweh», coches patrulla de la Metro, con las señales luminosas encendidas, cortaron el tráfico en un perímetro de tres manzanas alrededor del Templo del Amor, en el 2766 al noroeste de la calle 62. De manera similar, vehículos del FBI y de la policía acordonaron los complejos de apartamentos y las casas privadas que Yahweh ben Yahweh poseía por todo el condado para mantener alejados a los transeúntes.

Más de cincuenta agentes de policía y de la Metro rodearon el Templo del Amor, un complejo de apartamentos de un solo piso en descontrolado crecimiento, de aproximadamente una manzana de extensión, pintado del típico blanco Yahweh. Los agentes del FBI iban armados con rifles antidisturbios, M-16 de asalto y pistolas SIG-Sauer de 9 mm. Llevaban chalecos antibalas encima de sus uniformes azules de combate.

Buscaban a las personas mencionadas en el acta de acusación del gran jurado federal. No estaban buscando ni pruebas ni armas.

El jefe de cada equipo de arresto llevaba consigo diecisiete fotografías, una por cada uno de los Yahweh mencionados en el acta.

Noventa y dos minutos antes del amanecer, un equipo de arresto del FBI compuesto de diez hombres cruzó el aparcamiento del Templo a toda velocidad y aporreó una puerta enrejada. Los miembros Yahweh que había en el interior se negaron a abrir. Entonces, el FBI atravesó el cristal y el metal con un ariete moderno haciéndolos añicos.

Mientras el equipo se desplegaba por el edificio, otros agentes registraban seis autobuses y seis automóviles tipo sedán —todos pintados de blanco Yahweh— que había aparcados delante. El agente especial responsable de la operación en Miami, William Gavin, declaró que llevaron a unas doce o quince personas desde el Templo al aparcamiento y que allí les ordenaron que se echaran al suelo.

Una de las personas que había en el interior coincidía con una de las fotografías que el jefe del equipo llevaba en el bolsillo. Se trataba de Richard Ingraham, de cuarenta y ocho años, que fue esposado y conducido a las oficinas centrales del FBI en North Dade.

Los otros Yahweh fueron liberados.

Redadas similares, con exitosos resultados y en las que no hubo disparos, tuvieron lugar en South Miami, Carol City, Liberty City (Florida), Durham (Carolina del Norte) y Atlanta (Georgia), donde Linda Gaines, segunda líder de la secta, fue detenida cuando sacaba un sedán Lincoln blanco del garaje situado bajo la Arts Center Tower, un rascacielos de apartamentos de lujo.

De vuelta en Miami, Robert Randolph vio cómo agentes del FBI arrestaban a su vecino, William Lightburn, en un edificio de apartamentos propiedad de Yahweh, en el 1241 al noroeste de la calle 61.

Randolph, que se había levantado temprano para llevar a un amigo al trabajo, relató que unos quince o veinte agentes se concentraron fuera del edificio blanco de tres plantas, rompieron la cerradura de una verja de hierro negra, cruzaron el patio a toda velocidad y aparecieron momentos más tarde con Lightburn esposado.

«Todo fue muy profesional. Realmente iban a por él», dijo Randolph, que aseguró no conocer a Lightburn.

Otros tres adeptos Yahweh mencionados en el acta de acusación fueron arrestados cuando se dirigían en dirección oeste por la Interestatal 10 justo a las afueras de Lafayette, Luisiana, aproximadamente a dos horas de Nueva Orleans. Dos agentes del FBI que sobrevolaban la zona en un Cessna divisaron la furgoneta y el autobús blancos alrededor de las seis de la mañana y avisaron por radio a la policía del estado de Luisiana para que los detuvieran.

La operación policial no pudo capturar a cuatro de los diecisiete Yahweh sospechosos. El miércoles por la noche, la búsqueda continuó en cinco estados, incluida Florida.


*Los redactores del* Herald *Arnold Markowitz, Sharony Andrews y
Rene Rodriguez contribuyeron a la elaboración de esta crónica.*

# Historia de una secta: buenas obras, alarmantes rumores

Por Patrick May
8 de noviembre de 1990

«Egipto tiene las pirámides», dijo el pasado mayo Yahweh ben Yahweh en un almuerzo de negocios en el centro de la ciudad, «India tiene el Taj Mahal. Francia tiene la Torre Eiffel. Roma tiene al Papa. Orlando tiene Disney. Miami tiene al hijo de Yavé».

«La mayor atracción del mundo», aseguró, «está entre vosotros. Aquí me tenéis».

Ahora, de repente, ya no lo tienen.

El arresto, el miércoles por la mañana, de Yahweh ben Yahweh en Nueva Orleans y de doce de sus seguidores, en Liberty City y en otros lugares del país, por cargos de crimen organizado puede haber presagiado el fin de la Iglesia que él fundó en 1978. Sin embargo, éste no era más que otro pequeño chirrido en la montaña rusa de buena prensa-mala prensa que ha llegado a simbolizar la historia de Yahweh: lo aplaudieron altos cargos del mundo de los negocios en primavera; agentes del FBI lo esposaron en otoño; recibió un homenaje en el Miami Arena en octubre y lo encarcelaron en noviembre, dejando a sus seguidores sin líder.

La historia del Templo del Amor, la iglesia madre de los Yahweh con sede en Miami, es la historia de su fundador. Es la crónica de su sueño de paz y de orgullo negro, pero también de un sueño marchito y ajado con el transcurso de los años, que ha pasado de la insinuación a la denuncia, y más tarde a la investigación y los cargos.

Las buenas obras se llevaron a cabo a lo largo de los años ochenta: la infecciosa autoestima se propagaba entre los Yahweh de blanca indumentaria a medida que fundaban escuelas y restaurantes, abrían moteles, renovaban viviendas —haciéndolas renacer de sus cenizas como el ave fénix— y desmantelaban antros de venta de *crack* en los barrios deprimidos.

Sin embargo, también se intuía un poso de maldad —justo debajo de la superficie— que emergió primero con los rumores de que Yahweh predicaba un despiadado odio hacia los blancos y, luego, con tenebrosas historias que antiguos miembros relataban sobre ataques con cócteles molotov, palizas y asesinatos.

A medida que crecía la leyenda bipolar de su líder, iba aumentando del mismo modo el imperio inmobiliario de su Iglesia, llegando a alcanzar este año los ocho millones de dólares. Fue justo esa ansia de expansión la que produjo un giro decisivo en la historia de la secta: el 30 de octubre de 1986, se apropiaron violentamente de un complejo de apartamentos y mataron a dos hombres que intentaron detenerlos.

Ése fue el principio del fin.

Si bien los arrestos del miércoles condujeron finalmente a la fuente del mal, para hallar sus orígenes quizá debamos remontarnos a 1938, fecha en que el hombre que más tarde sería conocido como Yahweh ben Yahweh asegura haberse dado cuenta de que era una divinidad. Hulon Mitchell Jr., nacido el 27 de octubre de 1935, hijo de un estricto pastor pentecostal y el mayor de quince hermanos, se crió en la segregada Enid, Oklahoma.

Con el paso de los años, aquel Mitchell de ojos azules fue despojándose de una identidad religiosa tras otra: pasó de ser «Sah Hullon» a «Padre Michael» o «Hermano Amor». En Atlanta, Mitchell abrazó el islam, tomando prestadas técnicas que pronto usaría para ganar adeptos de su nueva religión en un nuevo hogar: Miami.

A su llegada al sur de Florida en 1978, Mitchell se hizo con un nuevo nombre, convirtiéndose en Moses Israel, Yeshua Messiah, Yahweh al Messiah y Yahweh ben Yahweh, «Dios, el hijo de Dios». Desde su cuartel general estilo fortaleza, situado al noroeste de la calle 62, Yahweh empezó a editar, filmar y grabar en casete sus cáusticos sermones racistas para distribuirlos a nivel nacional.

Desde el principio, el líder de la secta supo crear un personaje de aspecto pintoresco. Yahweh —ataviado con turbante y joyas y custodiado por hombres provistos de cayados de metro ochenta de alto— y su mensaje de que los negros norteamericanos son los verdaderos judíos que habitan en la tierra de los «demonios blancos» atrajeron tanto a profesionales como a policías, profesores y gente de la calle.

Sin embargo, los problemas no tardaron en aparecer: la policía vinculó la macabra decapitación de un antiguo discípulo en 1981 con el Templo.

La descripción que en él se hacía de los judíos blancos como la bíblica «sinagoga de Satán» alarmó a la comunidad judía. Las familias de los fieles al Templo temían que ejerciesen control mental sobre sus parientes. «Son un grupo de odio», comentó Willie Simms, miembro de la Community Relations Board[1] de Miami-Dade en 1986. «A esta gente le han hecho un lavado de cerebro. Temo por la ciudad».

No obstante, resultaba difícil negar los éxitos del Templo del Amor. Sus logros en el terreno económico impresionaban a

[1] Órgano consultivo que tiene por función incentivar las relaciones entre los diversos grupos étnicos y religiosos del condado (N. de la T.).

líderes negros como la ex comisionada de Miami Athalie Range, que una vez llamó «progresista» la filosofía de autofinanciación de los Yahweh.

Luego vino Opa-Locka.

Justo antes del mediodía del martes 28 de octubre de 1986, seis autobuses, dos limusinas, una furgoneta y varios coches se detuvieron delante de un complejo de apartamentos de un barrio deprimido en Opa-Locka.

Alrededor de setenta y cinco Yahweh vestidos de blanco y con turbantes salieron de los vehículos. Algunos empezaron a limpiar los apartamentos que la secta acababa de comprar. Pronto, «guardias» Yahweh, armados con palos de madera de un metro ochenta de alto llamados «cayados de vida», desalojaban a los inquilinos de sus casas a patadas.

A primera hora de la mañana del jueves, los residentes Rudolph Broussard y Anthony Brown se resistieron. Ambos recibieron disparos a modo de ejecución.

Robert Ernest Rozier, un ex jugador de fútbol profesional conocido por su nombre Yahweh de Neariah Israel, fue acusado y más tarde declarado culpable de los dos asesinatos, así como de otros dos. A pesar de que la Iglesia finalmente excomulgara a Rozier, el daño ya estaba hecho.

Mediante una jugada que se convertiría en una de las marcas de la casa, Mitchell intentó acallar la mala prensa con una intensa campaña de relaciones públicas.

Invitó a reporteros locales a que visitaran su Templo-fortaleza, minimizando cualquier sugerencia a las analogías entre la secta y Jonestown[2] en Guyana. Y contrató a alguien que muchos

---

[2] Jonestown fue el nombre informal del proyecto agrícola del Templo del Pueblo, una comunidad al noroeste de Guyana, conformada por el Templo del Pueblo, un culto estadounidense liderado por Jim Jones. El 18 de noviembre de 1978, personal de la comunidad asesinó a cinco personas, entre las cuales se encontraba un congresista de Estados Unidos, mientras que novecientos nueve de sus miembros, entre los que había trescientos niños, se suicidaron por orden del reverendo Jones (N. de la T.).

consideraban el hombre de paja perfecto: Ellis Rubin, un abogado de Miami blanco, judío y diestro con la prensa.

Sin embargo, las relaciones públicas no pudieron obrar mila-
gros. En 1988, Rozier era declarado culpable de cuatro homicidios: Broussard y Brown, de la toma de Opa-Locka, y dos vagabundos asesinados a finales de 1986. De nuevo, Yahweh y Rubin
contraatacaron de inmediato, esta vez ofreciendo la ayuda de la
secta para patrullar las sinagogas del sur de Florida e impedir que
aumentara la violencia antisemita.

Pero para entonces, Rozier ya estaba cantando *La traviata*, vin-
culando a Yahweh y a otros miembros de la secta con una serie de
asesinatos rituales cometidos en Florida y en otros estados. El año
pasado, Yahweh testificó en un tribunal federal, negando cualquier
implicación en los asesinatos. «Lo único que tenemos», le confesó
al juez del distrito James Kehoe, «son antecedentes de paz».

Finalmente, con un imperio valorado en ocho millones de
dólares, las fichas del dominó comenzaron a caer.

A mediados de 1989, Kehoe dictaminó que la secta había per-
petrado una campaña de extorsión y terror contra los residentes
de los apartamentos de Opa-Locka.

La secta fue obligada a deshacerse de una de sus propiedades
para hacer frente a una sentencia. Y algunos inspectores de vivienda de Miami empezaron a tomar duras medidas contra las
infracciones del código cometidas en una escuela regentada por
los Yahweh.

El pasado mes de mayo, la Fiscalía Federal de Miami confirmó
que estaba investigando el Templo del Amor. Diversas fuentes
afirmaron que los fiscales sospechaban que Yahweh y sus lugar-
tenientes habían liderado una organización criminal, entre 1981
y 1986, dedicada a la extorsión, el uso de artefactos incendiarios y
el asesinato.

Sin embargo, el paseo en montaña rusa aún no había acaba-
do para Mitchell. Un domingo del mes pasado, cerca de dos mil

seguidores del autoproclamado mesías se congregaron para escuchar un discurso de su líder. Yahweh les contó que si seguían sus leyes religiosas, éstas les ayudarían a lograr prosperidad. Su discurso se titulaba «Cómo cambiar la pobreza por riqueza».

Durante el acto, un representante del Ayuntamiento de Miami dio un paso al frente para hacerle entrega de una proclama firmada por el alcalde de Miami, Xavier Suárez. Ésta se le concedió treinta y un días antes de que Mitchell fuera detenido en Nueva Orleans y de que su Iglesia se sumiera en una total desorganización. La proclama designaba el domingo 7 de octubre de 1990 como el «Día de Yahweh ben Yahweh».

# Política y religión retrasan la investigación de una secta

Por Sydney P. Freedberg y Christine Evans
15 de noviembre de 1990

En 1981, Eric Burke, un Yahweh desilusionado y disidente enardecido, informó de un delito: dos hombres le habían cortado la línea telefónica y habían forzado la cerradura de su puerta. Burke, de cuarenta y cuatro años, soldador de profesión, los ahuyentó. Tiraron los cuchillos por el hueco de la escalera. Burke dijo a la policía que Hulon Mitchell Jr., por entonces conocido como Moses Israel, estaba fuera esperándolo. La policía registró la infracción de manera rutinaria: «Intento de robo con allanamiento». Otro más en Liberty City.

Nueve años después, ya no resulta tan trivial. Aquél fue el primer acto de violencia que la acusación federal cita ahora en una querella en escalada contra Mitchell y dieciséis discípulos de su secta religiosa Yahweh por crimen organizado. Los cargos contra los potenciales asesinos de Eric Burke tardaron casi una década en presentarse. También se alegan catorce homicidios cometidos entre 1981 y 1986.

Los abogados de la defensa se preguntan: «¿Cómo es eso? ¿Por qué se tardó tanto? Si Hulon Mitchell ordenó a sus "Ángeles de la Muerte" que mataran a «hipócritas», ¿por qué nadie ha sido acusado de asesinato?».

Las respuestas son confusas y complicadas. El caso Yahweh al completo estaba sembrado de obstáculos: escasos recursos, discrepancias entre instituciones, problemas en la gestión de los testigos, desacuerdos acerca de la estrategia que debía seguirse en el caso, choque de personalidades, cuestiones de tipo religioso, racial y político, y desconfianza.

El caso pasó por cuatro fiscales federales, cuatro fiscales de distrito, dos grandes jurados federales, dos agentes del FBI y dos detectives de homicidios.

Dos abogados de la acusación y uno de la defensa comenzaron a llevar armas por precaución. Las autoridades federales bromeaban con nerviosismo acerca del lenguaje amenazante utilizado en panfletos, folletos y libros publicados por la secta. En sus enseñanzas, Mitchell invitó una vez al «suicidio» y al «disturbio por cuestiones raciales» si algo le pasaba al rebaño.

Algunos desertores temían más a Yahweh que los abogados armados. Y a menudo desconfiaban de los detectives, viéndolos como parte del mismo mundo exterior que trataba con impasibilidad y negligencia a los pobres de la sociedad.

Uno de ellos, entrevistado a miles de kilómetros de Miami, afirmó que las fuerzas del orden público sencillamente no podían entender la experiencia sectaria. «Hay que haber estado allí dentro. Tenían que haber contado con gente que hubiese dicho: "Yo he hecho lo mismo y sigo vivo", y la gente habría abierto sus corazones sobre ciertas cosas».

Barbara Malone, una abogada de oficio de Miami que representaba a víctimas de la violencia relacionada con sectas, dijo que la política y el racismo institucional habían paralizado involuntariamente la investigación.

Las víctimas, en su mayoría de raza negra o pobres, carecían de la influencia del avispado líder negro que se había erigido a sí mismo mesías de la economía.

«Las víctimas negras no van por ahí contribuyendo a las campañas electorales», dijo Malone. «No registran un índice de votos espectacular, y ¿qué porcentaje se lleva un abogado que se meta en estos berenjenales por ellos?».

En privado, algunos agentes de la ley reconocían que la investigación escondía un trasfondo racial, religioso y político. Querían asegurarse de que tenían un caso sólido, porque temían que cualquier cargo pudiera ser denunciado como persecución. En público, sin embargo, no decían nada sobre por qué tardaron tanto en presentar los cargos.

Lo que está claro es que una semana después de la denuncia de Eric Burke en 1981, la policía ya sospechaba que Hulon Mitchell había ordenado su asesinato. El día después del testimonio de Burke, un asesino decapitó a otro disidente Yahweh: Aston Green. Sus compañeros de habitación, ambos renegados —Carlton Carey, contable, y Mildred Banks, trabajadora del servicio postal— fueron a la policía. Carey les contó que pensaba que Mitchell lo había ordenado. En su camino de vuelta de la comisaría, sufrieron una emboscada. Carey murió de un disparo; Banks sobrevivió a heridas de machete.

Los detectives de la Metro John King y Steve Roadruck fueron al Templo del Amor. Repararon en una alfombra verde: habían encontrado un trozo del mismo tipo en la escena del crimen de la decapitación. Intentaron entrevistar a miembros de la secta. «Ni Mitchell ni su pareja, Linda Gaines, quisieron cooperar», afirmó Roadruck, convertido ahora en investigador privado. «Ambos guardaron silencio».

La policía buscó a otros desertores. Carey, Banks, Burke y Green habían pertenecido a un grupo de unos doce disidentes. «El día que asesinaron a Carlton Carey, los desertores huyeron de Miami como almas que lleva el diablo», contó un detective. Igual que Eric Burke, el hombre que lo empezó todo.

Los detectives se encontraron con otro obstáculo. Un reportaje periodístico de 1981 lo decía sin tapujos: «El Gobierno era reacio a "perseguir" a un líder religioso negro». «Desde el principio sentimos que alguien iba a meter la pata y a irse de la lengua», dijo Roadruck.

Durante cuatro años, nada salió a la luz pública. Más tarde, a finales de 1985, la policía reconoció tener pruebas físicas que vinculaban a la secta con la decapitación.

Para entonces, las fuerzas del orden público —incluidos el FBI y la Oficina del Crimen Organizado de la Metro— tenían un descomunal expediente «secreto» sobre los Yahweh, basado en su mayoría en rumores. Las autoridades de Miami-Dade también tenían conocimiento de abusos sexuales a menores. Recopilaron material publicado sobre la secta que guardaba relación con el Templo del Pueblo del reverendo Jim Jones de Jonestown, Guyana. «Hemos llegado a un punto en que debemos encontrar Justicia para nosotros mismos o suicidarnos», declaraba un libro Yahweh.

El caso Yahweh permaneció casi inactivo hasta el 20 de mayo de 1986. Dos agentes de policía de Delray (Detroit, Michigan) divisaron una furgoneta blanca aparcada en una solitaria carretera rural. En su interior estaban fabricando cócteles molotov. Los agentes olieron a gasolina, pero no quisieron generar alarma. Se limitaron a anotar la matrícula.

Un par de horas más tarde, justo a tres manzanas, los artefactos incendiarios explotaron en un callejón sin salida. Dos niños sufrieron graves quemaduras. Los vecinos sospecharon de los Yahweh.

Al día siguiente, el sargento de Delray Robert Brand fue al lugar donde la furgoneta había estado estacionada y recogió muestras de una mezcla de gasolina y queroseno de la hierba descolorida. Las muestras coincidían con las bombas caseras.

La policía rastreó la matrícula. Pertenecía a los Yahweh de Miami. El sargento Brand visitó el Templo de Miami. En una vitrina, observó una botella de vino de aspecto poco común y del mismo tipo que habían utilizado para bombardear las casas. «¿Está a la venta?», le preguntó a una mujer Yahweh. «No», le respondió, aunque todo lo demás de la vitrina sí lo estaba.

Poco después, los investigadores encontraron un resquicio. Un miembro del consejo Yahweh, Lloyd Clark, fue hasta la sede del FBI en Miami. Se sentía culpable por la niña que había sufrido quemaduras en el bombardeo. Habló sobre éste, sobre asesinatos, abuso de menores y fraude al programa de asistencia social… todos conectados con los Yahweh, aseguró. Dio nombres.

Clark admitió haber tomado parte en las palizas propinadas por los Yahweh. «Al igual que el coronel North, yo cumplía órdenes», confirmó más tarde. «Ahora estoy avergonzado».

El FBI informó sobre Clark a los detectives de la Metro. Mucho de lo que Clark sabía era a través de terceros. Para los investigadores, su testimonio era interesante, pero no sólido. El detective King y dos agentes del FBI comenzaron a rastrear pistas.

Algunos desertores dijeron saber algo acerca de una ejecución pública de un experto en kárate de Nueva Orleans en el Templo del Amor. Incluso fueron testigos. Sin embargo, no había cadáver, y los fiscales de Miami-Dade creían que no había pruebas suficientes para incriminar a nadie.

En octubre de 1986, ocurrió otro episodio que se hizo bastante público: dos limusinas, seis autobuses, una furgoneta y varios coches se detuvieron frente a un complejo de apartamentos infestado de ratas en la ciudad de Opa-Locka. Setenta y cinco Yahweh bajaron de los vehículos y rodearon el edificio, portando palos de metro ochenta de alto llamados «cayados de vida». Los Yahweh ordenaron a los inquilinos que salieran.

Algunos residentes furiosos llamaron en vano a la policía de Opa-Locka. Dos de ellos denunciaron a los Yahweh por televisión. Diez horas después, los mataron a tiros.

El detective de la Metro Rex Remley arrestó al Yahweh Robert Rozier, que dio como nombre Neariah Israel y como edad cuatrocientos cuatro años. Cuando los agentes le hacían preguntas, él respondía: «¡Alabado sea Yahweh!».

Tanto la acusación como la defensa citaron a más de cien miembros de la secta. Sólo se presentaron unos pocos. Unos cuantos dijeron no recordar sus nombres de pila, sus fechas de nacimiento o cuántos hijos tenían. Un miembro de la secta contestó cada pregunta dando su nombre: «Yoel». Dijo que su padre biológico era Yahweh.

«¿Te refieres al Yahweh dios o a Yahweh ben Yahweh?», le preguntó el abogado Jeffrey Weinkle para intentar aclararlo.

«Yahweh».

Hasta ahí llegó la conversación.

Hubo otros problemas con los testigos. Los miembros de la secta solían renunciar a sus «nombres de esclavo» y adoptar el apellido Israel. Los fiscales, ante una larga lista de testigos —todos apellidados Israel—, estaban perplejos.

Los ayudantes del fiscal del condado, Don Horn y Michael Band, supieron de la existencia del Libro de la Vida del Cordero de Yahweh ben Yahweh. En él se registraban los nombres Yahweh con sus correspondientes nombres reales. Los fiscales preguntaron al líder de la secta por él. Les contestó que éste estaba viajando «con cinco hermanas», todas apellidadas Israel.

No obstante, un hombre sí proporcionó nombres e información de primera mano: Robert Rozier. Confesó haber cometido cuatro asesinatos: los de Opa-Locka, un apuñalamiento al azar a un «demonio blanco» y una muerte perpetrada como represalia. Les cercenaba las orejas.

En un principio, la policía había sospechado de un veterano de Vietnam desequilibrado en el «caso de las orejas».

Rozier hizo un trato con la policía estatal y con los federales. A cambio de su cooperación, consiguió una reducción de su pena a veintidós años. El acuerdo de culpabilidad tardó mucho tiempo en llegar.

«Cuando casi todas las fuerzas de seguridad locales y nacionales me pidieron que continuara con el caso, yo lo hice», explicó la juez del circuito de Miami-Dade Ellen Morphonios.

Rozier dijo haber perdido el control, en parte, porque estaba enfadado consigo mismo y con las «autoridades», que no hacían nada y que permitían que la secta «arruinase tantas vidas como le era posible».

Los investigadores debatían entre ellos sobre cómo proceder. Finalmente, a principios de 1988, la Fiscalía del Condado de Miami-Dade y la Fiscalía Federal llegaron a un acuerdo. Los federales se harían cargo de la investigación. La Fiscalía del Condado ayudaría si era necesario. El caso cayó en el olvido, permaneciendo durante un tiempo en la sección de narcóticos de la Fiscalía Federal. Algunos abogados de la acusación denominaban el caso «un marrón» y «una patata caliente», refiriéndose a que si fuese un caso claro, el estado habría presentado cargos por asesinato. Incluso los desertores se preguntaban por qué se estaba retrasando tanto. Después de prestar declaración, algunos volvieron a unirse a la secta.

Los inquilinos de Opa-Locka ganaron una batalla, pero no en un juzgado de lo penal. El juez de distrito James Kehoe, que presidía un proceso civil, dictaminó que el Templo del Amor Inc. (una suerte de S.A.) estaba «involucrado en un patrón de actividad criminal». Dos agentes federales, Herb Cousins y el ayudante del fiscal federal, Dave DeMaio, permanecieron sentados como observadores al fondo de la sala, frustrados, tomando notas.

Un nuevo e importante testigo comenzó a hablar en otoño de 1989. Contó cómo había ayudado a deshacerse del cadáver de un ex campeón de kárate de Nueva Orleans. Algunos agentes del FBI quisieron formalizar una acusación, pero los fiscales federales escurrieron el bulto, temerosos de «precipitarse y ser acusados de persecución por motivos de raza y religión».

El pasado mes de enero, un nuevo equipo de acusación tomó el relevo: la ayudante del fiscal del distrito de Miami-Dade, Trudy Novicki, abogada de la acusación en el conocido caso de corrupción policial de Miami River Cops[1] de mediados de los ochenta, junto con el ayudante del fiscal federal, Richard Scruggs, un reputado e influyente abogado.

Se asignaron al caso agentes de la Agencia Tributaria. El detective Remley consiguió un despacho en la Fiscalía Federal. El FBI fue dedicando cada vez más recursos a medida que los fiscales federales entregaban citaciones.

En julio, el *Miami Herald* publicó una lista de catorce asesinatos, la mayoría sin procesar, y sacó a la luz los hechos de la ejecución pública del campeón de kárate en el Templo del Amor, que había permanecido siete años sin ser denunciada.

Eric Burke, el hombre que lo empezó todo, no podrá testificar. Murió en Atlanta, víctima de un disparo no relacionado con estos hechos. Las armas blancas que la policía encontró en su escalera también se han esfumado. Nueve años eran sencillamente demasiado tiempo para guardar las pruebas de otro intento de robo con allanamiento en Liberty City.

[1] En 1985, quince policías fueron arrestados, y después condenados a penas de hasta treinta y cinco años, por haberse apropiado de millones de dólares provenientes del tráfico de drogas del Miami River, y que deberían haber sido embargados. Decenas de agentes y altos funcionarios se vieron involucrados en el caso, uno de los más vastos de corrupción en la historia americana (N. de la T.).

# Miembros Yahweh sospechosos de más asesinatos

Por Donna Gehrke y Sydney P. Freedberg
16 de diciembre de 1990

Los investigadores sospechan que seguidores Yahweh han asesinado a varios miamenses más de las catorce víctimas citadas en la voluminosa acta de acusación contra la secta por conspiración con asesinato.

Además de éstos, los detectives están investigando al menos dos asesinatos más cometidos en otros estados y buscan a dos testigos potenciales que han desaparecido.

En numerosos informes, el ex discípulo Yahweh Robert Rozier, que está cumpliendo una condena de veintidós años por cuatro asesinatos, describió otras muertes ordenadas por la secta no incluidas en el acta de acusación federal de veinticinco páginas del mes pasado.

Las autoridades federales intentan corroborar estas historias con otros testigos antes de presentar cargos, aseguró un agente de la ley. No obstante, los investigadores creen que Rozier dice la verdad. Hasta ahora, no ha mentido a la policía y ha descrito detalles de otros asesinatos que sólo alguien familiarizado con los crímenes podría haber conocido.

El jefe de la investigación, el sargento de policía de la Metro Rex Remley, afirmó que sólo podía decir: «Estamos examinando otros casos, pero por el momento siguen bajo investigación». Según Diane Cossin, portavoz de la Fiscalía Federal: «Como la investigación sigue abierta, no puedo dar más detalles sobre cargos adicionales».

Los archivos públicos muestran que Remley estuvo investigando recientemente los asesinatos por apuñalamiento de tres vagabundos desvalidos en 1986.

El trío de homicidios irresolutos se asemeja a otros presuntos apuñalamientos de «demonios blancos» ordenados por la secta que acaecieron durante ese mismo año. Los fiscales han acusado a los «Ángeles de la Muerte» Yahweh de haber matado al azar a víctimas blancas, bajo las órdenes del líder religioso Yahweh ben Yahweh, para vengar la discriminación que observaban a su alrededor. Al parecer, según la acusación, miembros Yahweh estuvieron deambulando en coche por Miami durante la noche, buscando «demonios blancos» vulnerables.

Las tres víctimas no incluidas en la querella eran hombres blancos que estaban casualmente en la calle a altas horas de la noche y a los que pudieron reducir con facilidad. En dos de los casos, los asesinatos ocurrieron pocos días antes de que se produjesen otras muertes imputadas a miembros Yahweh.

Los tres fueron apuñalados repetidamente y dados por muertos.

Harold Maxwell Barnett fue hallado muerto en Northwest Dade, con un cuchillo en la espalda, la mañana del 13 de abril de 1986. El anciano, de setenta años, había recibido seis puñaladas en la espalda y al menos dos en el cuello. Sufrió un colapso al borde de la carretera en el 7600 al noroeste de la avenida 27, un parque de caravanas.

Barnett, descrito por la policía de la Metro como un «marginado», había vivido en el parque de caravanas hasta que la suya se quemó. Desde entonces, dormía «bajo estructuras existentes», según la policía. La última vez que lo vieron vivo fue la noche anterior, en la que llevaba puestos unos pantalones grises y una camisa verde e iba bebiendo una botella de vodka de litro y medio. Se le oyó quejarse y mascullar alrededor de la una de la madrugada. Pesaba cincuenta y cinco kilos y medía un metro setenta.

Encontraron su cuerpo seis días antes de que Yahweh ben Yahweh ordenara presuntamente las muertes de Glendell Fowler y de Kurt Doerr, de cincuenta y dos y cuarenta y cuatro años respectivamente, a los que hallaron cosidos a puñaladas en su piso de Coconut Grove. El verdadero asesino no está imputado, pero Rozier, por confesión propia, está vinculado con el doble homicidio.

Dos meses después, el 6 de junio de 1986, alrededor de las 5:30 h, un transeúnte encontró a Carlos Alonso, de cincuenta y cuatro años, sangrando en la entrada de un edificio en la esquina al noreste de la Primera Avenida con la calle Sexta. Había estado durmiendo. Vieron a un hombre de color huyendo de la escena. Alonso tenía varias heridas de arma blanca en cuello y hombros. Murió en el Jackson Memorial Hospital poco después de llegar.

La policía lo identificó como un drogadicto que vivía en la calle. Uno de sus pocos documentos identificativos era el número de inmigración A 247923996. Alonso, que pesaba cincuenta y ocho kilos y medía un metro setenta, llegó a Miami en el éxodo de Mariel[1] en mayo de 1980. Nadie reclamó su cuerpo. El condado corrió con los gastos del entierro.

El detective de homicidios de Miami Mike Osborn dijo que la policía no fue capaz de encontrar sospechosos. «Para ser since-

---

[1] A partir del 15 abril de 1980, y hasta el 31 de octubre de ese mismo año, cuando Fidel Castro declaró abierto el Puerto de Mariel, decenas de miles de cubanos, entre los que había muchos antiguos presos, abandonaron la isla en cualquier tipo de objeto que pudiera servirles de embarcación para emigrar a los Estados Unidos. El éxodo de Mariel quedó retratado al comienzo de la película *Scarface*, de Brian de Palma (N. de la T.).

ros, no había mucho en lo que basarse», aseguró. Osborn añadió que nadie sospechó de una conexión con los Yahweh hasta que el sargento Remley pidió los informes. «Lo estuvieron investigando, pero no sé a qué conclusión llegaron», dijo. No obstante, añadió que los detectives de homicidios de Miami tampoco sospecharon que los de Fowler y Doerr fuesen asesinatos ordenados por Yahweh. «Fue toda una sorpresa», dijo.

El cuerpo de una posible tercera víctima Yahweh que no aparece en el acta de acusación fue encontrado en el muelle número 3, en el 2100 al noroeste de la avenida North River, la mañana del 31 de agosto de 1986. El propietario de un barco encontró a Luis Llenera, de cuarenta y un años, flotando boca abajo al principio del muelle. Le habían propinado once puñaladas en la parte superior del torso y dos en el brazo derecho. Al parecer, llevaba muerto varios días.

En los bolsillos de los vaqueros no llevaba más que treinta y cinco céntimos y un pañuelo blanco. Su única identificación era el tatuaje de un ataúd con flores, una cruz y la fecha «10/6/59». La policía lo identificó más tarde por las huellas archivadas en el Departamento de Policía del Metro-Dade. Medía un metro sesenta y cinco y pesaba cincuenta y siete kilos.

Cinco días después, Yahweh ordenó supuestamente la muerte de un «demonio blanco», según la acusación. El discípulo Carl Douglas Perry, de treinta y cuatro años, también conocido como Aher Israel, está acusado de escoger a un vagabundo de veintidós años, Lyle Austin Bellinger.

«Rozier aseguró que Perry le dijo que había matado a un blanco que llevaba una camiseta con la estrella de David, utilizando una espada samurai de casi un metro de largo», refirió la fiscal Trudy Novicki. La policía de Miami encontró el cuerpo de Bellinger cerca de la exclusa del canal Little River. Llevaba una camiseta con la estrella de David y presentaba heridas profundas que indicaban el uso de una espada, añadió Novicki.

Perry también está acusado de otros tres asesinatos relacionados con los Yahweh, y la policía de Miami está investigando el alegato de Rozier, en el que aseguraba que su antiguo amigo le contó que había violado y asesinado a una mujer en 1986 y que había dejado su cuerpo en un campo cerca de la Interestatal 395.

También en este caso los detectives están intentando encontrar testigos que lo corroboren. «Yahweh no ordenó ese asesinato», añadieron.

La mujer ha sido identificada como Elizabeth Schwark, de cuarenta y seis años, que había viajado desde San Francisco para «encontrarse a sí misma» en Miami.

Según una fuente, los detectives también sospechaban que miembros Yahweh podrían haber cometido al menos dos asesinatos en otros estados.

Uno es el caso sin resolver desde hace seis años del apuñalamiento de un vagabundo en Newark, Nueva Jersey, en la misma manzana donde estaba situado un Templo Yahweh.

Attillio Scalo fue apuñalado en el pecho y en el estómago el 3 de julio de 1984. Murió en el Hospital Universitario de Newark. «Los testigos vieron a dos sospechosos, a los que describieron simplemente como dos negros de un metro setenta y cinco de alto», contaba el inspector de la policía de Newark Daniel Collins. «La última vez que los vieron huían a pie», añadió.

Los detectives de Newark reconocieron que no sospecharon que existiese una conexión con los Yahweh hasta que los detectives de homicidios del Metro-Dade comenzaron sus pesquisas. No obstante, el ex miembro Yahweh Lloyd Clark testificó en un proceso civil celebrado en 1987 que el asesino lo llevó hasta «una gran mancha de sangre» en una calle de Newark y se lo confesó todo, etiquetando a la víctima de «chivo expiatorio» y de «demonio blanco».

El sargento Remley dijo que él y otros detectives habían intentado encontrar a otros dos hombres en paradero desconocido que podrían tener información sobre la violencia de los Yahweh. «Hasta ahora, nada», dijo.

Uno de ellos es un hombre que recibió una paliza durante una clase impartida por Yahweh el 27 de julio de 1983. «Una caterva de adeptos Yahweh rodearon a un tipo, lo sujetaron y lo golpearon con fuerza», según consta en el acta de acusación.

Asimismo, un Yahweh de ciento treinta y seis kilos se encuentra en paradero desconocido: Enoch Israel, cuyo nombre real es John Foster, y que en 1981 supuestamente ayudó a propinar una paliza al disidente Aston Green y luego lo decapitó.

# ¿De idealistas a «Ángeles de la Muerte»?

Por Sydney P. Freedberg y Donna Gehrke
31 de diciembre de 1990

Son idealistas desencantados y verdaderos creyentes. La mayoría son hijos de clase obrera que reservaron sus sueños de clase media para el Mesías Negro. Por él dejaron dinero, trabajo y familia. Cuando predicaba la fraternidad y el castigo, ellos escuchaban embelesados. Creían con tal devoción que, al parecer, mataron por él.

Éstas son las historias de los presuntos «Ángeles de la Muerte» de Yahweh ben Yahweh, «líder máximo y absoluto» del Templo del Amor de Miami, según lo denominó el ayudante del fiscal federal, Richard Scruggs. «Era su grupo y no habrían dudado un instante en hacer cualquier cosa que les hubiese pedido, incluso matar a gente», aseguró Scruggs.

Dieciséis miembros de la Nación Yahweh, líder incluido, están a la espera de que se celebre el juicio por los cargos de conspiración para asesinar a catorce personas y lanzar artefactos incendiarios a viviendas en Delray Beach.

Un decimoséptimo sospechoso, Ardmore Canton III, originario de Chicago, y una vez conocido como Absalom Israel, está en busca y captura. Agentes federales afirman que desertó del grupo y cogió un autobús desde Little Rock, Arkansas, hace dos meses. Su familia no ha tenido noticias suyas desde entonces. La acusación sostenía que Canton, de treinta y ocho años, se jactó ante algunos seguidores Yahweh de haber matado a un «demonio blanco». Al parecer, les había mostrado la oreja izquierda de la víctima, Clair Walters, un carpintero sin hogar.

Desde que el mes pasado un gran jurado federal incriminara a Yahweh y a sus adeptos, muchos de los «Ángeles de la Muerte» acusados han guardado silencio sobre sus pasados, a veces incluso con sus propios abogados. Ya se va delineando un perfil gracias a los testimonios del juicio, los informes policiales y las entrevistas con familiares, amigos y abogados. Las biografías de los sospechosos son una crónica de sueños rotos, familias destrozadas, desilusión y búsqueda de un motivo de orgullo. Muchas veces, su único vínculo real es Yahweh ben Yahweh, un hombre al que consideran el Hijo de Dios.

## Es la voluntad de Dios

El inculpado de más edad es Richard Ingraham, de cuarenta y ocho años. Cambió su nombre por el de Job Israel. Siete veces al día se pone de cara al Este con los brazos extendidos y reza a Yahweh. En una ocasión en que la policía acusó a Job de robo, éste les dijo que había nacido en Jerusalén. Su verdadera ciudad natal es Nueva York.

Durante once años, Job estuvo al mando del salón de belleza del Templo ubicado en Liberty City. Llevaba un chándal y un busca. Comercializaba champú para bebés Yahweh y loción corporal Yahweh con aceite de coco, a cinco dólares los 250 ml.

Le contó a su abogado de oficio, Dennis Kainen, que una vez le había cortado el pelo a Mohamed Ali.

En el juicio, Job declaró ser indigente, después de que los fiscales lo acusaran de haber machacado la cabeza de un disidente Yahweh con un gato hidráulico. «Es la voluntad de Dios», manifestó Job al ser detenido el mes pasado.

El sospechoso más joven es Michael Mathis, de veinticuatro años, acusado del bombardeo incendiario de 1986 en Delray Beach. Mathis, atractivo y musculoso, era un defensa estelar de fútbol americano en el South Miami High School. Quería hacerse jugador profesional. Como muchos de los seguidores inculpados, Mathis creció entre la pobreza de la clase trabajadora, pues los sueldos de sus padres apenas llegaban para mantener a nueve hijos.

Tuvo muchos admiradores en el terreno de juego, pero «poco respeto fuera de él», según palabras de su abogado, Ron Polk. En 1983, Mathis se matriculó en el Upward Bound, un programa docente federal diseñado para mejorar sus notas y convertirlo en futuro candidato para la universidad. En 1984, dejó el instituto. Influido por un amigo, Mathis pasó por el Templo para preguntar acerca de las escrituras bíblicas. «Quería creer en algo más que en sí mismo». Polk aseguró que en el reglamentado estilo de vida del grupo había encontrado un desafío.

Para Mathis y otros adeptos imputados, la secta Yahweh parecía «tratar muchos de los problemas a los que tantos negros se enfrentan en EE UU», dijo Wendell Graham, abogado de Ahinidab Israel.

Ahinidab, de treinta y nueve años, y cuyo nombre real era Ernest Lee James Jr., se ganaba honradamente la vida en el Servicio de Agua Potable y Saneamiento de Miami-Dade. No obstante, según su abogado, se sentía agobiado económicamente y marginado desde el punto de vista social y político. «La organización le proporcionó un poco de consuelo».

Diez de los discípulos acusados poseen estudios secundarios.

Carl Douglas Perry, de treinta y cuatro años, acabó la secundaria en el Miami Jackson Senior, se casó, se alistó en el ejército y fue a Corea. Su padre, Lonnie Perry, cambiaba neumáticos en Goodyear y a veces compaginaba dos trabajos. Su madre, Helen Perry, diabética, crió a siete hijos sin ver mucho a su marido. Carl solía sentarse en su regazo durante el oficio religioso de los domingos en una iglesia metodista.

Después del ejército, Perry fue sintiéndose cada vez más insatisfecho con una religión que tendía a ver a los negros como «esclavos sin raíces», según su abogado, Charles White. La esposa de Perry cayó en el mundo de las drogas. En Biscayne Boulevard, Perry se rebeló.

«Yo también tengo un arma y voy a volarte la tapa de los sesos», advirtió a un agente de policía que estaba intentando arrestar a una prostituta. Perry miró a otro policía: «A ti también voy a freírte a balazos, blanquito».

Al final, Perry siguió a dos de sus hermanos mayores, Morris y Alfred, y se convirtió en Yahweh. Alfred explicó que el grupo inculca «enseñanzas morales y éticas entre personas que pueden no albergar esos valores». Pero no siempre.

Un día de 1984, de camino al Templo, Alfred montó en cólera y apuñaló a dos trabajadores de la construcción. La policía adujo motivos raciales. Pasó cinco años en la cárcel. Ahora, unos fiscales federales acusan al hermano menor, Carl, de disparar a dos disidentes Yahweh, de apuñalar a dos «demonios blancos» y de cortar orejas para Yahweh.

«Ojalá nunca hubiesen entrado en el grupo», confesó su padre. «Puedes reventarte a trabajar por el bien de tus hijos, pero cuando crecen, siguen su propio camino. Son mis hijos, para bien o para mal».

A veces, la decisión de convertirse en «judíos verdaderos» conmocionaba a familias cristianas practicantes como los Perry.

«No le gustaba a nadie de la familia», confesó Linda Wilcox Baugh, empleada en la compañía telefónica Southern Bell y tía de Dexter Leon Grant, de veinticinco años. En el instituto, Grant era extremadamente curioso, pero tenía problemas para hacer amigos. Con la promesa de una educación decente y una oportunidad para hacer buenas obras, se unió a los Yahweh a los dieciséis años. Se puso de nombre Abiri, «mi héroe». «Supongo que en la calle no encontró lo que estaba buscando», añadió su desconcertada tía.

Grant y otros siete «Ángeles de la Muerte» sospechosos tienen antecedentes penales. Algunos incluyen actos rebeldes, como disturbios y alteración del orden público. Otros, actos violentos, como agresión y resistencia a la autoridad.

El 11 de mayo de 1979, unos agentes de policía de la Metro, que patrullaban un vecindario de Northwest Dade, oyeron gritos en el interior de una casa. «Socorro, me está pegando», gritaba una mujer. «Que alguien me ayude. Me ha roto el brazo. Va a matarme».

La policía dijo que James Louis Mack, por entonces de treinta y dos años, titulado en el programa de formación profesional Job Corps, marine discapacitado y padre de seis hijos, maltrataba a su mujer, Abril. Tras oponer resistencia a la autoridad, acabó en la sala de vigilancia policial del Jackson Memorial Hospital, según la policía. Los paramédicos la atendieron a ella, que tenía roto el brazo izquierdo.

Al final, la pareja se reconcilió. Los cargos por violencia doméstica fueron retirados. Yahweh ben Yahweh se presentó a Mack un día delante de un cine del centro de la ciudad. «Mack estaba enfadado», dijo Ellen Leesfield, su abogada. «Había visto cómo la policía de Miami detenía a negros sin motivo aparente. Ben Yahweh predicaba el perdón», añadió. «Le dio algo que amar».

Leesfield siguió la pista del origen de la ira de Mack hasta Vietnam. Dejó su hogar en 1968 como recluta idealista. Durante una emboscada, recibió disparos enemigos en la pierna y el brazo derechos. Lo mandaron de vuelta a EE UU sin una bienvenida de héroe. Pasó seis meses en el hospital y salió de él con una cojera. Se convirtió en un discapacitado permanente.

«Había vivido y casi muerto por su país, y lo único que veía era lo mal que se trata a los negros en EE UU», dijo la abogada.

Dos discípulos imputados abandonaron sus carreras profesionales por los Yahweh. Brian Lewis, de veintisiete años, era uno de ellos. Saxofonista alto en la banda del instituto y líder del consejo estudiantil en la universidad, se había propuesto mejorar las relaciones interraciales en Miami. Pero en su último año en el St. Agustine College de Raleigh, en Carolina del Norte, tuvo una crisis de identidad.

«No estaba muy seguro de hacia dónde se dirigía o de qué quería hacer en la vida», afirmó Allan Cooper, su consejero en Ciencias Políticas. «Comenzó preguntándose: "¿Quién soy?" y fue volviéndose cada vez menos activo en el consejo estudiantil. Digamos que lo dejó… Supongo que se lo dio todo a ese grupo a cambio de ser aceptado». En 1982, Lewis se convirtió en Hezion Israel.

Otros dos «Ángeles de la Muerte» sospechosos en realidad nunca eligieron formalmente hacerse Yahweh. Maurice Woodside, de treinta y un años, y su hermano Ricardo, de veintinueve, siguieron a su madre, Johnnie Simmons, y se unieron al grupo. Las enseñanzas judías hacían que la madre se sintiera mejor. «Hay quien dice que hasta tengo mejor aspecto», llegó a afirmar ésta una vez. Sin embargo, las hierbas especiales de Yahweh no pudieron curarle el cáncer. Murió.

Según sus amigos, Ricardo empezó a sentirse desencantado. Dejó el grupo junto a un hermano más pequeño. Maurice, conocido como Mikael, se quedó junto a otra hermana más pequeña.

## Corte de lazos familiares

«Mientras mantengamos nombres de blancos, seremos de su propiedad», les enseñaba el mesías, por lo que los discípulos inculpados se ponían nombres edificantes: James Mack se convirtió en Jesse Obed, «rico sirviente». Ardmore Canton III se convirtió en Absalom, «padre de la paz».

Iban de blanco, el color de los santos de Dios. «Aquel que venciere al hombre blanco, debe ir ataviado con vestiduras blancas», les decía Yahweh. «No os debéis afeitar el vello de la cara», por lo que se dejaban barba y llevaban el pelo con diminutas trencitas.

A medida que crecía su lealtad hacia Yahweh, muchos «Ángeles de la Muerte» sospechosos iban cortando de raíz sus lazos familiares exteriores. Brian Lewis perdió el contacto con sus amigos del instituto. Cuando Isaiah Solomon, antes James Littlejohn, llamó a casa en Carolina del Sur, lo hizo a cobro revertido.

Rufus Pace, antiguo transportista de maquinaria pesada que dijo a la policía llamarse Danny Thomas, no mencionó a su mujer antes de hacerse Yahweh. No habló de su hijo, un desencantado discípulo de la secta. Ruth, la madre de Pace, viuda, le contó a la policía que no tenía ni idea de dónde estaba su hijo, qué hacía o dónde vivía. «No he sabido nada de Carl desde hace cinco años», afirmó Lonnie Perry, el padre del sospechoso. «Se pasaba por aquí de vez en cuando, pero nunca decía dónde vivía o qué estaba haciendo».

Ellos se habían convertido en su propia «familia humana en la Tierra», como lo denominaba Yahweh, y juntos construían la «nación». Lewis enceraba coches. Littlejohn pasó de experto farmacéutico en el virus del herpes a trabajador en planta de la Western Electric y a empleado de «limpieza general» de las viviendas que poseía el Templo. A veces dormía en un autobús propiedad de éste.

Dexter Grant aprendió albañilería y dio una nueva mano de pintura blanca a hoteles en decadencia. «Estaba completamente consumido por su religión», aseguró su tía. «Sólo cumplía órdenes».

Yahweh los mantenía en la creencia de un nuevo orden mundial sin pertenencias, ahorros o depósitos bancarios.

Maurice Woodside dibujaba cómics en un libro titulado *The Mighty Black Man* [*El poderoso hombre negro*]. Las viñetas mostraban a guerreros negros a punto de clavar sus espadas en «el Tío Tom[1] y en enemigos del predicador negro».

De cara al mundo, todo eran sonrisas y voces templadas: decían leer la Biblia, aprender hebreo, cantar canciones alegres y estudiar *marketing* e informática. Afirmaban que Yahweh predicaba la «ley moral»: nada de drogas, alcohol o tabaco.

Sin embargo, una vez que se integraban en el grupo, algunos fieles tenían problemas. Una vez la policía arrestó a Carl Perry por posesión de cocaína. Los cargos fueron retirados. En Jacksonville, los ayudantes del sheriff detuvieron a Rufus Pace, en libertad condicional por robo con allanamiento, después de que los vecinos se quejaran de que estuviese mendigando. James Mack pertenecía al grupo de discípulos Yahweh que propinó una paliza a un hombre al que pillaron robando material del Templo para techados.

Una madrugada, a las 4:20 h, la policía de la Metro detuvo a Job Israel y a otros tres discípulos por robo. Estaban en el interior de una furgoneta Yahweh cargada con sesenta y cuatro cajas de botellas de leche y cincuenta y dos envases de diferentes productos de los supermercados Winn-Dixie. «Lo único que hicieron fue quedarse a un lado de la carretera y rezar», constató el agente Luis Romero Jr.

Dos meses después, Job firmó una declaración jurada en la que afirmaba que pensaba que los artículos estaban «allí a la es-

---

[1] Referencia a afroamericanos que tratan de congraciarse con los blancos (N. de la T.).

pera de que el servicio de recogida de basuras se los llevara».
Según manifestó, la hermandad de los Yahweh tenía la misión
de recoger basura y convertirla en «productos útiles» para personas mayores.

La acusación alegó que Yahweh ben Yahweh infundía miedo
en sus discípulos y que sofocaba cualquier discrepancia mediante la humillación pública y las palizas. Lo controlaba todo, afirmó el ayudante del fiscal federal Scruggs: desde lo que comían
hasta el sitio donde vivían, pasando por el dinero que genera-
ban, las horas que trabajaban o las que dormían.

Para unos cuantos discípulos imputados, el hechizo se desvaneció. Carl Perry se «desvinculó» en 1987, según su abogado. Michael Mathis desertó en 1988 «por su propia cuenta y riesgo».

Después de abandonar el Templo, Mathis encontró trabajo
como encargado de mantenimiento y empezó a pagar los trescientos dólares al mes de la manutención de sus dos hijas, de cuatro y dos años. Cooperó con agentes federales, pero el gran jurado lo imputó igualmente. Su arresto el mes pasado dio al traste
con su búsqueda de una verdadera familia.

La pareja de Mathis, Patricia Albert, suplicó al juez instructor:
«Devuélvaselo a sus hijas». Albert, que se crió entre los Yahweh,
dijo que Michael no era como otros Yahweh que engendraban
niños y luego, sencillamente, negaban su existencia. «Estos hijos
no son míos», jurarían los discípulos. «Michael sí reconoce a sus
hijas; Michael sí cuida de mí y de las niñas», afirmó.

**En el juicio**

Dexter Grant, acusado por el asesinato de un operario del servicio de recogida de basuras de Miami-Dade, sonreía durante
el juicio. Se crujía los nudillos y mesaba su fina barba. Job Israel levantó los brazos y se puso a rezar. Rufus Pace se mantuvo

imperturbable cuando la acusación lo identificó como el chófer de un «equipo de palizas» Yahweh enviado para liquidar a dos traidores.

Pace, solo y sin un centavo, permaneció sentado con las manos, llenas de cicatrices, entrelazadas sobre el regazo. Como les ocurría a otros sospechosos, no tenía ni dinero para contratar a un abogado ni familia que le mostrase su apoyo en el juicio.

Algunos rehusaron dar sus nombres de «esclavo». «No sea tímido», le dijo el juez Peter Palermo a un seguidor menudo y enjuto. «Diga su nombre y edad».

«Anthony Murphy. Treinta y cuatro», respondió el sospechoso. Después del instituto, se metía en peleas de bar y en altercados con la policía. Una vez, «le atacó un grupo de hispanos en las calles de Miami», le contó su abogado, Thomas Buscaglia, al juez.

Una vez Yahweh, Murphy se convirtió en Josiah, «fuego del Señor», pero la ayudante especial del fiscal federal, Gertrude Novicki, lo tachó de cobarde que ansiaba aceptación.

Su madre, Katrina Murphy, escuchaba conmocionada. Novicki contó que el Mesías Negro empezó a dar de lado a Murphy porque éste nunca había demostrado su valía.

Murphy aseguró a seguidores Yahweh que «iba a encontrar y matar a un niño porque eso iba a ser más fácil de hacer que con un blanco adulto», añadió la acusación. Entonces, un día, «volvió al Templo con lo que parecía la oreja de un blanco adulto. La metió en un bote con alcohol. Estaba herido».

«Conozco a mi hijo y él sería incapaz de hacer eso: no le habían sorbido tanto el seso», aseguró su madre, que ofreció su casa, hipotecada en 48.000 dólares, como contribución al pago de la fianza.

Novicki le preguntó a Yahvin Israel, antes Douglas Howard, si alguna vez había oído a Yahweh ben Yahweh predicar sobre los «Ángeles de la Muerte».

«Se lo oí mencionar», respondió Howard, que declaró en calidad de testigo de solvencia moral de Carl Perry. Añadió que había leído algo acerca de los ángeles en la *Enciclopedia Británica* o en la Biblia.

Abril Israel, de veintidós años y esposa de James Mack, describió a los Yahweh como pacíficos y a su marido como padre cariñoso. Se ofendió cuando el fiscal Scruggs sugirió que Mack llevaba una doble vida como «Ángel de la Muerte».

«Tengo un buen marido» dijo enfadada. «No sé lo que intenta hacer… Trata de confundirme».

La mayoría de los acusados no podía dar a los jueces federales una dirección permanente, una vida laboral o pruebas de poseer propiedades o activos. Todos se declararon inocentes o guardaron silencio ante los cargos.

# Columbine, la masacre de la inocencia americana

Premio Pulitzer de Crónica Local en 2000

AUTORES

Bill Briggs, Patricia Callahan, Bruce Finley, Susan Greene,
Steve Lipsher, Mark Obmasick, David Olinger, Mark Eddy

CABECERA

*The Denver Post*

Traducción de Antonio García Maldonado

# Masacre en un instituto.
## La cifra de muertos de la matanza de Columbine asciende a veinticinco

Por Mark Obmasick
21 de abril de 1999

Dos estudiantes vestidos con gabardinas negras y provistos de pistolas y explosivos abrieron fuego el miércoles en el instituto Columbine, matando al menos a veinticinco personas e hiriendo a otras veintidós en lo que es ya la peor tragedia escolar en la historia de Estados Unidos.

La policía halló los cadáveres de los sospechosos en la biblioteca, muertos por heridas de bala. Los pistoleros enmascarados fueron primero hacia determinados objetivos, especialmente contra minorías étnicas y deportistas, y después comenzaron a disparar al azar sus pistolas y escopetas por los pasillos del instituto alrededor de las 11:30 h, dijeron los testigos. La sangrienta masacre duró más de cuatro horas. «Los vi disparar a una chica sólo porque estaba rezando», dijo Even Todd, de quince años, estudiante de segundo curso. «Dispararon contra un chico negro. Le llamaron "negrata". Dijeron que no les gustaban los negratas, así que le dispararon en la cara». Además, pusieron al menos doce bombas en los vestíbulos del instituto, algunas de ellas con temporizadores, que siguieron explotando hasta las 22:45 h. «El abrigo de uno de los sospechosos estaba lleno de artefactos explosivos, y tenían adheridas al cuerpo bombas de tubo desactivadas», contó la policía.

Los estudiantes identificaron a los asaltantes como miembros de un grupo marginal, compuesto por alrededor de una docena de alumnos de institutos de distintos barrios conocido como la Mafia de las Gabardinas Negras, que ostentaba consignas nazis y esvásticas en su indumentaria. Los sospechosos fueron identificados como Eric Harris, de dieciocho años, y Dylan Klebold. Los asesinos eligieron para actuar el día del 110 aniversario del nacimiento de Adolf Hitler. «He escuchado a gente decir que la cifra de muertos llega a los veinticinco», dijo John Stone, sheriff del condado de Jefferson, añadiendo que podía confirmar al menos diecisiete fallecimientos. «Cuando conseguimos entrar en la biblioteca, encontramos un panorama realmente espantoso». Definió la operación de los asaltantes como una «misión suicida».

Byron Kirkland vio cómo empezaba la masacre: «Había una chica agachada debajo de una mesa de la biblioteca, fue hacia ella, dijo: "¡Te veo!", y le disparó en el cuello», contó Kirkland, un alumno de quince años de segundo curso. «Iban gritando y formando una escandalera, y parecía que estaban pasándolo en grande».

Aaron Cohen, estudiante de segundo curso de quince años, contó cómo, estando escondido bajo una mesa, sintió de pronto el cañón de un arma sobre su cabeza. Uno de los asaltantes dijo: «En pie todos los deportistas. Os vamos a matar», relató Cohen.

Bree Pasquale, una de las nuevas alumnas, dijo: «Podías oír sus risas mientras disparaban a la gente por los pasillos. Me puso una pistola en la cara y me dijo: "Hago esto porque muchos se rieron de mí el año pasado"». Ella consiguió salir indemne, aunque sintió cómo le salpicaban restos de sangre de otro compañero.

Mientras tanto, Brittany Bollerud, de dieciséis años, permanecía escondida bajo una de las mesas de la biblioteca y tan sólo alcanzaba a ver los zapatos de los asaltantes y la parte inferior de sus gabardinas. «Gritaron "¡venganza!"», contó. «Preguntó a la gente quién practicaba algún deporte. Dispararían contra quien llevara alguna gorra de algún equipo».

Rachel Ebert, una estudiante del último curso de diecisiete años, relató lo siguiente: «Vi [a un profesor] tirado en el suelo que no paraba de sangrar. Intentaba dirigir a los chicos, pero apenas podía hablar. Era realmente pavoroso. Los chavales iban cayendo, pero sabía que si intentaba ayudarles me dispararían a mí».

Alrededor de las 15:45 h todavía se oían disparos dentro del instituto. Al mismo tiempo que más de doscientos agentes y cuatro equipos SWAT intentaban detener a los asaltantes y evacuar a los estudiantes heridos, los servicios sanitarios trabajaban lo mejor que podían en los porches de entrada de las casas que circundaban el instituto del condado de Jefferson. En un momento dado, un muchacho ensangrentado se dejó caer desde una ventana del segundo piso y fue atrapado por dos miembros de uno de los equipos SWAT. Otra persona pedía ayuda a través de un escrito pegado en la ventana de un aula: «Socorro, me desangro». Con la noticia de los asesinatos retransmitida por todas las televisiones locales y nacionales, el instituto Columbine parecía un campo de batalla. Helicópteros medicalizados aterrizaban en los campos deportivos cercanos y trasladaban a los heridos a seis hospitales locales distintos. Más de dos mil personas guardaban cola en Denver para donar sangre. Los angustiados padres fueron raudos hacia la escuela en busca de noticias sobre sus hijos. Algunos consiguieron hablar con ellos desde las cabinas.

A las 18:25 h, el fiscal de distrito del condado de Jefferson, Dave Thomas, dijo a un grupo de padres reunidos en el colegio Leawood que no habían podido llegar hasta al menos diez cuerpos porque se encontraban cerca de varios explosivos. Se pidió a los padres que reunieran los informes bucodentales, de sus hijos. Algunos no pudieron reprimir las ganas de vomitar. Las órdenes de registro se ejecutaron el martes por la noche en las casas de los acusados, dijo el fiscal de distrito. El sheriff afirmó que los atacantes habrían usado un rifle de asalto automático y varias escopetas durante el ataque.

A las 20:00 h, Michael Shoels seguía esperando alguna noticia sobre su hijo Isaiah, de dieciocho años, estudiante del último curso. Shoels temía que su hijo hubiera sido objetivo prioritario de los asesinos por ser negro. «Las últimas noticias no pintan bien», dijo Shoels. «Es como una pesadilla de la que no consiguiera despertar. Sólo pido a todo el mundo que rece por mi familia». Los otros dos hijos de Shoels, que también eran alumnos del instituto Columbine, estaban a salvo.

El tiroteo es el último de una serie que desde 1997 ha conmocionado al país y ha traído exigencias de mayores medidas de seguridad y un control más estricto de los alumnos conflictivos. Dos personas fueron asesinadas en un instituto en Pearl, Misisipi, tres en West Paducak, Kentucky, cinco en Jonesboro, Arkansas, y dos en otro instituto de Springfield, Oregón. El presidente Clinton ofreció una rueda de prensa el martes y comenzó pidiendo una oración por los estudiantes, profesores y demás trabajadores del instituto Columbine. Los asesinatos tuvieron lugar al mismo tiempo que el gobernador Bill Owens y el parlamento estatal trataban de aprobar una ley que flexibilizaba las leyes sobre armas no registradas.

Jenni LaPlante, de dieciocho años, dijo que uno de los atacantes se mostró tranquilo el martes por la mañana durante una partida de bolos que jugaron antes de las clases. Dijo que el chico era un estudiante realmente inteligente. «Sabía responder a todo. Si leíamos a Shakespeare, él descifraba los significados ocultos», contó LaPlante. «Nunca los he visto meterse con nadie», afirmó. «Pero si les preguntabas por qué llevaban prendas alemanas, si eran nazis, ellos respondían: "Sí, Heil Hitler"». LaPlante dijo que nunca supo realmente si los chicos bromeaban.

Uno de los asaltantes formaba parte de la clase de escritura creativa a la que asistía Michele Fox. «Odiaban nuestro instituto. Odiaban todo lo que tuviera que ver con nosotros», dijo Fox, estudiante de dieciocho años del último curso. «En nuestras clases teníamos que leer y cosas así, y ellos siempre escribían sobre la muerte. Vestían gabardinas negras con botas militares abrochadas por encima de los pantalones».

Ben Grams, uno de los nuevos alumnos, definió a la Mafia de las Gabardinas Negras como un «puñado de críos marginados de los que se burlaban y reían con frecuencia». Otro estudiante contó que el grupo hablaba en ocasiones durante las clases sobre decapitaciones, y en determinados momentos comentaban y cantaban canciones del esperpéntico Marilyn Manson. Algunos incluso llevaban leyendas donde se leía: «Odio a la gente».

Los estudiantes contaron que la masacre comenzó cuando dos estudiantes —vestidos con gabardinas negras y provistos de pasamontañas que se iban poniendo y quitando según la ocasión— lanzaron al menos una bomba sobre el tejado del instituto, durante el primer turno de la hora del almuerzo. Otro explosivo fue introducido dentro de una mochila y dejado en la entrada principal. John Cook, un estudiante de dieciséis años de segundo curso, se encontraba almorzando fuera con sus amigos cuando se desencadenó la tragedia. «Atacaban contra todo lo que pareciera humano», dijo Cook. «Dispararon contra varios chavales que estaban en el suelo y posteriormente apuntaron hacia nosotros y comenzaron a disparar. Las balas iban de acá para allá, por todos lados. Dos chicos que se encontraban cerca de mí fueron alcanzados».

El pánico se apoderó del lugar a medida que los asaltantes entraban en la escuela y se dejaban ver por los vestíbulos. Casey Fisher, de quince años, se encontraba en la cafetería comprando su almuerzo junto a un amigo. «Mi amigo salió y se quedó a unos tres metros del chaval, que lo derribó de un disparo», contó Fisher. Karen Nielson, que trabajaba en la cafetería, dijo: «Yo quería ayudar a los demás, pero seguían disparando». Algunos testigos dijeron haber escuchado, al menos, quince explosiones. En determinado momento una bomba hizo explosión, hiriendo a varios estudiantes, incluida una chica que sería posteriormente hospitalizada con ocho esquirlas en el pecho. «Trataba de ponerme a salvo», dijo Crystal Enney, de dieciocho años, alumna del último curso.

El humo hizo saltar las alarmas contra incendio. Durante esos momentos de confusión algunos alumnos consiguieron ponerse a salvo. Otros fueron tiroteados. Unos cuantos trataron de resguardarse en los baños. Los alumnos de la clase de Ciencias Naturales a la que asistía la estudiante de primer curso Katie Crona se escondieron bajo sus pupitres. Podían oír el ruido de los cristales rotos por las ráfagas de los asaltantes en la clase de al lado. Algunos alumnos consiguieron escapar y les contaron cómo habían matado a algunos de sus compañeros. «Nos sentamos en círculo durante cuatro horas. Nos acercamos unos a otros. Estábamos muertos de miedo», contó Crona. Los estudiantes oyeron cómo los asaltantes intentaban abrir la puerta de su clase, que estaba cerrada con llave. Pasaron de largo.

La peor parte tuvo lugar en la biblioteca, donde los dos asesinos aterrorizaron a cuarenta y cinco estudiantes con disparos y extravagantes carcajadas. «Se paseaban preguntándonos por qué creíamos que debían dejarnos vivir», contó Todd, estudiante de segundo curso de quince años. «Cuando dispararon a un chico negro uno de ellos dijo: "Oh, Dios mío, mira el cerebro de este negro. ¡Increíble, tío!"».

«Vinieron hacia mí, me apuntaron a la cabeza y me preguntaron si era deportista. Dije que no. Lo que no era del todo cierto. Dijeron: "Es la hora de la venganza contra los deportistas, por no tomarnos en serio"». Vandermark estaba a unos seis metros de uno de los asaltantes cuando éste abrió fuego. Dijo que las armas sonaban como subfusiles. Otros testigos repararon en una escopeta y al menos una pistola. «Un profesor que trataba de ayudarnos fue alcanzado en el brazo», dijo Vandermark, que se escondía en el laboratorio de biología. Mientras tanto, Scott Cornwell, padre del alumno de último curso Matt Cornwell, recibió una llamada de su hijo en su teléfono móvil diciendo que estaba atrapado, que se mantenía a resguardo en la sala del coro junto a otros cuarenta estudiantes. «Apenas susurraba», contó. «Papá, estamos dentro. Somos unos cuarenta. ¿Qué está pasando?». El padre pasó el teléfono a un comandante de policía, quien les advirtió: «¡Aléjense de la puerta!».

Más tarde, la policía contó que había encontrado a los dos asaltantes muertos en la biblioteca con heridas de bala. Algunos explosivos más fueron hallados en la casa de uno de los sospechosos, y la policía descubriría más tarde dos coches aparcados fuera del instituto a los que habían adherido varias bombas lapa.

El parlamento del estado de Colorado había sido convocado hoy para debatir la aprobación de una ley para flexibilizar las leyes sobre armas no registradas, aunque las sesiones fueron suspendidas a causa del tiroteo en el instituto. El gobernador Owens, que está a favor de esta flexibilización, intentó reconfortar a las familias en el lugar del crimen junto a su esposa Frances, pero rehusó hacer cualquier tipo de declaración relacionada con el debate legal sobre las armas. «Está claro que no somos inmunes a los problemas que vemos en otras partes del país», dijo Owens. «Quizá hoy hayamos perdido la inocencia».

Algunos alumnos llamaron la atención sobre las escandalosas pintadas que la Mafia de las Gabardinas Negras dejaba en los baños: «Cada vez que ibas encontrabas cosas del tipo: "Algún día Columbine saltará por los aires" o "Mueran todos los deportistas" o "Muerte a los atletas"», afirmó Doug Mohr, un estudiante del último curso que pertenecía al equipo de fútbol. «Siempre te encontrabas fotos de esvásticas y armas». Los inspectores de educación del condado de Jefferson afirmaron desconocer la existencia de grafitis racistas o amenazantes. «Visité allí a los alumnos, y me pareció ver un entorno creativo donde los estudiantes se sentían seguros», dijo la jefa de los inspectores de educación, Jane Hammond. «No hemos tenido conocimiento de la Mafia de las Gabardinas Negras hasta hoy». Una foto del álbum de final de año consignaba un grupo como la Mafia de las Gabardinas. Fue imposible localizar al director del instituto para pedirle su opinión al respecto.

Algunos estudiantes dijeron que la tragedia podría haber sido aún peor si no hubiera tenido lugar en el «día de descanso» de los alumnos del último curso. Este día es conocido como «20-4» en determinados círculos, jornada que aprovechan los estudiantes de todo el país para faltar al instituto y fumar marihuana. Además de hacer referencia a la fecha en la que tiene lugar este «evento», el 20-4 es también el código interno de la policía de Los Ángeles para las redadas antidroga. «Es el día ideal [para fumar marihuana]», dijo Jason Greer, estudiante del Columbine, de dieciséis años. Muchos estudiantes estaban al tanto del significado de aquel día y resolvieron no ir a clase el martes.

«No puedo creer que algo así haya sucedido en el Columbine», dijo Joyce Oglesbee, madre de la estudiante Tara Oglesbee. «Es un instituto de primera categoría, bueno, perfecto. Ni siquiera ha habido nunca ninguna novatada».

# Diario de la catástrofe

Por Patricia Callahan
22 de abril de 1999

Era un día de mangas de camisa, de esos en los que el sol baña los tulipanes y los pensamientos dándoles un color casi irreal; uno de esos días primaverales por los que Colorado se ha hecho famoso. Es también la época del año más divertida para los mayores del instituto. Con tan sólo diecisiete días más de clase y la fiesta de graduación a un mes vista, muchos estudiantes del último curso llenaban el periódico del instituto con sus artículos, anunciando los eventos a los alumnos de otros cursos, y con alegres notas dirigidas a sus hermanos y amigos. «Cosas divertidas», las llamaba el co-editor del periódico. Durante la ceremonia de promoción del fin de semana los manteles blancos estaban cubiertos de pétalos de flores y velas encendidas, y los estudiantes bailaron agarrados la balada «The way you look tonight». Parecía parte de un sueño.

★ ★ ★

El estudiante de segundo curso Pat Neville caminaba sobre el césped por el borde del campo de fútbol en dirección a su coche. Con el hambre voraz propia de los quinceañeros, Pat estaba deseando ir con sus amigos a comprar algo de comida rápida. Fue en ese momento cuando oyó un ruido estridente. Petardos, quizá.

Pat se volvió en dirección a la cafetería y la biblioteca, y vio cómo un adolescente con camisa blanca y pantalones negros lanzaba algo al tejado del edificio. Parecía una granada. Unos segundos después explotó y una humareda se extendió por el instituto. Otro adolescente, vestido con una gabardina negra, estaba apostado en el suelo disparando un fusil de asalto, haciendo saltar briznas en todas direcciones. «¡Dios mío, esto no es ninguna broma!», se dijo Pat a sí mismo. Huyó en dirección al parque. Nunca antes había corrido a esa velocidad.

El chico de la gabardina negra se giró hacia una chica y le disparó en la pierna. El estudiante de último año Wade Frank observaba incrédulo la escena al tiempo que otro estudiante se acercaba corriendo para ayudar a la chica, que sangraba tendida en la acera. «El de la gabardina negra se levantó, apuntó a la espalda del chico y disparó», contó Wade. «Estaba totalmente tranquilo, como si hacer aquello fuera lo más normal del mundo».

Era el día en que regalaban galletas en la cafetería. Los estudiantes comían y cotilleaban sobre la fiesta de promoción —quién había ido con quién, quién fue la mejor vestida, etc.—. Fue entonces cuando oyeron aquel estruendo proveniente del aparcamiento. La gente dejó sus almuerzos y vio cómo un grupo de chicos corría a través de la cafetería y subía las escaleras hacia la planta de arriba. Debe de ser una broma de los veteranos, pensaron muchos estudiantes. Al fin y al cabo, los veteranos ya habían inutilizado antes con bloques de cemento el aparcamiento de los estudiantes de los primeros cursos. Todo el mundo pensó que se habrían dirigido arriba para hacer alguna jugarreta. De repente, la puerta se abrió de golpe y el profesor Dave Sanders se subió a una silla de plástico de la cafetería: «¡Meteos debajo de las mesas!», gritó, «¡agachaos!».

En apenas un instante sus palabras dejaron de escucharse. El caos se apoderó de la cafetería cuando cientos de estudiantes se revolvieron tratando de ponerse a resguardo bajo las mesas redondas del comedor. El humo impedía ver nada a través de la ventana semicircular que daba al edificio de los estudiantes del último curso. Dos chicos entraron en la cafetería. Uno vestía camisa blanca y llevaba una cartuchera cruzada en el cuerpo y un arma de gran calibre. El otro, con gabardina negra, llevaba una escopeta y una pistola.

Casey Fisher, alumna de primer curso, no se había escondido bajo las mesas. Estaba junto a la fila donde sirven la comida cuando uno de los atacantes disparó a alguien que se encontraba a apenas tres metros de ella. «Sonó como si hubiera estallado una bomba», afirmó Casey. Algunos padres y trabajadores del comedor corrieron a socorrer a algunos niños heridos. Pero el muchacho de la gabardina disparó otros veinte cartuchos. «Siguió disparando como si nada», dijo ella. «Entraron en la cocina y lanzaron otra ráfaga».

Keni Dooley salió de debajo de la mesa y consiguió llegar hasta el aparcamiento. La chica, de dieciséis años, permaneció agachada entre dos coches durante más de dos horas. «Por favor, no dejes que pase nada», suplicó para sí misma. Dentro, los estudiantes comenzaron a huir hacia las escaleras de salida de la cafetería tratando de protegerse con sus mochilas. Algunos bedeles intentaban organizar aquel tráfico humano. «¡Han disparado a alguien!», gritó un estudiante. Muchos otros se levantaron y subieron las escaleras. Gritaban y lloraban. Podían oír el sonido de las balas contra los objetos metálicos: las barandas de la escalera, las taquillas. En el vestíbulo de la planta de arriba Jon Behunin contempló la estampida. «Tuve que aguantar de pie, apoyado contra las taquillas para que no me arrollaran», dijo. «Todos pasaban a mi lado aterrorizados».

Al final de la escalera, Dave Sanders, el profesor que había alertado en la cafetería sobre la presencia de los atacantes, cayó al suelo. Sangraba profusamente. «Estaba apoyado sobre los codos tratando de dirigir a los chicos», contó Rachel Erbert, estudiante del último curso. El estudiante Adam Foss se encontraba en medio de la sala del coro cuando alguien entró corriendo y gritó: «¡Tiene un arma!». Tras la huida de más de la mitad de los que allí se encontraban, Adam se asomó al vestíbulo y vio el cañón de una pistola apuntando a Sanders. «Vi al profesor decir: "¡Al suelo!"», contó Adam. «Creo que intentaba que todos los chicos salieran del pasillo».

El arma se fue y Adam vio a Sanders desplomarse sobre las taquillas. Adam cerró la puerta con llave y condujo a los estudiantes a una oficina fuera de la sala del coro. Permanecieron juntos allí durante horas.

★ ★ ★

Seth Houy, estudiante de último curso, había terminado de almorzar y había decidido ir a la biblioteca a hojear algunas revistas y pasar el rato con su hermana. Oyó los disparos pero creyó que provenían de una pistola de bolas de pintura. Una profesora entró en la biblioteca. Tenía sangre en el hombro. «¡Alguien está disparando! ¡Todo el mundo al suelo!», gritó.

Los estudiantes se escondieron debajo de las mesas de madera y esperaron. Algunos volcaron sillas para utilizarlas de parapeto. Seth cubrió con su cuerpo la cabeza de su hermana y la de su amiga, haciendo de escudo humano bajo la mesa. Oyeron explosiones que provenían de la planta de abajo y vieron cómo caían trozos del techo a su alrededor. También oyeron voces que se acercaban a la biblioteca: «Esto es para todos los que os habéis reído de nosotros todos estos años».

Desde debajo de una de las mesas, Brittany Bollerud, estudiante de segundo curso, tan sólo alcanzaba a ver las botas de combate de los atacantes y la parte inferior de sus abrigos. Reían mientras disparaban contra los estudiantes. «¡Venganza!», repetían cada vez que disparaban.

Seth escuchó que decían algo sobre disparar a todos los que llevaran una gorra de béisbol blanca. Él era uno de ellos. Se la quitó y la escondió debajo de su cuerpo. Fue la única vez que se movió durante el tiempo que los atacantes permanecieron allí.

Al mismo tiempo que disparaban, los dos muchachos iban de acá para allá mofándose de unos y otros. «Mira a este imbécil», dijo el asaltante. Acto seguido retumbaron los disparos. «Mira a este negrata». Más disparos. «Era como estar en medio de una batalla», dijo Brittany. Seth le pidió a su hermana que rezara. «Le dije que el único que podía protegernos en aquel momento era Dios», dijo. Brittany pensaba que estaba en medio de una pesadilla. «Pero de pronto reparé en la sangre que había por todos lados, y supe que era real», dijo. Creyó que no saldría viva de allí.

El tiroteo continuó durante unos diez minutos. Uno de los asaltantes dejó caer un cargador de balas mientras el otro recargaba su arma. Luego se marcharon de la biblioteca. Poco a poco, los estudiantes fueron saliendo de debajo de las mesas y huyeron pisando los cadáveres de sus compañeros de clase. Había cuerpos por todas partes. «Honestamente creo que Dios nos hizo invisibles», dijo Seth. «Rezamos con todas nuestras fuerzas y Dios nos puso una coraza invisible alrededor».

Mucho más tarde, el inspector de Denver Alex Woods entró en la biblioteca en busca de bombas. Lo que vio lo describió en dos palabras: una carnicería. Había cuerpos debajo de los pupitres, algunos enroscados en posición fetal. No quedaba nadie vivo. «Es demoledor», dijo. «Eran simples críos indefensos...».

El profesor Dave Sanders consiguió llegar cojeando a un laboratorio en el piso de abajo y cayó al suelo. «Se rompió un par de dientes cuando se desplomó», contó la estudiante de primer curso Kathy Carlston. «Se desangraba por momentos».

Kevin Starkey, estudiante de segundo año, pidió a otros chicos que se quitaran sus camisas para cubrir a Sanders. Otros trajeron mantas de la habitación contigua. Intentaron frenar la hemorragia taponando la herida. Sanders echaba sangre por la boca. Estaba pálido, pero aún respiraba. Empezaba a perder la conciencia. Kevin sabía que tenía que darle esperanzas para mantenerlo con vida. Buscó la cartera de Sanders, sacó las fotos de sus hijas y se las mostró. «Háblame de ellas», le pidió Kevin. Funcionaba. Sanders permanecía despierto. La profesora Theresa Miller llamó a los servicios sanitarios y dio las instrucciones para llegar al aula. Luego se acercó a Sanders. «Aguanta, amigo», le pidió. Los estudiantes esperaban sentados sobre las frías baldosas del suelo.

Otra profesora escribió «hombre desangrándose» sobre un tablón, que colocó junto a la ventana para que lo viera la policía. Pasaron horas hasta que llegó el equipo de los SWAT. Apuntaron a los estudiantes y les pidieron que pusieran las manos sobre la cabeza. Kevin preguntó a la policía si podían llevar a Sanders usando el tablero de una mesa como camilla. Dijeron que no. Algunos integrantes del equipo de rescate se agruparon alrededor del profesor mientras los miembros del SWAT sacaban a los estudiantes del laboratorio y los conducían hacia el comedor.

La cafetería estaba inundada con casi ocho centímetros de agua que habían soltado los aspersores contra incendios. Una bandeja con dos trozos de *pizza pepperoni* sin tocar estaba en la fila del almuerzo. Había mochilas desperdigadas por el lugar. El equipo SWAT pidió a los estudiantes que no tocaran ninguna mochila mientras salían. Kathy pasó junto a un chico cuyo cuerpo yacía cerca de una de las escaleras de salida. Su cara estaba pálida y un inmenso charco de sangre se extendía a su alrededor. Estaba muerto. «Era como si te mirara con atención», dijo. «Teníamos que continuar si no queríamos vomitar».

Había una chica muerta en la parte de arriba de la escalera. Llevaba el pelo recogido en una coleta y la mochila todavía en la espalda. «Tenía los ojos vidriosos», contó Kathy. «¿Te acuerdas de esa escena final de *Titanic* donde se ve a todos los muertos? Pues esto fue algo parecido. Teníamos que seguir avanzando».

Los estudiantes aún no lo sabían, pero Dave Sanders no lo logró. Murió en los brazos de un oficial de policía.

★ ★ ★

Unas manzanas más allá, los estudiantes esperaban a sus padres en el auditorio de un colegio. Las caras recortadas contra la pared del fondo conformaban una suerte de arcoíris, cada una de un color distinto, fruto del pánico. «Todavía no hemos encontrado a mi hermano», dijo una chica entre sollozos. Padres histéricos que no veían a sus hijos entre los congregados en la sala dirigían desesperados su mirada al suelo del auditorio, preguntando a todo el mundo si sabía algo de sus hijos.

Fuera, los profesores colocaron unas listas con los nombres de los chicos. Estaban llenas de nombres escritos por los estudiantes del instituto que habían salido, y los padres, desesperados, buscaban en ellas alguna letra que les resultara familiar. Otros padres permanecían a las puertas, mirando sobre la multitud a medida que autobuses escolares llenos de estudiantes llegaban al colegio. Con cada autobús que llegaba se oían gritos de euforia y llantos de alegría por el reencuentro.

Cuando el último estudiante de cada autobús descendía muchos padres no podían disimular su pánico. Otros parecían aturdidos. Para ellos aún no había llegado el anhelado reencuentro. Desde las cabinas llamaban a los amigos de sus hijos, a los hospitales.

Aquella noche un grupo de padres se quedó en el instituto. Dave Thomas, fiscal de distrito del condado de Jefferson, les dijo que los oficiales de la policía no habían podido llegar hasta todos los cuerpos que aún estaban dentro del edificio, por culpa de los destrozos de las bombas y los explosivos que había a su alrededor. Preguntaron desesperados si existía alguna posibilidad de encontrar a alguien con vida allí dentro. Querían una lista con los nombres de los que seguían allí. En lugar de eso, el fiscal les pidió una descripción física de sus hijos, con datos que pudieran ayudar a la identificación, como tatuajes o la bisutería que recordaran que llevaban aquel día. Les pidió también que reunieran los informes bucodentales y las huellas dactilares de sus hijos. «Es la primera vez que nos ocurre algo así», dijo. Dos mujeres corrieron hacia una puerta lateral y vomitaron.

Los sacerdotes, pastores y monjas con sus hábitos excedían en número a los padres en una proporción de cuatro a uno. Garabateado sobre el tablero de la canasta de baloncesto podía leerse: «Zona de rezo. Por favor, únase».

Michael Shoels salió aturdido del instituto rodeado de medios de comunicación de todo el mundo. Un estudiante se había llevado aparte a su mujer y le contó que había visto cómo disparaban a su hijo Isaiah. Hasta entonces rezaban por que se encontrara en casa de algún amigo, y querían pensar que llamaría tal y como habían hecho sus otros dos hijos. «Es como una pesadilla de la que no consiguiera despertar», dijo Michael Shoels. «Las cosas no pintan nada bien». Isaiah nunca llamó, nunca más volvió a casa. El miércoles por la tarde los Shoels sabrían que la policía había encontrado el cuerpo de su hijo en la biblioteca.

Shoels contó a varios reporteros de la televisión que su hijo había recibido dos impactos de bala: era negro y un gran atleta. «Estos crímenes de odio tienen que acabar», dijo.

Joann Foss fue una de las madres afortunadas. Primero sintió una tremenda angustia, que se desvaneció con el reencuentro con sus hijos gemelos. Se sentía impotente, no sabía cómo comportarse ante ellos. Como muchos otros padres, no alcanzaba a entender el porqué de lo que habían sufrido sus hijos. Nick y Adam, ambos del último curso, le contaron su épica y terrible historia. Su madre asentía mientras escuchaba, sin comprender nada. «No puedo explicarlo», dijo. «Intentas comprenderlos, ponerte en su lugar, pero es imposible. Nunca he visto morir a nadie asesinado. Nunca he estado ni de lejos ante una situación como ésa».

Aquella noche, Nick se fue a la casa de la montaña de un amigo, para estar solo e intentar no pensar en lo ocurrido. Adam no consiguió dormir en toda la noche.

# Comienza el duelo.
## Colorado y el mundo entero consternados por la matanza del instituto Columbine

Por Mark Obmasick
22 de abril de 1999

Mientras el mundo se lamentaba por el incomprensible asesinato de catorce estudiantes y un profesor en el instituto Columbine, y los supervivientes recordaban la valentía mostrada por algunos durante el asalto, la policía retiraba, el miércoles, los últimos cadáveres del lugar de la siniestra masacre.

Miles de personas acudieron a servicios religiosos por los fallecidos en la ciudad de Denver, el presidente Clinton pidió un momento de silencio para rezar en la Casa Blanca, y el papa mostró sus condolencias desde Roma. Mientras tanto, los investigadores del condado de Jefferson escarbaban en la vida de los dos sospechosos, Eric Harris, de dieciocho años, y Dylan Klebold, de diecisiete, y se hacían una pregunta simple pero fundamental: «¿Por qué?». «Desconozco qué otro motivo aparte del odio puede haber tras estos actos», dijo el fiscal del distrito Dave Thomas. El lugar del crimen era tan espantoso, dijo Thomas, que algunos oficiales no pudieron evitar las lágrimas.

«Hay agentes de los SWAT que habían luchado en Vietnam que lloraron al ver aquello».

Eran testigos de la peor matanza en un instituto en la historia de los Estados Unidos. Pese a que el sheriff afirmó el martes que los muertos ascendían a veinticinco, la cifra confirmada el miércoles fue de quince, incluyendo a los dos asesinos. Del resto de los veintidós heridos, seis han sido dados de alta en los hospitales. Cinco permanecen en estado crítico.

En un determinado momento durante las cuatro horas que duró la masacre, el padre de Klebold llamó a la policía para ofrecer ayuda. Los oficiales de refuerzo le comunicaron que era demasiado tarde.

Los comunicados de las familias Klebold y Harris, que dieron a conocer a través de sus abogados, transmitían una profunda pena. «Nuestros pensamientos, nuestras plegarias y nuestras más sentidas condolencias son para las víctimas, sus familias, amigos, y para la comunidad en su conjunto», decía el comunicado de los Klebold. «Como el resto del país hace, nosotros también intentamos comprender cómo ha podido ocurrir algo así».

La policía encontró más de treinta bombas alrededor del colegio: algunas escondidas en coches y otras tantas en las casas de los acusados. Habían introducido clavos en algunas de ellas con la intención de causar el mayor daño posible. Otras bombas hechas con bombonas de propano tenían temporizadores.

En la biblioteca del instituto, donde uno de los asaltantes murió tras recibir un disparo en la parte posterior de la cabeza y el otro cayó con un agujero en la sien, la policía contó las armas: una carabina de 9 milímetros semiautomática, dos escopetas recortadas y una pistola. Se desconoce aún dónde consiguieron estas armas. «Encontramos al menos ocho cargadores de diez balas cada uno completamente vacíos y más de una docena de casquillos de bala», dijeron los investigadores.

Ahora tratan de averiguar si los asesinos tuvieron algún tipo de ayuda de otros amigos. «Esto no es algo que se haga de la noche a la mañana», dijo el sheriff John Stone. «Esto han tenido que planearlo con mucha antelación».

«El instituto Columbine cerrará sus puertas de forma definitiva», dijeron algunos oficiales. El resto de institutos del condado de Jefferson y de Denver retomarán hoy su actividad con medidas de seguridad extraordinarias.

Los dos adolescentes, miembros de un grupo llamado la Mafia de las Gabardinas, fueron sorprendidos robando un coche en enero de 1998. El pasado febrero terminaron de cumplir las penas que les habían impuesto. Rocky Hoffschneider, padre de la estrella deportiva Rocky Jr., dijo a la policía que uno de los asaltantes tenía una lista con el nombre de su hijo a la cabeza. Su hijo salió indemne. Un portavoz del sheriff dijo no tener constancia de dicha lista.


**Objetivos concretos**

Los testigos afirmaron que los dos asaltantes fueron directamente a por los mejores deportistas y a por un chico negro. Algunos estudiantes notaron desde el principio la total animadversión que los asesinos mostraban hacia los deportistas. «Siempre fue así. Nosotros no les gustábamos y ellos no nos gustaban a nosotros», dijo John House, estudiante del último curso, sobre la Mafia de las Gabardinas. Los atletas se reían de ellos con frecuencia, contó, diciéndoles cosas como «sois basura», o «bonito abrigo», o «me gusta tu maquillaje».

En alguna partida de bolos previa a las clases, ambos asesinos habían voceado en ocasiones un «¡Heil, Hitler!» después de una buena jugada, contó House. Antes de la masacre, uno de los asaltantes, Harris, apareció en la sala de bolos a las 6:15 h con una camisa blanca de franela y unos vaqueros. Volvió al instituto cinco horas después junto a su amigo Klebold, esta vez con una gabardina negra y con un arsenal de explosivos y armas. El ataque comenzó alrededor de las 11:30 h, hora del almuerzo, cuando uno de los asaltantes lanzó una granada sobre el tejado del instituto y comenzó a disparar con una de las recortadas, dijo un testigo. Dos estudiantes cayeron muertos y los dos asaltantes se dirigieron hacia los pasillos del instituto.

Un ayudante del sheriff, Neil Gardner, aparcó cerca del edificio e intercambió algunos disparos con uno de los asesinos, pero no consiguió alcanzarlo. Veinte minutos después, un equipo SWAT compuesto por oficiales de Denver, de los condados de Arapahoe y Littleton, irrumpió en el edificio. Paul Smoker y el teniente Terry Manwaring dispararon contra uno de los chavales armados y desaparecieron. La situación era tan precaria, ni siquiera se conocía el número de asaltantes, que la policía decidió ordenar la retirada y establecer un perímetro de seguridad fuera del instituto. «Un agente muerto no sirve para nada», dijo Steve Harris, portavoz del Departamento de Policía. Muchos estudiantes escaparon. Muchos permanecían atrapados. El caos reinaba. Debido a las explosiones de las granadas, el humo invadió los pasillos e hizo saltar las alarmas contra incendio. Uno de los aspersores comenzó a echar agua e inundó la cafetería. Las bombas seguían explotando y matando estudiantes.


**Escondidos bajo las mesas**

Los estudiantes trataron de refugiarse debajo de las mesas. Uno de los profesores, Dave Sanders, entrenador del equipo de baloncesto femenino, fue alcanzado por un disparo y sangraba profusamente, aunque aun así intentaba alejar de la zona a los horrorizados estudiantes.

Varios adolescentes se quitaron las camisetas e intentaron salvar a Sanders improvisando un torniquete. Uno de los estudiantes, Kevin Starkey, intentó mantener consciente a Sanders durante horas, mostrándole fotos de familiares que había en la cartera del profesor, sobre los que iba preguntándole.

El profesor murió.

En la biblioteca, Crystal Woodman, de dieciséis años, pidió al joven Seth Houy que la cubriera con el cuerpo y le susurró que por favor hiciera de escudo. Por alguna razón, los asesinos no repararon en ellos. «Notaba su presencia», dijo Woodman. «Le preguntaron a una chica si creía en Dios. Ella dijo que sí y le dispararon. Podía escuchar lo que decían. Por lo visto llevaban toda la vida esperando ese momento. Preguntaban: "¿Quién es el próximo?". Y cada vez que mataban a alguien lo celebraban con gritos y risas».

Otro de los estudiantes atrapados en la biblioteca, Isaiah Shoels, de dieciocho años, destacado deportista, fue asesinado por la sencilla razón de que era negro, dijeron algunos supervivientes. «Tenía dos heridas de bala», dijo el desconsolado padre, Mike Shoels. «Era negro, y un gran atleta... No es razón para matar a nadie».

Fuera, las estridentes ambulancias corrían hacia el instituto para evacuar a los heridos. Los asaltantes dispararon contra los servicios sanitarios que trabajaban en la parte de atrás del instituto, dijo la policía. El sargento George Hinkle, de Lakewood, se dirigió a la zona para ayudar. «Vi el cuerpo de un muchacho frente a nuestro coche blindado e intenté rescatarlo, pero uno de mis agentes me dijo que el chico estaba muerto, así que desistí», dijo Hinkle. «Fue demoledor. Soy policía desde hace veintitrés años, y miembro de los SWAT desde 1980, y esto es lo peor que he visto en toda mi vida. Sé que tendré pesadillas al menos las dos próximas semanas».

Mientras tanto, un ensangrentado muchacho suplicaba ayuda desde la ventana de una de las aulas del segundo piso. Dos miembros del equipo SWAT de Lakewood, el sargento John Romaniec y el agente Donn Kraemer, vieron al chico malherido. Le decían: «¡Aguanta! ¡Aguanta!». Algunos policías se subieron al techo de uno de sus coches blindados y atraparon al desfalleciente muchacho.

## Sesenta en la misma sala

Sesenta estudiantes se refugiaron en un despacho al lado del aula del coro. Durante dos horas lloraron y rezaron con la esperanza de que los asesinos no los encontraran. Oyeron en total cincuenta y cinco disparos.

«Allí había un teléfono. Contactamos con el exterior pero no queríamos hacer ningún ruido», dijo Craig Mason, de diecisiete años. «Pudimos informarles de que se estaban acercando a nosotros, al final de la escalera». Los muchachos hicieron piña, apagaron las luces y se escondieron. «Parecía que todo había terminado», dijo Mason. «A los veinte minutos dejamos de oír disparos. Daba la impresión de que todo el mundo estuviera despidiéndose de alguien. Uno de los estudiantes llamó y dijo: "Te quiero mamá, ojalá te vea pronto, pero que sepas que te quiero"».

Mientras tanto, Theresa Miller, profesora de Química, sofocó las llamas provocadas por una granada arrojada a través de la ventana de un despacho cercano a su clase. Su heroísmo fue remarcado por el presidente Clinton durante su conferencia de prensa. «Es en los momentos más amargos cuando vemos de lo que es capaz nuestro país y nuestra sociedad», dijo Clinton a los periodistas de las distintas cadenas. El presidente pidió un momento de silencio y una oración. «Debemos estar mejor preparados para reconocer y afrontar las señales de alerta que los jóvenes con problemas nos envían, muchas veces antes de que éstas tomen el camino de la violencia», dijo Clinton. «Estoy seguro de que muchos de ellos son recuperables para la comunidad, de que se pueden evitar muchas tragedias y víctimas inocentes».

Desde la Ciudad del Vaticano, el papa Juan Pablo II afirmó sentirse «profundamente afectado» por la masacre. El papa envió un telegrama al arzobispo de Denver, Charles Chaput, con un mensaje que transmitía la esperanza en que la reacción del pueblo americano fuera «en la dirección de un mayor compromiso con la promoción y transmisión de valores morales que respeten la inviolable dignidad del ser humano».

Los investigadores dijeron que necesitarían al menos otros dos días de pesquisas en el instituto para finalizar la búsqueda de pruebas. Todos los cuerpos fueron evacuados a las 17:30 h del miércoles. Dicho rescate había sido retrasado debido a los explosivos que los asesinos habían dejado alrededor de los cuerpos. La mayoría de los oficiales dejó el lugar del crimen alrededor de las 19:30 h.

A veces son utilizados robots para retirar y desactivar bombas, pero en este caso no se contempló dicha posibilidad, ya que las máquinas no podían moverse por la cantidad de cuerpos que había, informó un agente. Doce personas, incluidos los dos asaltantes, murieron en la biblioteca.

Rodeados por una nube de periodistas, los alumnos que volvían al instituto Columbine lloraban abrazados recordando la masacre. «Lloraba como una histérica», dijo Melanie King, una estudiante del último curso, de diecisiete años, a la que sólo quedaban diecisiete días más de clase para terminar el instituto. «Lloré, lloré y lloré. Ya no me quedan lágrimas». En iglesias de los barrios cercanos y en el Civic Park de Denver, miles de supervivientes y gente anónima que quería mostrar sus condolencias se reunieron en misas en memoria de las víctimas.

Justin Woods, un alumno de primer curso de quince años, se encontraba jugando al fútbol fuera del instituto cuando comenzó el tiroteo. Vio cómo uno de los asaltantes disparaba a tres chicas y luego dirigía su arma contra él y sus amigos. Las balas pasaron volando por encima de sus cabezas sin alcanzar a nadie. «Tengo suerte de seguir vivo», dijo Woods. «No fui a por mi almuerzo. Me apetecía jugar al fútbol. Creo que el fútbol me ha salvado». Hizo una pausa y rectificó: «No», dijo, «Dios me salvó».

# Escenas de pánico y alivio

Por Bruce Finley y David Olinger
21 de abril de 1999

En sus puestos de trabajo o en sus coches, escucharon los primeros y confusos rumores. Algo ocurre en el Columbine. Disparos. De repente todo se redujo a lo que más les importaba. Y aquellos extraños chavales con gabardinas negras estaban amenazando con arrebatárselo.

El resultado fue el momento de mayor angustia de la vida de cuatro mil padres de Colorado. Gritaban. Lloraban. Les faltaba el aliento. También rezaban. Una mujer salió corriendo a la calle en medias.

Para algunos, la pena y el dolor serán infinitos. Alrededor de dos docenas de chicos han muerto. Miles de padres de todo el país se preguntaban si dejarían ir solos a sus hijos al colegio o al instituto. «Piensas que la escuela o el instituto son lugares seguros donde mandar a tus hijos», dijo Victor Anderson, padre del chico de diecisiete años Brian Anderson, que fue tratado y dado de alta en el hospital Luterano tras recibir un disparo en el pecho. «Se suponía que era un sitio donde aprendían y se lo pasaban bien», afirmó Anderson.

★ ★ ★

Poco después de mediodía los rumores habían empezado a propagarse. Debbie Jones recibió una llamada de su nuera en su oficina de asistencia técnica. Unos chicos vestidos con gabardinas están tomando como rehenes a los alumnos del instituto. Han disparado contra algunos, están sangrando. «Por favor», pensó mientras se dirigía corriendo hacia la televisión de la oficina, «que no le pase nada a mi hija».

Compañeros de trabajo la acompañaban, tratando de consolarla. No podía dejar de pensar que quizá no volvería a ver a la niña que había criado, Jessica, de dieciséis años. «Mi único hijo. Es una adolescente, pero muy buena. Siempre irradia alegría, con mucho sentido del humor. Siempre me está haciendo reír». Desconsolada, Debbie Jones rezaba. Quería irse de allí. Se dijo a sí misma que no debía hacerlo. Estaba convencida de que su hija la llamaría apenas pudiera.

Y Jessica salió indemne y llamó sana y salva desde la biblioteca pública de Columbine. «Sabía que lo haría», diría más tarde Debbie. «Estaba llorando».

Algunos condujeron de forma temeraria en dirección al instituto. Mary Beth, que vive justo detrás de los campos de fútbol del instituto, llevaba una hora y media sin poder dar con su hijo, desde que comenzara el tiroteo. Arrancó el coche y pronto vio el control policial que le impedía continuar. Salió del coche, corrió con sus medias y les suplicó que la dejaran pasar. No pensó en nada más que en su hijo de catorce años hasta que lo encontró a salvo en el colegio Leawood. «Oh, Dios mío», dijo, «estaba llorando, con el rostro desencajado».

Los padres estuvieron toda la tarde intentando llegar al colegio Leawood, donde muchos alumnos del Columbine esperaban en una sala para que los llevaran a casa. En una de las paredes de entrada del colegio había una lista, con los nombres de los alumnos que se sabía que estaban a salvo en una biblioteca pública cercana. Dentro, los padres miraban ansiosos el resto de listas, anotando los nombres de los alumnos de los que aún no se tenían noticias.

Muchos padres se quedaron fuera del colegio, llorando mientras esperaban la llegada de los autobuses que traían al colegio Leawood a los alumnos evacuados del instituto Columbine. Cada vez que se abrían las puertas del autobús y comenzaban a salir los chicos, se oían gritos y llantos de padres al reconocer a sus hijos, al tiempo que otros padres se daban la vuelta, decepcionados. Era una sensación de incertidumbre insoportable. Julie Jorgensen sintió un ataque de ansiedad durante quince minutos, temiendo que hubieran matado a su hijo. Empezó a respirar dentro de una bolsa de papel.

La información más detallada y rápida llegaba a la gente a través de contactos personales. Gente como Cynthia Patridge, directora del colegio Leawood, a tan sólo unas manzanas del instituto Columbine. Ella recibía llamadas directamente de un policía, quien le dijo que algunos estudiantes estaban siendo tomados como rehenes. Patridge trataba de mantener la calma. Sus tres hijos eran estudiantes del Columbine.

Decidió dirigirse a las aulas del Leawood para proteger a los quinientos sesenta y cinco niños que había allí. «Cerramos todas las puertas con llave, bajamos todas las persianas, corrimos todas las cortinas y tapamos con papel todas las ventanas para que nadie pudiera mirar adentro», contó Patridge. «Los niños comieron en sus aulas en lugar de hacerlo en el comedor». Estuvo varias horas sin saber que sus hijos estaban bien.

Debbie Icke, secretaria en un colegio, cuyos dos hijos eran alumnos del instituto Columbine, Matt, de quince años, y Luke, de diecinueve, tuvo la primera noticia de lo que ocurría a través de este último. La llamó al trabajo diciendo que alguien estaba disparando en el instituto. Le dijo que estaba bien, fuera del edificio, en casa de un amigo. Sin embargo, Luke le dijo que no podía localizar a su hermano. Incapaz de contener el llanto, Debbie le ordenó a Luke que se quedara donde estaba. Luke le dijo que no. Ella volvió a rogárselo. Él insistió. Y se fue. «Tenía que encontrar a mi hermano», explicó Luke. Y ella tenía que encontrar a su hijo.

Se encontraron en una de las enloquecidas calles que rodeaban el instituto, donde los estudiantes salían en estampida, saltando las vallas. Nadie había visto a Matt. Buscaron juntos. Cuarenta y cinco insufribles minutos después lo vieron en medio de la multitud. Luke dijo que había *entendido* algo al ver llorar a su madre de aquella manera. «Cómo se preocupan de que estemos bien», es como lo describiría más tarde, ya en casa. «Sabes que se preocupan, pero tienes que ver un gesto como aquél para darte cuenta del verdadero alcance. Cuando tenga miedo, o me sienta perdido, sé que ellos estarán ahí».

Un tremendo alivio invadía a aquellos que iban sabiendo a sus hijos a salvo.

«Por favor, Dios, por favor, que no les pase nada», decía Luann Ingles, caminando nerviosa cerca del instituto. Entonces sonó el teléfono móvil. «¿Hola, Zack? ¿Estás en casa? ¿Estás bien? ¡Oh, gracias a Dios!».

Durante la espera, aterrorizada, Jane Savage miraba nerviosa al resto de padres que estaban en la biblioteca pública de Columbine. Entonces vio llegar un autobús, del que descendió su hijo John. Lo vio y lanzó un grito.

Volvió a mirar las ansiosas caras del resto de padres a su alrededor. Revivió su propio terror e intentó consolar a aquellos que aún no tenían noticias de los suyos. «Espero que todo salga bien», les dijo.

Las víctimas no habían sido identificadas aún la tarde del martes. La mayoría de los padres estaba muy afectada como para mantener cualquier tipo de conversación. Aquellos que tenían la suerte de saber a los suyos a salvo estaban ahora preocupados por cómo les afectaría lo sucedido. «Es una chica muy sensible», contó Debbie Jones sobre su hija. «Me temo que le va a afectar mucho. Emocionalmente. Creo que va a tener problemas para asumir que esto haya podido ocurrir en su instituto».

# Uno de los asaltantes advirtió a uno de sus amigos: «Vete de aquí»

Por Mark Eddy
21 de abril de 1999

Brooks Brown había salido del instituto Columbine en busca de un cigarrillo, aunque lo que encontró en su lugar fue un grito de advertencia por parte de su amigo Eric Harris, momentos antes de que comenzara la masacre. «Salí a por un cigarro y cuando me lo crucé le dije: "Qué pasa, tío". "Brooks, me caes bien, así que lárgate de aquí. Vete a casa". Después no volví a pensar en aquello. Seguí andando a por mi cigarro y entonces oí unos disparos, así que me quité de en medio y comencé a correr. Fui a una de las casas, llamé a la poli y les dije que sabía de quién se trataba; se trataba de Eric, no podía ser otro».

Harris, que medía algo más de un metro sesenta, llevaba puesta una camiseta blanca y unos pantalones negros, y estaba sacando grandes bolsas de su coche cuando le advirtió a Brown que se fuera de allí. Y pese a que la policía no había identificado aún a los asaltantes, Bruce dijo que estaba seguro de que Harris y otro amigo cercano eran los presuntos atacantes y asesinos de sus compañeros. «Estoy seguro de que él es uno de los asesinos. Es así. Dijeron que lo habían visto dejar bolsas grandes llenas de explosivos por la zona. Él llevaba una camiseta blanca... y llevaba esas bolsas. Estoy seguro de que es él. Aparcó el coche donde nunca lo hace y desde allí se dirigió junto al otro hacia el instituto. Estoy convencido de que él tiene algo que ver con todo esto. ¡Dios mío!».

Brown contó con la voz quebrada que Klebold y él eran amigos desde pequeños. «La posibilidad de que fuera uno de ellos... Somos íntimos amigos desde los cinco años». Si bien Harris había mostrado conductas violentas anteriormente, Brown las creía totalmente superadas. «Durante mucho tiempo no me hubiera extrañado nada de esto, pero no ahora, y nunca hubiera pensado en algo de esta magnitud, ni de lejos. Y que Klebold pueda estar implicado, menos aún».

Harris, que acababa de cumplir dieciocho años, y Brown, de la misma edad, eran amigos desde el segundo año de instituto. Sin embargo, la amistad se acabó el día en que Harris tiró una placa de hierro contra el coche de Brown y le rompió el parabrisas. Fue entonces cuando salió el lado siniestro de Harris, relató Brown. Cuando éste fue a quejarse de lo sucedido a los padres de Harris, su amigo montó en cólera y amenazó con matarlo, reveló Brown. Llegó hasta el punto de colgar un anuncio en su página web pidiendo a algún asesino que escogiera a Brown como víctima. La familia advirtió a la policía en tres ocasiones sobre lo sucedido, aunque desconocen si se tomó algún tipo de medida tras las quejas.

A pesar de todo, este año ambos compartían un par de clases y habían retomado la amistad, contó Brown. «Le dije: "hagamos las paces y seamos amigos". Dijo que le parecía una buena idea, y que era genial que hubiera tenido ese gesto».

Aunque Harris —que parecía un marine novato con su pelo rapado— se había portado como un cretino durante todo el tiempo que estuvieron peleados, cambió radicalmente tras el acercamiento, explicó Brown. «Últimamente parecía un tío mucho más simpático. Fue un auténtico [*omitido en el original*] durante mucho tiempo y de repente, cuando le pedí que hiciéramos las paces, se volvió conmigo alguien encantador, alegre y bromista», dijo Brown. «Era un tío genial, algo excéntrico. Este hijo de puta me salvó la vida, al fin y al cabo». Mientras algunos afirman que Harris y Klebold iban a por determinadas minorías, Brown dijo que si bien Harris hacía a veces comentarios racistas, no pensaba que eso fuera lo que les había llevado a cometer aquella atrocidad. «La tenía tomada con los deportistas. Los odiaba de veras porque siempre estaban riéndose de él y amenazándolo. Se cebaron con él durante el segundo año, y simplemente los odiaba».

Harris, a quien le gustaba leer, escribir y los videojuegos, hablaba constantemente en clase de Filosofía sobre la posibilidad de comprar un arma, sobre todo desde que cumplió dieciocho años, dijo Brown. Harris y otros amigos de Brown eran miembros de la Mafia de las Gabardinas Negras, una pandilla a cuyos miembros tachaban de marginados e inadaptados. Aunque Harris no lo hacía ver, en el fondo estaba lleno de odio y resentimiento, y aquello sólo podía acabar en algo como lo que acababa de ocurrir, dijo Brown. «Lo hizo porque odiaba a todo el mundo. Buscaba emociones fuertes e inmediatas. Disfrutaba matando gente, la idea no le producía ningún tipo de rechazo. Él era así. Por eso supe que todo esto acabaría como lo ha hecho: con la muerte de los rehenes y las suyas. No podía ser de otra manera».

# Un mundo siniestro

Por Susan Greene y Bill Briggs
22 de junio de 1999

Las recientes informaciones sobre la pertenencia de los asesinos del instituto Columbine a la Mafia de las Gabardinas Negras han hecho emerger las preguntas sobre cómo pudo crearse tal submundo de nihilismo y resentimiento en aquellos muchachos del conservador y coqueto condado de Jefferson.

Jóvenes con pasamontañas y armados, entre ellos Eric Harris, de dieciocho años y Dylan Klebold, de diecisiete, parecen haber salido de esta llamada «mafia», una reducida y peculiar pandilla de estética gótica y paramilitarismo neonazi. Bajo ese tipo de subculturas se hallan, afirman los expertos, el miedo a la muerte, la sensación de incomprensión, el aislamiento y a veces una rabia imperceptible.

Algunos de sus compañeros de clase dijeron que Klebold y Harris —que al parecer se suicidaron tras la masacre— llevaban esvásticas y frases de Hitler en la ropa. Algunos afirman que su pandilla llevaba a cabo rituales macabros, se cortaban con cuchillos para probar su amistad y pasaban largas horas en siniestros *chats* de Internet y pegados a la pantalla del ordenador jugando al sangriento *Doom*[1]. Otros estudiantes afirman que la pandilla idolatraba a Marilyn Manson, que dice ser un pope satánico, aunque les gustaba más escuchar música tecno europea.

Fueran cuales fueran sus gustos musicales, los asesinos eran, desde todo punto de vista, chicos privilegiados y con muchas oportunidades. Ambos eran alumnos destacados, afirman algunos de sus compañeros. Harris y Klebold vivían en casas de 184.000 y 390.714 dólares respectivamente.

Los siniestros símbolos que llevaban contrastan con la impecable imagen del condado de Jefferson, que reúne cada año a tres mil quinientas personas gracias a sus distintas actividades comunitarias, su seguridad y prosperidad, y la promesa de doscientos cincuenta y cinco días de sol al año. Los parques públicos, los centros comerciales, el carril-bici, los porches de las casas, todo parecía representar lo contrario a la imagen inconformista e infame de estos muchachos. De necesitar alguna prenda de abrigo, en el condado eran habituales las chaquetas ligeras de colores pasteles, y no las oscuras gabardinas que la «mafia» usaba como uniforme. Quizá lo que mejor refleje este contraste sea la tira cómica aparecida el 11 de marzo en el periódico del instituto, *The Courier*. Kim Snyder dibujó a un chico con ropa oscura preguntando al responsable de la tienda de cosméticos si tenían el rímel que utiliza Marilyn Manson.

De modo que todo el mundo se pregunta consternado: ¿qué ocurrió el martes? ¿Qué llevó a aquellos dos prometedores chavales a aquel acto de furia y rabia y a matar a sus compañeros (a quienes denigraron como «negratas» y «chulos de mierda»), y luego a quitarse la vida a sí mismos? ¿Cómo pudieron devenir aquellos chicos de familias de clase media, con aquellas casas tan

---

[1] Popular videojuego de los años 90, también en España, en el que los participantes debían puntuar matando al mayor número de demonios, espíritus malignos y zombis (N. del T.).

bonitas y cómodas, ordenadores en sus cuartos y dinero en los bolsillos, personas agresivas, racistas, fascistas? ¿Por qué estaban tan obsesionados con la muerte?

Algunos expertos en psicología adolescente ven algunas de las causas de esta situación en la propia estructura y conformación de los barrios acomodados, como es el caso del sur del condado de Jefferson, el último lugar donde uno pensaría que podría ocurrir algo así.

Ted Hoyer, psicólogo que trabajaba para distintos colegios del condado de Jefferson, que recientemente se había mudado a las afueras de Denver, contó que se encontraba conduciendo por la zona el miércoles cuando se dio cuenta de que «las casas estaban vacías, no había nadie. Aquello no parecía un barrio normal. Los padres pasan mucho tiempo lejos de casa y los niños tienen tendencia a sentirse aislados, con muchas horas por delante a su disposición», dijo. Este tipo de aislamiento y soledad, junto a la introversión propia de la adolescencia, puede conllevar una situación de angustia e ira contenida que nadie es capaz de reconocer.

«El instituto es duro. Los chicos pueden llegar a ser muy crueles y algunos llegan a sentirse muy desplazados», dijo Dave DeForest-Stalls, director ejecutivo de The Spot, un centro de actividades nocturnas situado en Denver y orientado a estudiantes del instituto y otros jóvenes algo mayores.

Otros afirman que los problemas pueden deberse a «la forma de educar a los hijos que empezó a extenderse en los años 90, basada en una sobreprotección que aleja a los niños de los aspectos más desagradables y duros de la vida. Esto se constata en "los barrios residenciales de las afueras"», dijo el doctor Brian Brody, psicólogo cuya consulta se encuentra en el edificio del instituto Columbine, y que trabaja con chicos «góticos» y otros adolescentes atraídos por «tribus urbanas».

Mientras que muchos adolescentes de la ciudad se ven obligados a desarrollar técnicas de supervivencia para salir adelante, otros chicos de la periferia están desarrollando un «carácter más débil y vulnerable, sin la habilidad para hacer frente a determinados problemas», dijo Brody. Es la misma razón por la que muchos suicidios adolescentes tienen lugar en barrios blancos y opulentos, añadió. «Sí que veo a algunos chicos góticos atraídos por el lado más siniestro de la vida. Aunque, sea cual sea la forma en que canalizan su odio, su dolor, la causa última es el sufrimiento de esos chicos que no saben qué hacer con su dolor», dijo. «Éste se agrava y se vuelven irascibles. Y sin las habilidades para procesarlo, el dolor aumenta exponencialmente».

«A partir de ahí, cuando los adolescentes se ven presionados y tentados por grupos como pueden ser los "góticos", algunos de ellos, como fue el caso de Klebold y Harris, se ven tentados a utilizar métodos violentos», dijo el doctor Alex Panio, quien dirige el Adolescent and Family Institute de Colorado, en el condado de Jefferson. Los insultan, se cabrean, y encuentran en la violencia una forma de reconocimiento que les permite dejar de sentirse como perdedores y marginados sociales. «Lo más normal es que se trate de un grupo de chicos blancos y resentidos que quieren sentirse más fuertes y poderosos en busca de reconocimiento y una identidad», dijo Panio. «Este comportamiento es lo que les permite sentir que son diferentes a otros grupos de inadaptados o raros. Con la intención de mostrar poder y control salen a causar dolor y sufrimiento».

Dado que la violencia ha devenido una parte tan significativa de la vida de estos chicos —sin importar de qué clase social provienen—, algunos expertos mostraron su desconcierto el miércoles por la sorpresa que mostraba tanta gente hacia la masacre de Columbine. «El hecho de que vivas en una casa bonita y cómoda no significa nada», dijo Julie Polisher, coordinadora del programa de intervención «Pasajes» del colegio del distrito Boulder Valley. «No comprendo por qué la gente piensa que el dinero puede prevenir la violencia», añadió DeForest-Stalls. «Al final todo se reduce a: "¿Quién escucha a estos chicos?, ¿quién pasa el suficiente tiempo con ellos?, ¿quién los conoce de verdad? Un colegio de mil novecientos alumnos, ¿no es quizá demasiado grande como para atenderlos apropiadamente a todos?"».

De modo que, recalcan algunos expertos, Harris y Klebold no deberían ser considerados los únicos responsables de la masacre del martes. Los adultos, dijeron, deberían asumir parte de la culpa. «No pasamos tiempo suficiente con nuestros hijos, y no hemos sabido transmitirles estima. Les damos antes un coche, un cheque o una tarjeta de crédito que nuestro tiempo», dijo De-Forest-Stalls.

«Debemos centrarnos en nuestro propio comportamiento negligente en vez de pensar qué es lo que pasa con los niños de hoy en día», continuó. «Tenemos que hacerles ver que sus vidas valen más que un simple trabajo en McDonald's».

# Notas biográficas



**Alvin H. Goldstein** nació en Chattanooga, Tennessee, en 1902. Estudió en la Universidad de Chicago e inmediatamente después comenzó a trabajar en el *Chicago Daily News*, obteniendo el Premio Pulitzer apenas un año después de la licenciatura. Posteriormente trabajó como corresponsal en Nueva York del prestigioso *St. Louis-Post Dispatch* y se convirtió en uno de los máximos expertos en el ámbito de las relaciones ruso-americanas dominadas por la amenaza nuclear y el sistema de la Guerra Fría.

**James W. Mulroy** nació en Chicago, donde vivió y se licenció en Periodismo. Comenzó muy pronto a trabajar en el *Chicago Daily News* junto a su amigo Alvin H. Goldstein, con quien compartió el Premio Pulitzer en 1925. Más tarde llegaría a ser redactor jefe del *Chicago Sun*. Murió en 1952.

¡LINCHAMIENTO!

**Royce Brier** nació en 1894 en River Falls, Wisconsin. Poco después de cumplir treinta años realizó un viaje alrededor del mundo. A su regreso comenzó a trabajar para el *San Francisco Chronicle* y obtuvo el Premio Pulitzer. Entonces se convirtió en uno de los reporteros más conocidos de la ciudad, caracterizado por el estilo electrizante de sus textos. Asimismo escribió tres novelas: *Crusade, Boy in blue* y *Last Boat from Beyrouth.*


EL DÍA DE LOCURA DE HOWARD UNRUH

**Meyer Berger** publicó su primer artículo en el *New York World* a la edad de trece años. Trataba sobre un hombre que le ganó una apuesta a un frutero al conseguir comerse de una sentada 250 manzanas. A esta publicación siguieron otras muchas, la mayoría de ellas en el *New York Times,* con las que Berger demostró ser una suerte de agudísimo e inmenso oído capaz de registrar cada historia y cada vibración de la ciudad de Nueva York.


TRES DISPAROS Y UN ATISBO DE ROSA. EL ASESINATO DE JOHN FITZGERALD KENNEDY

**Albert Merriman Smith** es probablemente el cronista político más célebre de la historia del periodismo norteamericano. Nació en Savannah, Georgia, en 1913, y muy pronto comenzó a trabajar para la reconocida agencia United Press International, que lo asignó como corresponsal para la Casa Blanca. Relató magistralmente la muerte de Roosevelt, el viaje a Washington de Kruschev y el asesinato de Kennedy. Tras los primeros estragos de la vejez, se suicidó utilizando uno de los fusiles de su amplia colección.

**Robert Vernon Cox** desarrolló una multitud de trabajos (granjero, empleado de gasolinera, vendedor de coches…) antes de obtener un empleo como periodista en el *Chambersburg Public Opinion*. Allí se ocupó primero de la página de deportes y más tarde se especializó en la crónica judiciaria, obteniendo el Premio Pulitzer tras años dedicado a una investigación exhaustiva y rigurosa.

## UNIVERSIDAD DEL ESTADO DE KENT: CUATRO MUERTOS Y ONCE HERIDOS

**Helen Carringer** nació en 1923 en Canton, Ohio. Dirigía la sección de educación del *Akron Beacon Journal* y tenía contacto frecuente con el cuerpo docente y estudiantil de la Universidad de Kent.

**James Herzog** tenía veintisiete años cuando tuvo lugar la tragedia de la Universidad de Kent y trabajaba en el *Akron Beacon Journal* desde hacía unas pocas semanas. Había realizado un máster de Periodismo en la Universidad de Columbia y había sido voluntario de los Cuerpos de Paz en Túnez durante dos años.

**Sanford Levenson** no tenía aún treinta años cuando gano el Premio Pulitzer por su contribución al reportaje sobre los disturbios de la Universidad de Kent. Tras otras cuatro décadas de trabajo como periodista, se retiró en 2004.

**Lacy McCrary** nació en 1933, obtuvo la licenciatura de periodismo en la Universidad de Kent y trabajó en el *Akron Beacon Journal* a partir de 1961.

**Ray Redmond** llevaba treinta años trabajando en el *Akron Beacon Journal* cuando tuvieron lugar los hechos de Kent, y en ese momento se ocupaba de la sección de local del periódico.

**Jeff Sallot** fue el más joven del equipo ganador del Pulitzer por el reportaje sobre la Universidad de Kent, tenía veintitrés años y acababa de licenciarse. Fue el único periodista de todo el país que mantuvo la versión, finalmente cierta, según la cual todos los muertos eran estudiantes y entre ellos no se contaba ningún militar.

**Robert Schumacher** era licenciado en Ciencias Políticas y a sus veintiocho años trabajaba en el *Akron Beacon Journal* desde hacía pocos meses cuando gano el Premio Pulitzer.

**Abe Zaidan**, nacido en 1931, contribuyó de manera decisiva al éxito del *Akron Beacon Journal* en la cobertura de los incidentes en la Universidad del Estado de Kent, arrojando luz sobre la responsabilidad del gobernador Rhodes. Trabajaba desde hacía tiempo en el periódico, en el que tenía una rúbrica publicada tres veces a la semana. Más tarde fue corresponsal del *Washington Post* en Ohio durante quince años.

LOS ÁNGELES DE LA MUERTE

**Christine Evans** se ha dedicado sobre todo al *feature writing*, el periodismo de profundización y narración. Gracias a *My Cambodia*, un reportaje sobre el viaje a Camboya junto a su marido para recoger a su hija adoptiva, recibió por segunda vez consecutiva el prestigioso Premio Pulliam de periodismo. Trabajó en un diario de Ohio y en el *Evening Herald* de Dublín, hasta que llegó al *Miami Herald*, donde desarrolló labores editoriales y ganó el Premio Pulitzer en 1991. Desde 1995 escribe para el *Palm Beach Post*.

**Sydney Freeberg** estudió en Standford y Harvard, donde inició su carrera en la revista de la universidad, de la que muy pronto fue redactor jefe. Comenzó a trabajar en el *Detroit News* en 1980 donde, dos años más tarde, ganó su primer Premio Pulitzer por una investigación sobre los intentos de la marina militar por ocultar las muertes de algunos soldados en tiempos de paz. En 1983 empezó a trabajar en el *Miami Herald*, donde, salvo un breve paréntesis, permaneció durante quince años. Con su trabajo en este periódico obtuvo el Premio Pulitzer en dos ocasiones: en 1991 por el caso de la secta Yahweh, y en 1999 por la investigación de una serie de fraudes en la elección del alcalde de Miami. Desde 1998 trabaja en el *St. Petersburg Times*.

**Donna Gehrke White**, originaria de Iowa y crecida en una familia metodista, es la experta en cuestiones religiosas del *Miami Herald*. En el *Herald* ganó el Pulitzer en 1991 y 1993, con artículos sobre la secta Yaweh y sobre el huracán Andrew respectivamente. En los últimos años, el tema de gran parte de sus artículos ha sido el Islam.

**Carlos Harrison** nació en Panamá y creció en Miami. Ha trabajado como reportero del *Miami Herald*, como corresponsal para Fox News Channel y, en 2000 fue nombrado codirector de *People en Español*, la versión del semanal *People* destinada al público en español. Actualmente trabaja como *freelance* y es autor de una serie de libros para niños escritos en inglés y en español que tienen como protagonista a un niño algo peculiar llamado Rubén.

**Patrick May** ha pasado la mayor parte de su vida laboral en el *Miami Herald*, en el que comenzó a trabajar después de haber abandonado la universidad y viajado por todo el mundo durante ocho años. Allí formó parte en dos ocasiones de equipos de periodistas que obtuvieron el Premio Pulitzer. Más tarde, Patrick May se trasladó a California y trabajó en el *San Jose Mercury News*.



**Bill Briggs** ha trabajado durante más de veinte años en el *Denver Post*, donde ha escrito tanto crónicas de investigación como artículos deportivos. En el verano de 2004 fue el enviado del *Denver Post* a las Olimpiadas de Atenas.

**Patricia Callahan** ha trabajado en el *Denver Post*, el *Wall Street Journal* y el *Chicago Tribune*, especializándose en artículos de investigación. Ha estudiado temas tan diversos como: la prostitución de menores en Tailandia, los abusos a menores en familias de acogida, los medios de comunicación y la epidemia de obesidad en EE UU en relación con los procesos de producción de alimentos.

**Mark Eddy** trabajó durante varios años en el *Denver Post*. Más tarde se estableció por su cuenta y continúo escribiendo como *freelance*. Igualmente, fundó la Mark Eddy Communications, una agencia de relaciones públicas.

**Bruce Finley** escribe sobre temas internacionales y seguridad interna para el *Denver Post* y, desde hace años, es el enviado especial del periódico para Oriente Medio. A lo largo de su carrera ha trabajado como corresponsal en más de treinta países.

**Susan Greene** ha trabajado en el *Denver Post* desde 1998 y se ha ocupado de crónicas políticas y nacionales.

**Steve Lipsher**, después de haber cubierto varios puestos dentro del *Denver Post*, donde se ocupó de casos como el juicio a

Kobe Bryant por agresiones sexuales, la invasión americana de Afganistán o el ecoterrorismo, pasó a ser el responsable de la redacción local del periódico en las montañas del condado de Summit.

**Mark Obmascik**, tras haber acumulado veinte años de crónicas y puestos distintos en el *Denver Post*, ha celebrado en un libro esa espectacular maratón conocida en Norteamérica como «The Big Year»: la grandiosa y grotesca competición de observación de aves en la cual, durante un año entero, decenas de miles de apasionados se colocan en algún territorio elegido del continente para avistar el mayor número de especies posibles.

**David Olinger** estudió en la facultad de teología de la Universidad de Yale, a la que acudió con la intención de convertirse en sacerdote protestante, pero abandonó ese proyecto tras haber perdido voluntad y vocación durante los tumultuosos años de la Guerra de Vietnam. Después ha trabajado en el *Concord Monitor*, el *St. Petersburg Times* y el *Denver Post*.

*Asesinato
en América. Los grandes de-
litos de sangre de la historia norteamerica-
na relatados por los Premios Pulitzer* es un libro editado fuera de colección. Compuesto en tipos Dante,
se terminó de imprimir en los talleres de KADMOS por
cuenta de ERRATA NATURAE EDITORES en abril de dos mil
once, pasados apenas unos días desde que uno de los traducto-
res de este libro informara a los editores de la muerte de Farley
Earle Granger —el actor que protagonizó *La soga* de Alfred
Hitchcock, inspirada en «el crimen del siglo» de Leopold
y Loeb—, y unos sesenta años después de la noche en
que el joven Farley descubrió, en un destartalado
club de Honolulu, que tan bello y placentero era amar a las mujeres como a
los hombres.